Neuer Stuttgarter Kommentar
– Altes Testament 33/3 –

D1694703

Neuer Stuttgarter Kommentar
– Altes Testament 33/3 –

Herausgegeben von
Christoph Dohmen

Daniel Krochmalnik

Schriftauslegung
Das Buch Exodus im Judentum

Verlag Katholisches Bibelwerk GmbH, Stuttgart

Die Deutsche Bibliothek – CIP-Einheitsaufnahme

Schriftauslegung
Stuttgart : Verl. Kath. Bibelwerk
(Neuer Stuttgarter Kommentar : Altes Testament; 33)

3. Das Buch Exodus im Judentum / Daniel Krochmalnik. – 2000
ISBN 3-460-07333-0

ISBN 3-460-07333-0
Alle Rechte vorbehalten
© 2000 Verlag Katholisches Bibelwerk GmbH, Stuttgart
Druck: Druckerei Neubert, Bayreuth

Für Ora und Jona

Inhaltsverzeichnis

Vorwort des Herausgebers

Die Kommentarreihe des *Neuen Stuttgarter Kommentars – Altes Testament* (NSK-AT) versucht die Wirkungsgeschichte der biblischen Texte aus der Einsicht, dass in ihr oft das aufbricht, was im Text verborgen angelegt ist, in die Auslegung mit einzubeziehen. Auf diesem Wege wird nicht selten ein tieferer Zugang zu den Aussagen des Textes selbst gefunden. Der Zentralpunkt der Wirkungsgeschichte »alttestamentlicher« Texte liegt dort, wo dieselben Texte in verschiedenen Kontexten ausgelegt werden. Greifbar ist das in der jüdischen und christlichen Auslegung dieser Texte. Die »Bibel Israels« hat eine zweifache Nachgeschichte, im Judentum als Jüdische Bibel, die im Horizont der jüdischen Tradition gelesen wird, und im Christentum als Altes Testament, das den ersten Teil der *zweieinen* Heiligen Schrift (AT und NT) im Christentum bildet.

Um von dieser Besonderheit her die biblischen Texte verstehen zu können, bieten die vorliegenden Ergänzungsbände »Schriftauslegung« Parallelbeispiele des Umgangs mit diesen Texten bei den Kirchenvätern und den Rabbinen, um Gemeinsames und Eigenes von Juden und Christen auf der Basis der Heiligen Schrift sichtbar werden zu lassen und so ein neues und tieferes Verständnis der biblischen Texte zu ermöglichen.

In diesem Band finden sich am Ende des Textes ausnahmsweise ausführliche Anmerkungen. Sie belegen zitierte rabbinische Texte und führen angesprochene Gedanken weiter. In Anbetracht der weitgehend unbekannten Thematik ist auch ein sehr ausführliches Literaturverzeichnis beigefügt.

Christoph Dohmen

Einleitung

Rabbinerbibel

In den Jahren 1524-25 erschien in der Druckerei von Daniel Bomberg in Venedig die zweite Ausgabe der *Biblia Rabbinica*. Das monumentale Werk des christlichen Buchdruckers und seiner meist zum Christentum konvertierten jüdischen Helfer wurde auch zum Modell der großen jüdischen Bibelausgaben (*Mikra'ot Gedolot*), die ihr charakteristisches Erscheinungsbild übernahmen (s. Abb. 13). Jede Seite besteht aus vier, teilweise ineinanderlaufenden Spalten: In der inneren Mittelspalte steht der mit Vokal- und Tonzeichen versehene biblische Text und ihr gegenüber, in der äußeren Mittelspalte seine aramäische Standardübersetzung (*Targum Onkelos* zum Pentateuch, 2. Jh.); dazwischen, am Innenrand des Textes die kurzen Bemerkungen der sogenannten »*kleinen Massora*« und über und unter den beiden mittleren Textspalten die sogenannte »*große Massora*«, das ist die Tradition (*Massoret*) der Schreibung und Lesung des biblischen Textes; in der inneren Randspalte der populärste mittelalterliche jüdische Bibelkommentar von R. Schlomo Ben Jizchak, gen. RaSCHI (1040-1105) aus Nordfrankreich, der den einfachen Wortsinn (*Pschat*) im Gegensatz zum gesuchten Wortsinn (*Drasch*) der Schrift wiedergeben will (vgl. sein Komm. zu Gen 3,8), und gegenüber, in der äußeren Randspalte, der philologische Kommentar von Abraham Ibn Esra (1089-1164) aus Spanien.

In späteren Ausgaben wurde das Schema der Rabbinerbibel spiralförmig erweitert. (Wir beschränken uns im folgenden auf den Pentateuch.) In der hier abgebildeten Ausgabe der *Mikra'ot Gedolot* stehen z. B. unter den bereits erwähnten Zugaben zum Bomberg'schen Pentateuch der Apparat von R. Aharon (*Toldot Aharon*, 16. Jh.), der auf Parallelstellen in *Talmud*, *Midrasch* und *Sohar* hinweist; ferner ein Auszug des Kommentars des R. Jakow ben Ascher (ca. 1370-1240,

EA, 16. Jh., Konstantinopel), nach seinem religionsgesetzlichen Kodex *Arba'a HaTurim* (*Vier Reihen*) Ba'al HaTurim genannt, der sich durch seine für die aschkenasische Tradition typischen Buchstaben- und Zahlenspekulationen auszeichnet, die den kanonischen Anspruch des masoretischen Textes festigen. Weiter unten befindet sich auf der Innenpalte der Kommentar des R. Mosche Ben Nachman, gen. RaMBaN oder Nachmanides (1194-1270) aus Nordspanien, der den einfachen Wortsinn durch typologische und kabbalistische Spekulationen erweitert, und schließlich auf der Außenseite der Kommentar des Owadja Sforno (ca.1470-1550, EA, 1567, Venedig) aus Italien, der den einfachen Sinn des Textes aus dem Kontext und mit Hilfe seiner umfassenden humanistischen und wissenschaftlichen Bildung zu eruieren sucht.

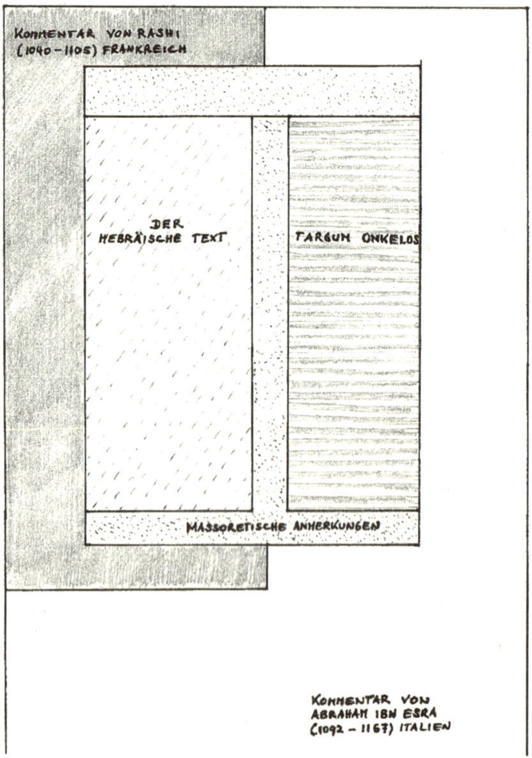

ויהי · מלת יהי היתה ראויה להיות כמו ירב המספר עליו ובעבור היות האל"ף מן הגרון פיתחו במלת יהי היו"ד הראשונה בקמץ קטן יהי והיה ראוי להיות היו"ד האחרון במלא כח נראה כמו הבי"ת במלת ירב והיה ראוי להיות יהי רק יכבד על הלשון על כן העלימוהו והסיך הה"א כחרק על כן לו יהי כי הוא לאמר ויהי ובעבור שידברו במלה הזאת הרבה

ויוסף היה במצרי' · והלא הוא ובניו היו בכלל שבעים ומה בא ללמדנו וכי לא היינו יודעים שהוא היה במצרי' אלא להודיעך צדקתו של יוסף הוא יוסף הרועה את צאן אביו הוא יוסף שהיה ובעמ' מלך ועומד בצדקו : וישרצו · שהיו יולדו' ששה בכרס אחד : ויקם מלך חדש · רב ושמואל חד אמר חדש ממש וחד אמר שנתחדשו

בבאר מאד ו' וס' סוף פרשת לך לך : ירבה ה' וס' הבה נתחכמה לו · וכאשר יענו אתו · ובקרך וצאנך ירבון · ל' בו · ברבות רשעים · וכל בי וכי דכו' ב"ב א ירבה וס' כי ירבה לסלוח : ונוסף ג' ב' פתחין וא' קמץ וס' ונוסף גם הוא · ונוסף על נחלת המטה · יש מפזר ונוסף עוד · בתרא' קמץ · וא' ועוד נוסף עליהם : ונלחם ה' פתחין

ויהי כל־נפש יצאי ירך־יעקב שבעים נפש ויוסף היה במצרים : וימת יוסף וכל־אחיו וכל הדור ההוא : ובני ישראל פרו וישרצו וירבו ויעצמו במאד מאד ותמלא הארץ אתם : פ ויקם מלך־חדש על־מצרים אשר לא־ידע את־יוסף : ויאמר אל־עמו הנה עם בני ישראל רב ועצום ממנו : הבה נתחכמה לו פן־ירבה והיה כי־תקראנה מלחמה ונוסף גם־הוא על־שנאינו ונלחם־בנו ועלה מן־הארץ : וישימו עליו שרי מסים למען ענתו בסבלתם ויבן ערי מסכנות לפרעה את־פתם ואת־רעמסס : וכאשר יענו אתו כן ירבה וכן יפרץ ויקצו מפני בני ישראל : ויעבדו מצרים את־בני ישראל בפרך : וימררו את־חייהם בעבדה קשה בחמר ובלבנים ובכל־עבדה בשדה את כל־עבדתם אשר־עבדו בהם בפרך :

ל' · ל' · ר' ית' ל' · ו' · ל' · ל' · ל' · ל' · א' · ג' ל' פתחי' וא' קמץ · ה' · ל' · ב' ויחס' תחד לחנ' · ויחס' ל' רפי' · ה' · ל' ויחס' · ל' · ויחס' · ל' · ג' בליש

והות כל־נפשתא נפקי ירכא דיעקב שבעין נפשן ויוסף דהוה במצרים : ומית יוסף וכל־אחוהי וכל דרא ההוא : ובני ישראל נפישו ואיתילדו וסגיאו ותקיפו לחדא לחדא ואתמליאת ארעא מנהון : וקם מלכא חדתא על־מצרים דלא מקיים גזירת יוסף : ואמר לעמיה הא עמא בני ישראל סגן ותקיפין מיננא : הבו נתחכם להון דילמא יסגון ויהי ארי יערעיננא קרב ויתוספן אף אינון על־סנאנא ויגיחון־בנא קרב ויסקון מן ארעא : ומניאו עליהון שלטונין מבאשין בדיל לענואיהון בפולחנהון ובנו קירוי בית אוצריא לפרעה ית־פיתום וית־רעמסס : וכמא דמענן להון כן סגן וכן תקפין ועקת למצראי מן־קדם בני ישראל : ואפלחו מצראי ית־בני ישראל בקשיו : ואמררו ית־חייהון בפולחנא קשיא בטינא ובליבנין ובכל־פולחנא בחקלא ית כל־פולחנהון דאפלחו בהון בקשיו :

וס' הבה נתחכמה לו · והיינו גם אנחנו ככל הגוים · ויצא ה' ונלחם בגוים · ויאמר דוד אל שאול · ויתמרמר מלך הנגב :

תמיד · השיבו הטעם תלרע והכינו היו"ד במלה יהי כן ה' על כן אין כבנין הקל פעל שיהיה האות המשרת במלה רק זאת הגזרה וגזרת ויחי יעקב והיה זה כי השתי האותיות שלו שרש מאלה השתי גזרות ויחי ויהי השתי האותיות הם מאותיות הנוח והם יו"ד וה"א היה חיה ובעבור כי אלה שתי האותיות הם מאותיות הנוח שעמי' שאינם נראים בסוף המלה בא האות המשרת שהוא היו"ד עליהם ב במלה ולא כן בכל הגזרו' בבנין הקל : יוצאי ירך · רמז לקרוב אליו אבר המוליד להסך את רגליו כי שפים ותקע היו אך יען יחשב בראשה' על כן כתוב בתחלה את יעקב כמו שאמרנו למעלה ופרשה הראשונה וינם אליו כתוב יעקב ובניו והנה עם יעקב היו כל נפש בניו ובנותיו שלשים ושלש והעד בשבעים נפש ירדו אבותיך מצרימה כי נפש היתה ליעקב ויוסף שהיה במצרי' במספר הוא ושני בניו : וימת · אב ובנו שתי דורו' והעד שחיה איוב אחרי שכותו מאה וארבעים שנה והוא ראה ד' דורות והקדמונו ז"ל אמרו עשר' דורות מאדם ועד נח ומנח עד אברהם עשר' ואין מספר שנות אל כאלה · וטעם וימת יוסף כי מת בגבורתו גם אחיו לא ראו ימי הרעה · וטעם וכל הדור ההוא על המצרי' כי יזכיר אשר לא ידע את יוסף : ובני ישראל פרו · הולדו כעץ יתן פריו : וישרצו · כמו ישרצו המים רק הראשון מהפעלים העומדי' בעצמם

גזירותיו : אשר לא ידע · עשה עצמו כאלו לא ידעו : הבה נתחכמה · כל הבה לשון הזמנה הוא כלומר הכינו עצמכם לכך · נתחכמה לו · לעם נתחכם מה לעשות לו ורבותינו דרשו נתחכם למושיען של ישראל נדונם במים שכבר נשבע שלא יביא מבול לעולם : ועלה מן הארץ · על כרחנו ורבותינו דרשו כאדם שמקלל עצמו ותולה קללתו בחברו והרי הוא כאלו כתב ועלינו מן הארץ והם ירשוה : עליו · על העם : מסים · לשון מס שרים שגובין מהם המס · ומהו המס שיבנו ערי מ מסכנות לפרעה : למען ענותו בסבלותם · של מצרים : ערי מסכנו' · כתרגומו וכן לך בא אל הסוכן נזבר הממונה על האוצרו' : את פיתום ואת רעמסס · שלא היו ראויות מתחלה לכך ועשאום חזקו' ובצו' ות לאוצר : וכאשר יענו אותו · בכל מה שהם נותנין לב לענות כן לב הקב"ה להרבות ולהפריץ : כן ירבה · כן רבה וכן פורץ ומדרשו רוח הקדש אומרת כן אתם אומרי' פן ירבה ואני אומ' כן ירבה : ויקוצו · קצו בחייהם ורבותינו דרשו כקוצים היו בעיניהם : בפרך · בעבודה קשה המפרכת ומשברת את הגוף :

ויוסף י' בקריו' ס' מהון שם כר נפ'

ואלור ל' ל' יאחת אליך

כמו הלך ישב עמד שכב והשני מהיוצאי' תלוי' בדבר אחר כמו אכל שמר שכר אכל את הלחם שמר את הדבר שכר את החמור אלו סקראו' פועל יוצא והנה ישרצו המי' מהפעלי' היוצאי' וזה השני וישרצו מהפעלי' העומדי' והנה זו הגזר' כגזל שב שעם עומד כמו ושב וקבצך ושעם יוצא כמו ושב ה' אלהיך את שבותך אולי מלת וישרצו רמז שילדו כשיהם תאומי' ויותר ואני ראיתי ד' בני שילדה אשה אחת והרופאים אומרי' שעד שבעה יגיעו בבטן אחת : וירבו · שלא היו מתים כדרך עם רב : ויעצמו · שהיו בעלי עצם תקיפין · ומלת במאד מאד שלא היו יכולין להיות יותר ובי"ת במאד כמו בי"ת ויכשו בראשון' כי כתוב ראשונה יכשו : ותמלא הארץ · ארץ גושן היא : רעמסס · במלא כח תחת העי"ן כי הראשון שתחת העי"ן שהוא רבק עם הרי"ש יקרא כח והשני תחת מ"ם יקרא נע כי הוא כמו תחלת נע השפה : ויקם מלך חדש · פירושו כמשמעו בלא תוספת שלא היה מזרע המלוכ' על כן כתו' ויקם כמו כי יקים בני את עבדי : ויאמ' אל עמו · המצריים : הנה עם · מלת עם היכנה סמוכה רק בני ישראל פירוש ותוספת באור כמו אהיה אשר התהלכו אבותי לפניו אברהם ויצחק ממנו · כל ממנו בספרי אנשי מזרח סימן לרבים הנו"ן רפה כמשפט להפרים בינו ובין ממנו שנה שהוא סימן למון יחיד שאינו נקבה בפני המדבר שהוא דגוש כמשפט וכל ספרי מערב שיהן דגושים כן שהוא סימן למון יחיד ובין שהוא סימן לשון רבי' והיה כן כי ממנו לשון יחיד דגוש הפך הכתוב כי מלת אני רפה וכן מלת כחני ה' והנה מלת מן כפולה ודגש הנו"ן ממנו לחסרון הנו"ן האחר כאלו היה ממננו כי הנו"ן הראשון תבא עם אות המ"ם כאלו הוא מן ונו"ן כי לסימן המדבר אם כן והיה אים ממנו שהוא לשון רבים כאלו הוא ממנו · וטעם נו"ן ממנו דגוש להתבלע ההא בחסרון כי יאמר מן ישמור יאחרו אשר ··· ודרך יקר כמו והנהו שמה מלאכ' שהוא ריתו והכח חוה ··· ופעמי' יוסיפו הנו"ן ישמרונכי ולא יתמלאוכני תברכני כמך כמו תברכני זובח תודה יכבדני ישובבנהו יבהכהו יברכהו ופעמים יבלעם הה"א בנו"ן ולא ישמרנו בעליו : הבה · הבה את אשתי לשון זכר והוא הכנת כמו לכה נא עמנו ולנקבה הבי המטפחת לכי ובאי ובעבור שידברו במלות האלה הרבה יאמרו הבה נרדה ולנקבה הבה נא אבוא אליך כמו לכה נשקה את אבינו יין : נתחכמה · נבקש דרך חכמה שלא ירבה : לו · בעבורו כמו אמרי לי ודע כי כל הפעלים שוברים או עתידים עם הפועל בכחס פי' עם דבר הנגזר מן הפועל שהוא חסר הוא נסמך תכח הפעלים כמו והנה ברכת ברך וברך לא תשיבנה והטעם וברך ברכה וככה וברב יועצים יקום והפלם יועצים עיצה יקום וככה כי ידקיהכה קורות מלחמה · אחר מריכום כי טעם ועלה מן הארץ כמו ועלינו ודבר ככה שלא יכשיל המספר פיהו ולפירעתי אין צרך : מסים · רבים והאחד מס כמו פתים פת והם מפעלי הכפל · וטעם ענותו ליבם זרע הזכרים : מסכנות · אוצרו' וכמוהו אל הסוכן ותהי למלך סוכנת סומרת האוצר ולא יודע לכל ושכבה בחיקך : רעמסס · בפתחו העי"ן ואיננו מקום ישר' : וכאשר יענו אותו · אעפ שהיה בענוי כן ירבה כימים אשר לא ענה · יפרוץ · שעבר החוק בבריה ורבים כמו ופורץ גדר : ויעבדו · דעית רבות חדש עליהם בראשונה לעשות מלאכתו וכאשר ראה שלא חסר רבותם נתן רשות למצרים ולשריהם להעבדים יותר מחק העבדים וזהו בפרך והוא כדברי המתרגם ארמית ולומר בפיוט פרוכים איננו נכון כלל וכאשר ראה שלא יועיל זה אז קרא למילדות שהן שרות על כל המילדות וצוה להרג כל הזכרים הילודים : וימררו · ידוע הוא כי התי"ו סימן לנקבות על הרוב והמ"ס סימן לזכרים כמו מועדות ומועדים ודרך חכמי ספרד כי בכינוי הפעלים שמורים ולא תחסר אות מן השרש ואיכם כן רק שמות דברים יאמרו כאשר כמבאו כי יחיד מן מועדות מועד לא מועדה כאשר יאמר החכם בעיניו כי מן מקום יאמר מקומו' ומקומות מקומה אולי יפקח עיניו ויראה כי מן בכור יאמר בכורים למכה מצרים בבכוריהם והנה ובכורות בקרך אם כן יהיה היחיד בכורה וככה לבנים לא יאמר לבן כי הם לבנה · וטעם בחומר ובלבנים לבנות בתים וגדרות גם לחרוש ולקצור ולזמור ולבצור וזה את כל עבודה בשדה ואחר כן כלל את כל עבודתם לצרכיהם : אשר עבדו בהם · ישרתו בעבור ש' עבדו בהם בפרך וגזרת עבד בלא בי"ת אחריה היא עבודת העבד וככה עבדיתך ואם אחריה בי"ת הוא על ב' דברים האחד ויעבד ישראל באשה והשני לא תעבד בו בפרך כדרך אשר לא עבד בה וככה אשר לא יעבד בו כי כתוב והארץ השממה תעבד ועל הדרך הזה עבודה כאשר נומה בו :

ויאמר

ואלה שמות

ואלה ג׳ ר״פ בתורה וס׳ ואלה בני רעואל נחת · ואלה הוו בני אהליבמה · ואלה בני רעואל בן עשו · ואלה בני אהליבמה אשת · ואלה בני שובל · ואלה בני צבעון ואיה · ואלה
שמות דבות׳ בכ״ר אלה שמות וס׳ אלה שמות בני עשו אליפז · אלה שמות בני אהרן הכהנים המשחים · אלה שמות האנשים אשר שלח משה · אלה שמות האנשים
אביהיל בן · אלה ראשי אבו׳ · אלה ראשי האבו׳ · אלה עשה בניהו · אלה מבני גד ראשי · אלה הם אשר עברו · ומן ודוד זקן עד סוף הכפ׳ ר״פ דכו׳ אלה כבו״ר

סדר המקרא תורת

אלפא בית׳ בן חד וחד חד א׳ חד וא׳ ולית דכו׳ וס׳ אכלה. ואכלה · אמרה · ואמרה ·
ארבם · ואהבם׳ ארצם · וארצם · אשתון · ואשתון · אפלל · ואפלל · אצבון · ואצבון ·

ואלה

האשמורת הראשונה

כפעות יקרוניס ליה מודות בזכרם ימות
ואם כבוד אל בלי לשון ופה נואמות

עולם ויורית את הנגות ומתחכמות׃
ושמו מפורש בראש ספר ואלה שמות׃

ברוך השם אלהי תעצומות
והוא הנותן תבונות לנשמות
ובספר הזה מהומות ואימות
ואלה התחדשו אחרי מות
הנולד אבי הנבואות והחכמות
ויוציא את אבותינו וידיהם רמות
ויעש לעיניהם בבריהם נקמות
והן בכתב אמת רשומות
ודבר משכן נעשה מתרומות

אמר בימים לנכח נעימות׃
להוציא לאור כל תעלומות׃
משכלו הורינו ברוב כלמות ·
כזיר אחים בעל החלומות׃
וקנא השם בעל חמות׃
ברב כסף וזהב ושלמות׃
ויאר לבותם בתורות תמימות׃
וכם סודות ופליאות סתומות׃
בסוף ספר ואלה שמות׃

ואלה טעם הוי״ו בעבור שהזכיר בסוף הספר הראשון כי ראה יוסף לבנים בני שלשים הזכיר כי אחיו בדרתם היו מעטים ופרו וירבו ומלת אלה גם בתחרת ההא שוה לזכרים ולנקבו׳ וכתי׳ כי את כל התועבות האל ואחריו מכל התועבות האלה לאנשים הא׳ אלה יולדו להרפה מה אעשה לאלה וככה מלת לו המשמיית הלז הנער הלז ובעבור היות מלת אלה מלמעל היה ההא׳ נוסף כהא׳ לילה כחלה מצרים ושם לשון זכר ורבים שמות כי התי״ו כולל סימן רבים ורבות כמו מקומות ואבות גם המ״ם ככה סימן הזכרים והנקבות כמו נשים ופילגשים ויש שמות שימצאו במ״ם גם בתי״ו כמו נפשים נפשות לבבות גם לבבים

רשי

ואלה שמות בני ישר׳ אע״פ שמנאן בחייהן בשמותם חזר ומנאן במיתתן להודיע חיבתן שנמשלו לכוכבים שמוציאן ומכניסן במספר ובשמותם שנ׳ המוציא במספר צבאם לכולם בשם יקרא׳

ואלה שְׁמוֹת בְּנֵי יִשְׂרָאֵל הַבָּאִים מִצְרָיְמָה אֵת יַעֲקֹב אִישׁ וּבֵיתוֹ בָּאוּ׃ רְאוּבֵן שִׁמְעוֹן לֵוִי וִיהוּדָה׃ יִשָּׂשכָר זְבוּלֻן וּבִנְיָמִן׃ דָּן וְנַפְתָּלִי גָּד וְאָשֵׁר׃

ואילין שְׁמָהַת בְּנֵי יִשְׂרָאֵל דְעָלוּ לְמִצְרַיִם עִם יַעֲקֹב גְּבַר וֶאֱנָשׁ בֵּיתֵיהּ עָלוּ׃ רְאוּבֵן שִׁמְעוֹן לֵוִי וִיהוּדָה׃ יִשָּׂשכָר זְבוּלֻן וּבִנְיָמִן׃ דָּן וְנַפְתָּלִי גָּד וְאָשֵׁר׃

מצרימה ב״ח מסר בגמ׳ רבת׳׃ וביתו ו׳ וס׳ ואלה שמות ריש סיפרא · וישב דוד עם אביש · ואנשיו אשר עמו · אשר ישב שם · ועשקו גבר וביתו · ועם האלהים וביתו · ובנימן ט׳ כ׳ חדין וט׳ בשופטים ס״מנב׳ ׃

כל לבבהן׃ הא׳ מצרימה תחת מלת אל כמו כלכה דותנ׳ ותבא אותי ירושלימה׃ את יעקב · עם יעקב כמו כרת יי׳ את אברם׃ איש וביתו · יוצא חלציו ואין בית בכל המקרא אשה והנה הטעם איש וביתו באו כי לא היו כמו השבטי׳ במספר השבטים כי יקשה בעיניך וכפר בעדו ובעד ביתו כי פשוטו בית אבו כי שלשה ודויין היו ועזר הכהן שהיא אשתו בבת בעדו והיא ככללת עיניו כי האיש ואשתו הוא האדם׃ ראובן · כל שוא נע כ״וין זבולון בתכבם עליו אחת מאותיות בוכ״ל ודאוי להיות האות המשרת בשוא נע והנה אין יכולת בלשון לקרוא שני שואין נעים על כן שמו חירק תחת האות המשרת כי אם היה בית האות המש׳ית הנכנס עליו יאמרו בזבולון ואם כ״פ או למ״ד כזבולון לזבולון ואם וי״ו יאמרו שורק תחת חירק כאילו הוי״ו בקריאת אל״ף כמו וזבולון כי המלה תראה כקריאת אל״ף או זבולון ואם היה האות הראשון יו״ד כמו יהודה שהיו״ד מאותיות הנעלמים יעלימוהו כמו נעלה ביהודה כיהודה ליהודה כחסון כי עתה היו״ד הוא נעלם ויבו כזכר וכדגם בשפה גם ככה עם וי״ו ויהודה והנה נכתבו השבטים הנה כסדר תולדותם׃ יששכר · בעבור היששכר ... שהוא מתיבות כדרך מלכלבים שיקרא מחברים ואין ש״ן כמוה במקרא ומנהג העברים בהתחבר וי״ו עם אחד מאותיות השפה שהם בומ״ף חבירי הוי״ו יכיש אל״ף נוסף בקריאה ויקרו הוי״ו בשורק כמו ופרו ורבו ומלאו בתי מצרי׳ וככה ובנימן ובעבור היות בנימן בן הגבירת הזכירו לפני בני השפחות׃ דן · בה תחבר השמות הם על חשה דרכי׳ וכולם נכונים · האחד כמו עילם ואשור וארפכשד · והשני כבסך ארגמן בדקמה וכוון · השלישי אדם סטרה וברקת · הקבועי דן ונפתלי גד ואשר · החמישי מר ואהלות קציעות · השני אדם פת אגוז׃

ויהי

Die gebräuchlichsten Ausgaben der Rabbinerbibel haben ein etwas anderes Erscheinungsbild (s. Abb. 14). Die Übersetzungen und Kommentare erstrecken sich auf jeweils zwei zweispaltige Seiten und rahmen den rechts oben stehenden kommentierten Textausschnitt ein. In der linken Spalte neben dem Textausschnitt stehen auf der Innenspalte der *Targum Onkelos*, gefolgt vom Apparat des *Toldot Aharon,* und gegenüber, auf der linken Seite, die aramäische Paraphrase *Targum (Pseudo-) Jonathan ben Usiel oder Jeruschalmi* I; unter dem Bibeltext und seiner aramäischen Übersetzung auf der rechten Seite in der inneren Spalte der Raschi-Kommentar und in der äußeren, der *Siftei Chachamim* genannte Superkommentar, oder genaugenommen, die Auswahl aus Superkommentaren zum Raschi-Kommentar von Schabbtai Bass (1641-1718, EA, 1712, Frankfurt/M); darunter, innen, der Kommentar von Ibn Esra und außen der von Nachmanides; darunter schließlich, innen einer der zahlreichen Superkommentare zu Ibn Esra und außen der Kommentar von Owadja Sforno. Auf der linken Seite, unterhalb der palästinischen Targume stehen Kommentare aus der Schule Raschis. In der Außenspalte der Kommentar seines Enkels, R. Schmuel Ben Meir (ca. 1085-1174), genannt RaSCHBaM, der den literalistischen Ansatz seines Großvaters noch radikalisierte (vgl. Kom. zu Gen 37,2); in der inneren Spalte, der bereits erwähnte Kommentar des Ba'al HaTurim und darunter der Kommentar *Da'at Sekinim* der sogenannten *Tossafisten*, die vom 12. bis zum 14. Jh. in den Talmudhochschulen von England bis Böhmen das Werk Raschis fortführten; weiter unten, auf der Außen – bzw. Innenspalte, die ausführlichen homiletischen Kommentare *Kli Jakar* von R. Schlomo Efraim Lunschitz (1550-1619) aus Prag und *Or HaChajim* (EA Venedig 1742) von R. Chajim Ibn Attar (1696-1743) aus Salé in Marokko.

Insgesamt spiegeln die Kommentare der *Mikraot Gedolot* siebenhundert Jahre jüdischer Exegese aus allen großen Zentren der Diaspora wieder und Juden erschließen mit ihrer Hilfe die Bibel. Es gibt freilich auch bedeutende und populäre Bibelkommentare aus diesem Zeitraum, die nicht in den *Mikraot Gedolot* aufgenommen worden sind. Etwa der umfangreiche Kommentar Bachja ben Aschers (13. Jh., Verf. 1291) aus der Schule des Nachmanides, der die Bibel nach dem vierfachen, insbesondere nach dem kabbalistischen Schriftsinn auslegen will (Einl., Bd. 1, S. 5 oben); der Kommentar von Don Jizchak Abrawanel (1437-1508), der sich durch seine problematisierenden Einleitungen zu den einzelnen biblischen Büchern und Abschnitten und seine historischen und politischen Ausblicke auszeichnet, und der beliebte homiletische Kommentar Jizchak Aramas (ca. 1420-1494), *Akedat Jizchak*, der sich vor allem mit den philosophischen Allegoresen des R. Mosche Ben Maimon, gen. RaMBaM oder Maimonides (1138-1204), und der noch weit radikaleren des R. Levi Ben Gerson (1288-1344), gen. RaLBaG oder Gersonides, auseinandersetzt (dessen Kommentare zu anderen Büchern der Bibel in den *Mikraot Gedolot* aufgenommen wurden).

In der neueren Zeit hat es immer wieder Versuche gegeben, ein Äquivalent zu den *Mikraot Gedolot* zu schaffen. Ja, die jüdische Moderne kann mit dem Erscheinen eines solchen Werkes datiert werden: Moses Mendelssohns *Sefer Netiwot HaSchalom* (Buch der Friedenspfade, nach Spr 3,18), Berlin 1783. Anstelle des *Targum Onkelos* steht nun in der Außenspalte der *Targum Aschkenasi*, Mendelssohns erste jüdisch-hochdeutsche Pentateuchübersetzung in hebräischen Buchstaben; unter dem Bibeltext in der Innenspalte die *Massora* (*Tikkun Sofrim*), mit der hier der traditionelle Text gegen die christliche sowie gegen aufkommende kritische Bibelauslegung gesichert wird (vgl. Einl., *Or Lanetiwah*, JubA, IX.1, S. 56-57); auf der unteren Seitenhälfte schließlich die hebräische »*Erklärung*« (*Bi'ur*) von Mendelssohn und seinen Mitarbeitern, die in der Regel eine Auswahl der Literalisten aus den *Mikraot Gedolot*: Raschi, Raschbam, Ibn Esra, Ramban bietet (vgl. Einl., ebd., S. 59). Die großen Ausgaben der *Biuristen*-Bibel, Prag 1833-37, Warschau 1836, Wilna 1847, St. Petersburg 1850-52 zeigen, daß sie in aufgeklärten jüdischen Kreisen Mittel- und Osteuropas tatsächlich die traditionellen *Mikraot Gedolot* verdrängte. *Der Pentateuch* Samson Raphael Hirschs, Frankfurt/M 1867-78 war die – später ebenfalls fortgesetzte – »Bibel« der deutschjüdischen Neoorthodoxie, die sich weniger an den mittelalterlichen Auslegern als an den rabbinischen Quellen orientierte. Der Kommentar zum Pentateuch und den Prophetenabschnitten (*Haftarot*) des Chief-Rabbi von England und des Commonwealth Joseph Herman Hertz (1872-1946), der 1929-1936 in Oxford erschienen und auf Deutsch

(1937/38), Ungarisch und Hebräisch in Millionen Exemplaren gedruckt worden ist, verbindet trotz Ablehnung der modernen Bibelkritik traditionelle und moderne jüdische und nichtjüdische Exegese. Eine Art Blütenlese aus den *Mikraot Gedolot* stellt das Werk des neoorthodoxen Rabbiners Elie Munk, *Kol HaTora, La Voix de la Thora*, Paris 1969 dar. Alle diese Werke wurden und werden benutzt, doch sie gehören im Gegensatz zu den *Mikraot Gedolot* nicht zur normalen Bücherausstattung der Synagoge. Das »jüdische« Schriftstudium geht von den *Mikraot Gedolot* aus und anerkennt ihre Autorität.

Jüdische Bibelauslegung gibt es freilich nicht erst seit dem 11. Jh., sondern sie blickt zu diesem Zeitpunkt auf eine mehr als tausendjährige, hochverbindliche Tradition zurück. Bereits die erste Erwähnung eines öffentlichen Toravortrags zeigt, daß Auslegung im Spiel war: »*Man las aus dem Buch, aus der Weisung Gottes, verdeutlichend (Meforasch) und legte den Sinn (Sechel) dar, und sie erfassten die Vorlesung* (*Mikra*)« (Nech 8,8). »*Mefaresch*« oder »*Parschan*« sollte zum Terminus für den Schriftausleger und »*Perusch*« bzw. »*Parschanut*« für eine bzw. die Schrifterklärung werden. Von Esra, von dem hier die Rede ist, heißt es anderswo: »*Denn Esra hatte sein Herz darauf gerichtet, Gottes Tora zu erforschen* (*LiDrosch*) *und zu erfüllen, und in Israel Gesetz und Recht zu lehren*« (Esra 7,10). Die Wurzel DaRoSCH liegt dem Substantiv *Midrasch* zugrunde, das eine Schriftauslegung oder eine Sammlung von Schriftauslegungen bezeichnet. Später wurde der Ausdruck »*Drusch*« oder »*Drasch*« auf eine homiletische Auslegung beschränkt und der Prediger als »*Darschan*« bezeichnet. Doch ursprünglich meinte der Begriff ebenso die religionsgesetzliche Auslegung. Die Masoreten haben errechnet, daß das Wort »*Darasch*« im Vers »*Und Mose forschte* (*Darosch Darasch*) *nach dem Bock der Entsündung*« (Lev 10,16) genau in der Mitte der Tora steht und das trifft auch im übertragenen Sinn für das jüdische Schriftstudium, wie es im Lehrhaus, dem *Bet-HaMidrasch*, praktiziert wird, überhaupt zu.

Die erste Stufe der Auslegung, die wohl auch in Neh 8,8 gemeint war, ist die »*Übersetzung*« (*Targum*) des Urtextes in die Umgangssprache der Gemeinde. Der aramäische *Targum*, der in den *Mikraot Gedolot* neben dem hebräischen Text steht, ist aber keineswegs bloß eine sklavische Wort-für-Wort-Übertragung des Textes, der Übersetzer (*Meturgeman* oder *Torgeman*) arbeitet vielmehr zur Erbauung der Gemeinde die aktuellen religiösen Vorstellungen – etwa die Anthropomorphismuskritik – in seine Übersetzung ein. »*Wer*«, heißt es im Talmud, »*wer einen Vers wörtlich übersetzt, ist ein Lügner*« (bKid 49a[1]). Im Prinzip können zwei Arten von elaborierten *Midraschim* zur Tora inhaltlich und nach dem Grad der Verbindlichkeit unterschieden werden. Der *Midrasch Halacha*, der zumeist an die Gesetzestexte der *Schrift* anknüpft und an der exegetischen Rechtfertigung und Erweiterung des Religionsgesetzes interessiert ist. Diese Art von Midrasch wendet feststehende kasuistische Regeln wie z. B. die Induktion und den Analogieschluß an, um religionsgesetzliche Vorschriften aus der *Schrift* abzuleiten oder sie auf die *Schrift* zurückzuführen. Und der *Midrasch Haggada*, der überwiegend an die nichtgesetzlichen Teile der Schrift anknüpft. Er ist an einer Aktualisierung der Erzählungen, Verheißungen und Weisheiten der Bibel interessiert. Der *Midrasch Haggada* bedient sich eines etwas umfangreicheren, phantasievolleren hermeneutischen Regelkanons, um nichtgesetzliche Belehrungen aus der Schrift zu gewinnen. Entsprechend diesen beiden Arten von Midraschim gibt es auch verschiedene Serien von Midrasch-Sammlungen, so etwa die überwiegend halachischen Midraschim zu den vier letzten Büchern Mose (*Mechilta, Sifra, Sifre*) und den überwiegend haggadischen *Midrasch Rabba* zu den fünf Büchern Mose und den fünf Rollen. Die hermeneutischen Regeln des Midrasch: die 13 Regeln des Rabbi Jischmael (2. Jh.), die täglich im Morgengebet aufgesagt werden (*BiSchlosch Essre Middot HaTora Nidreschet*) und die sich mehr am natürlichen Sinn der Sprache orientierten, und die 32 Regeln aus der Schule Rabbi Akiwas, die mehr an dem angedeuteten Sinn interessiert sind, gelten selbst als Teil der Offenbarung, so daß der Midrasch als Explikation der in der schriftlichen Tora implizit enthaltenen Lehren erscheint. Die Auslegungsregeln lassen freilich einen beinahe unbegrenzten Spielraum und die rabbinischen Schriftauslegungen sind alles andere als buchstabengläubig, sie benutzen vielmehr den Buchstaben für die weitesten und kühnsten Schlußfolgerungen. Im Talmud heißt es zwar: »*Kein Schriftvers verliert die einfache Bedeutung seines einfachen Wortlauts* (*Ejn Mikra Joze Midei Pschuto*)« (bSchab 63a). Diese *locus classicus* des jüdischen Literalismus begenet aber an seinem Ort ungläubiges Erstaunen: »*Mit achtzehn Jahren hatte ich den ganzen Talmud durchstudiert*, heißt es weiter, *und wusste bis jetzt nicht, daß der Schriftvers nicht die einfache Bedeutung seines Wortlautes* (Pschat) *verliert.*«

Nur vor dem Hintergrund der älteren rabbinischen Schriftauslegung kann man die Leistung der mittelalterlichen *Parschanut* würdigen. Sie folgt entgegen der sehr frei mit dem biblischen Text umspringenden rabbinischen Exegese der Devise: Zurück zum Wortsinn (*Pschuto Schel Mikra*)! (vgl. Raschbam zu Gen 37,2). Gewiss, als rabbanitische Juden akzeptierten auch die mittelalterlichen *Mefarschim* den rabbinischen Midrasch, vor allem den *Midrasch Halacha*,[2] doch verlangten sie zumindest vom *Midrasch Aggada*, daß er mit dem einfachen Sinn konform sein müsse (vgl. Raschi zu Ex 6,9). Nur unter dieser Bedingung ließen sie den *Drasch* als möglichen Sinn der Schrift gelten. Auch Raschi rechtfertigt in seinem Kommentar zu Ex 6,9 unter diesen Bedingungen die Mehrdeutigkeit des einfachen Wortsinns mit der rabbinischen Auslegung des Prophetenwortes (Jer 23,29): »,*Ist mein Wort nicht wie ein Feuer, spricht der Herr, und wie ein Hammer, der Felsen zerschmeißt (*KePatisch JeFozez Sala*)*'. *Wie der Hammer in viele Funken zerteilt wird, ebenso gehen aus einem Schriftvers viele Deutungen hervor (*Te'amim)« (bSan 34).[3] Zu Beginn seines Hohelied-Kommentars zieht er ferner den anderen klassischen Beleg heran: ,*Eines hat Gott geredet, zwei habe ich vernommen*'(*Achat Diber Elohim, Schtajim Su Schamati*) (Ps 62,12)[4] und folgert mit den Rabbinen: »*ein Schriftvers hat verschiedene Deutungen* (*Mikra Echad Joze LeChama Teamim*)« (bSan 34a); er fügt aber sogleich die bereits erwähnte Talmudstelle hinzu: »*doch gibt es letztlich keine Schriftstelle, die ihre Grundbedeutung verliert* (*Ein Lecha Mikra Joze Midei Pschuto Umaschmao*)«, und nimmt sich vor, den rabbinischen *Midrasch* zum Hohelied am Leitfaden des *Pschat* zu benutzen.[5] Ja ein Literalist wie Ibn Esra gibt zu, daß die Tora siebzig verschiedene Gesichter (*Schiwi'im Panim LaTora*) haben könne, und vergleicht die Midraschim mit Gewändern (*Malbuschim*), die den Körper des Textes (*HaGuf HaPaschut*) unverändert lassen (Ed. D. Rottzoll, S. 21ff.). Er bringt noch einen anderen interessanten Vergleich. Danach entspräche die Vieldeutigkeit der Verse der Vielseitigkeit der Organe und Glieder des Körpers. In der einen Version seiner Einleitung zum Pentateuchkommentar spricht er in diesem Zusammenhang von der zweifachen, in der andern Version von der vierfachen Funktion der Nase: »*Wie der Nase Bestimmung zugleich bilden der Verrichtungen vier: das Hirn zu lüften, ihm Schleim zu entführen, dem Geruche zu dienen und das Antlitz zu zieren*«[6], und spielt damit vielleicht auf einen vierfachen Schriftsinn an – übrigens ausdrücklich gegen die christliche Schriftauslegung. Aber Raschi und Ibn Esra ging es gerade nicht um die Begründung des *Midrasch*, sondern um die Durchsetzung des *Pschat* als Norm, Kriterium und Filter aller Schriftauslegung. Gerade als Hüter des Buchstabens erweckten sie auch das Interesse der Christen – die *Biblia Rabbinica* war schließlich für christliche Leser bestimmt – und erfüllten die ihnen vom Kirchenvater Augustinus zugewiesene Rolle als Bücherträger der Christen.

Der »*einfache Schriftsinn*« (*Pschat*) ist aber alles andere als einfach und die Unterscheidung vom »*gesuchten Schriftsinn*« keineswegs unproblematisch. Das gilt schon für den *Pschat* selbst, der ja nicht einfach Berichte oder Erzählungen wiedergibt, sondern selbst ein vielschichtiger »*Midrasch*« zu solchen Berichten und Erzählungen darstellt. Das gilt noch mehr für den *Pschat* als Literalkommentar. Schon ein flüchtiger Blick auf die *Mikra'ot Gedolot* zeigt, daß die dort angeführten Literalisten beinahe über jedes Wort uneins sind. Es kommt hinzu, daß für die eine Exegetengeneration noch als einfache Bedeutung durchging, was der nächsten bereits als gesucht erschien. So ist für Raschi noch *Pschat*, was für seinen Enkel Raschbam schon *Drasch* ist, und ausgerechnet Raschi dient gewöhnlich als Führer durch den *Midrasch*. Und auch die moderne Philologie mit ihren furchterregenden kritischen Apparaten entgeht nicht dem Fluch, immer wieder als vorurteilsbeladen und ideologieverdächtig, als *Drasch* verwerfen zu müssen, was zuvor noch als gesicherter *Pschat* galt. Das Problem ist grundsätzlicher Natur. Denn der *Pschat* ist nicht etwa ein Grenzwert, dem sich die Forschung allmählich annähern kann, sondern ein ziemlich beliebiges Konstrukt. Die kühnsten philosophischen und kabbalistischen Exegesen verstehen sich als reiner *Pschat*. So stützt Maimonides z. B. alle seine Allegorien auf die Homonymie der hebräischen Wörter und die Kabbalisten knüpfen ihre hochfliegenden Spekulationen stets an den »Buchstaben« des Textes. Was als *Pschat* gilt, ist eine Frage der Definition. Ist mit *Pschat* die Bibel insgesamt, ein besonderes Buch, ein mehr oder weniger langer Abschnitt, ein Vers, ein Wort, ein Buchstabe, ein Vokal, ein Akzent, ein Häkchen oder Krönchen gemeint? Im allgemeinen ist die Interpretation umso weiter, je geringer die Quantität des *Pschat* ist; an Häkchen und Krönchen der Buchstaben lassen sich unschwer Berge von fernliegensten Folgerungen hängen. Umgekehrt ist die Integration in einen übergreifenden Sinnzusammenhang um so schwieriger, je weiter die Differenzierung und Atomisierung des *Pschat* reicht. Wird der *Pschat* ferner als geschichtlicher, gesetzlicher, moralischer, politischer, theosophischer, liturgischer oder poetischer Text definiert? Im allgemeinen ist die Interpretation um so freier, je geringer die Qualifikation des *Pschat* ist, und umgekehrt ist die Abstraktion allgemeiner Aussagen um so schwieriger, je weiter die Spezifikation der Textsorten reicht. In jedem Fall ist der *Pschat* keine objektive Größe, er ist vielmehr wie der Drasch auch von interpretatorischen Vorentscheidungen abhängig.

Die traditionelle jüdischen Hermeneutik wollte diesen verschlungenen Knoten von *Pschat* und *Drasch* mit einer kabbalistischen Zauberformel lösen. Zunächst erhoben gerade die Kabbalisten, die in pseudoepigraphen Midraschwerken die Freiheiten, die sich schon der ältere Midrasch mit der Schrift genommen hatte, noch überboten, Einspruch gegen den Vorrang des *Pschat*. Der *Sohar* – ein solcher pseudoepigrapher Midrasch – wendet Ibn Esras Bild von den Gewändern gegen die Literalisten: » ... *die geschichtliche Ebene der Torah* (ist) *das Gewand* (*Lewuscha*) *der Torah. Wer da glaubt, dies Gewand sei die Torah im Ganzen, nieder mit ihm! Keinen Anteil soll er haben an der zukünftigen Welt*!«[7] »*Das Wesentliche am Gewand*, fährt der *Sohar* fort, *ist der Körper, den es verhüllt.*« Der Körper der Torah (*Gufe Tora*), das seien die Gebote (*Pikudaja*); aber der Körper sei nur eine äußere Hülle der »*Seele*« (*Nischmeta*), und diese wiederum Hülle der »*Seele der Seele*« (*Nischmeta DeNischmeta*), die erst den eigentlichen Sinn der Schrift, die »*wahre Tora*«, ausmacht. Das an sich dreistufige anthropomorphe Bild der Schrift: Kleid, Körper, Seele,[8] wird in der Formel »*Nischmeta DeNischmeta*« (*Seele der Seele*) künstlich überhöht, um auch noch den rabbinischen und philosophischen Drasch mystisch zu überbieten.[9] Der Text schließt, wie er begonnen hat, mit der Verdammung der Literalisten: »*Wehe den Verworfenen, die da sagen, die Tora sei nur eine einfache Geschichte: Das Gewand betrachten sie und sonst nichts*«. Dieser Fluch hallt durch die spätere Geschichte der Kabbala.[10] Aber der *Sohar* stellt auch fest: »*Wein*[11] *gibt es nur im Kruge, und gleichermaßen gibt es die Torah nur in diesem Gewande*«. Auf Dauer erwies sich diese Lehre von den vier Sinnschichten als integratives Modell, das den Streit der Interpretationen schlichtete. Die Termini für die vier Schriftsinne sind freilich zunächst noch schwankend. In einem der älteren Stücke des Sohar zu Hld 6,11: »*In den Nußgarten* (*Ginat Egos*) *stieg ich hinab*« heißt es: »*Die Worte der Tora gleichen einer Nuß* (Egos). *Er sagte zu ihnen, so wie die Nuß außen die Schale und innen den Kern hat, so enthält die Tora Handlung* (Ma'asse), *Erklärung* (Midrasch), *Erbauung* (Haggada) und geheime *Deutung* (Sod), *alles innerhalb des anderen.*« (Sohar Chadasch, Midrasch Ruth 83a). Die Schalen und die äußeren und inneren Hüllen der Nuß entsprechen dabei den äußeren Schriftsinnen (*Ma'asse, Midrasch, Haggada*), der süße Kern dem mystischen Sinn (*Sod*). Doch in den späteren Werken des Verfassers und in den späteren Schichten des Sohar findet sich schließlich jene kanonische Formel »*PaRDeS*« (Paradiesgarten) – »P« steht für »*Pschat*« (einfacher Sinn), »R« für »*Remes*« (angedeuteter Sinn), »D« für »*Drasch*« (gesuchter Sinn) und S« für »*Sod*« (geheimer Sinn) – die zur universalen Chiffre der jüdischen Hermeneutik werden sollte.[12]

Exkurs: PaRDeS

Mit dem Begriff PaRDeS spielt der Verfasser des Sohar auf die rabbinische Esoterik des Schöpfungswerkes (*Ma'asse Bereschit*, Gen 1) und der prophetischen Thronwagenvision *(Ma'asse Merkawa*, Ez 1) an. Die *Mischna* hatte die Einweihung in diese Materien streng reglementiert: »*Man spricht nicht über das Schöpfungswerk* (*Ma'asse Bereschit*) *bei Zweien, über den Wagen* (*Ma'asse Merkawa*) *nicht bei Einem, es sei denn, daß er ein Weiser ist.*« (mChag 2,1). Der babylonische Talmud zur Stelle berichtet von vier Weisen, die das mystische »*Paradies*«

(»*Pardes*«), das heißt wohl den göttlichen Bereich der *Merkawa* betraten und dort eine »Wasserprobe« bestehen mußten: einer kam dabei ums Leben, einer verlor den Verstand, einer den Glauben und nur einer kam heil wieder heraus (bChag14b). Der *Sohar* bezieht sich auf diese Anekdote und bringt die vier Weisen mit den vier Flußarmen (eigentlich -*köpfen, Raschim*), die nach Gen 2,10 das Paradies bewässerten, in Verbindung. Er läßt die vier Weisen durch diese Flüsse in das Paradies gelangen und bezieht deren Namen, *Pischon, Gichon, Chidekel, Frat* auf die vier Auslegungsweisen der Schrift (Sohar I, 26b, Tikkune HaSohar, Nr. 55, Bd. II, 21b).[13]

Das mystische Paradies wurde bereits in der älteren jüdischen Mystik mit dem Nußgarten (*Ginat Egos*) des Hohelieds identifiziert. Sie deutete den »*Abstieg in den Nußgarten*« (*El Ginat Egos Jaradeti*, Hld 6,11) als *Merkawa*-Meditation. Der Kontext des Verses scheint in der Tat einen solchen Zusammenhang nahezulegen: »*Wer ist diese, heißt es, die vorglänzt wie das Morgenrot, schön wie der Mond, lauter wie der Glutball, furchtbar wie Herrscharen? Zu meinem Nußgarten stieg ich hinab*, (...), *da – ich kenne meine Seele nicht mehr – versetzt mich's in den Wagen* (*Markewot) meines Gesellen, des Edlen.*« Die *Merkawa*-Mystiker nannten sich in der Spätantike jedenfalls »*die zur Merkawa Hinabsteigenden*« (*Jorde Merkawa*) und später verwendeten sie ausgerechnet das Bild der Nuß für den großartigen Triumphwagen Gottes. An der Schwelle zum 13. Jh. schreibt der jüdische Pietist und Mystiker Eleasar von Worms – in seiner rheinländischen Heimat war der Walnußbaum seit Karl dem Großen kultiviert worden: *Jeder, der die mystische Bedeutung der Nuß* (*Sod HaEgos*) *nicht kennt, kennt auch nicht die Wagenvision* (*Ma'asse Merkawa*) und führt einen minutiösen Vergleich zwischen Walnuß und Wagen durch.[14] Die Schalen und Hüllen (*Klippot*) der Walnuß entsprechen dabei den vier Auren aus Wind, Wolken, Feuer und Glanz (*Noga*), die den großen Wagen, nach der Vision des Propheten, bei seiner Erscheinung umgeben (Ez 1,4); die Struktur des Nußkerns den Tieren, dem inneren Licht, dem Thron und der Glorie Gottes (Ez 1,5 ff.). Die Herrlichkeit Gottes wird gleichsam in die Miniatur der Nuß eingeschlossen, so ähnlich wie die *Maiestas domini* an den zeitgenössischen Kirchenportalen in die Schale der Mandel (*Mandorla*). Die Kabbalisten sehen in der Walnuß ein Abbild ihres fünffaltigen Gottesbildes (Sohar II, 203a-b): Die drei äußeren Schalen und Hüllen (Wind-, Wolken- und Feuerschale) korrespondieren dabei der dunklen, »*anderen Seite*« (*Sitra Achra*) der Gottheit im Gegensatz zu ihrer leuchtenden inneren Seite, während die vierte Schale, die *Glanzschale* (*Klippat Noga*), sowohl an der Außen- wie Innenseite der Gottheit teilhat und zwischen ihnen vermittelt. Im *Sohar* (I, 19a-20b) hebt Salomon bei einem Abstieg in den Nußgarten (Hld 6, 11) eine Nußschale (*Klipa DeEgosa*) auf und meditiert über das zehnfaltige Gottesbild der Kabbalisten, wobei Kern oder Hirn (*Mocha*) und Schalen (*Klippot*) den zehn göttlichen Sphären (*Sfirot*) entsprechen, die sich vom Willen Gottes (*Keter*) bis zum Reich Gottes (*Malchut*) entfalten.

Der spanische Kabbalist Josef Gikatilla (1248 – ca. 1325) hatte bereits in seinem Werk *Ginat Egos* (*Nußgarten,*1274) das Bild der Nuß zum allgemeinen mystischen Symbol erhoben: »*In der Nuß findest du das Verborgene* (*Nistar*) *und das Offenbare* (*Nigle*), *das Äußere* (*Chizon*), *um das wunderbare Innere* (*Pnimi*) *zu schützen.*« Die profane Außenseite der Dinge ist nur ein Schein, der über ihre wahre Natur hinwegtäuscht und ihre harte Schale muß durchbrochen werden, wenn das innere göttliche Licht sichtbar werden soll. Gikatilla wendet das Bild der Nuß auch auf die heilige Schrift an: »*Denn die Wege der Tora sind offen* (*Glujot*) *und verborgen* (*Nistarot*): *Die buchstäblichen Bedeutungen* (*Pschat*) *deuten die gehüteten Geheimnisse an* (*Remes*) (...). *Und Du wirst das Geheimnis in der Schale verborgen finden* (...). *Wie die Nuß: ihre Frucht ist innen und die Schale umgibt die Frucht.*« So ist, nach Gikatilla, etwa das Wort *GiNaT* (*Garten*) eine Chiffre der drei kabbalistischen Interpretationsmethoden: *Gematria, Notarikon, Tmura.* Die *Gematria* ist eine Quersumme aus den Buchstaben eines Wortes, die auf Hebräisch auch Zahlen sind; sie stellt Assoziationen zu Wörtern gleichen Wertes her. Eleasar von Worms errechnet z. B., daß der Wert des Ausdrucks »*In den Nußgarten ging ich hinab*« (*El Ginat Egos*) genau den Wert des Ausdrucks: »*Das ist die Tiefe des Wagens*« (*So Omek HaMerkawa*) ergibt, nämlich 501 – und rechtfertigt so seine Strukturanalogie von Walnuß und Merkawa. Das *Notarikon* ist ein Wort aus Initialen. Dafür sind die hier vorgenommenen Aufschlüsselungen der Wörter GiNaT oder PaRDeS (Garten) Beispiele. Die *Tmura* (*Vertauschung*) verschlüsselt schließlich Wörter nach einem bestimmten Kode, indem sie zum Beispiel nach dem A»T-B«Sch-Geheimalphabet den ersten durch den letzten Buchstaben des Alphabets, den zweiten durch den vorletzten usw. ersetzt. Eleasar von Worms verbindet diese Methode mit der Gematria, um die Nuß und die Tora mit ihren 613 Ge- und Verboten zu verknüpfen. Danach stehen anstelle der ersten beiden Buchstaben des Wortes Nuß (*Egos), Alef* und *Gimel* die Buchstaben *Taw* (= 400) und *Resch* (= 200), und wenn man den Wert der nicht vertauschten letzten beiden Buchstaben des Wortes *Waw* (= 6) und *Sajin* (= 7) addiert, ergibt das das gewünschte Resultat 613 und die Korrespondenz der Nuß und der Tora. Der Kabbalist versteht sich gleichsam als *secretaire de chiffre*, der den göttlichen Kode – oder im Bild: die göttliche Nuß – zu knacken und die in Kryptogrammen verborgene Botschaft zu entschlüsseln versteht. Wie man aus all dem ersehen kann, steht der Verfasser des *Sohar* mit dem Bild der Nuß und dem Notarikon PaRDeS im Traditionszusammenhang der alten und mittelalterlichen jüdischen Mystik.

Wegen der Strukturanalogie zur christlichen Lehre vom vierfachen Schriftsinn hat man einen christlichen Ursprung des PaRDeS angenommen – obwohl es ja genügend biblische und rabbinische Quaternitäten gibt (Tetragrammaton, Tetramorphenquadriga der *Merkawa*, vier Flüsse aus Eden, vier Paradieswanderer, von den unzähligen Quaternaren innerhalb der »*vier Ellen der Halacha*« ganz zu schweigen), die eine vierfältige Klassifikation nahelegen.[15] Doch auch in diesem Fall hätte die Lehre vom vierfachen Schriftsinn im jüdischen und christlichen Kontext ganz verschiedene Funktionen. In der christlichen Schriftauslegung dient sie der eschatologischen Typologese. Wenn wir sie nicht als Zusammenfassung von Auslegungsmethoden, sondern als Methode sui generis betrachten, dann leistet sie eine systematische Verzeitlichung der Schrift. Nach dem bekannten Merkvers: »*Littera gesta docet, quid credas allegoria, moralis quid agas, quo tendas anagogia*« sagt der Literalsinn, was in der Vergangenheit geschehen ist, der allegorische Sinn, was in der Gegenwart gilt, der moralische, was in Zukunft getan werden soll, und der anagogische, was in der Ewigkeit zu erwarten ist. Insgesamt, könnte man auch sagen, dient die Methode des vierfache Schriftsinns der teleologischen Substitution des »jüdischen« Schriftsinns. Diesen Zweck konnte die Lehre vom vierfachen Schriftsinn im Judentum nicht haben. Gewiss, auch die Methode des PaRDeS sollte dem scheinbar zufälligen Wort- und Geschichtssinn eine übergeschichtliche, ewige, göttliche Bedeutung abgewinnen. So verweist etwa nach dem angeführten Gleichnis des *Sohar* (III, 152a) der Erzählstoff (*Pschat*) auf den Gesetzeskorpus (*Remes*), dieser auf den Geist der Gesetze (*Drasch*) und dieser schließlich auf den in ihnen wirkenden göttlichen Geist (*Sod*). Dabei geht es aber weniger um eine Überholung, als um eine Überhöhung, weniger um eine teleologische, als um eine protologische Sinngebung, weniger um den futurischen End-, als um den präsentischen Ursinn des Wortes – ein Richtungsgegensatz, der damit zusammenhängt, daß die jüdische Auslegung nicht die Ablösung der Testamente (AT, NT, sondern den Zusammenhang gleichursprünglicher Torot (schriftliche, mündliche, geheime Tora) beweisen muß.[16] Das Bild der Nuß bekommt in den späteren *Tikkunei HaSohar* genannten siebzig mystischen Auslegungen zur Schöpfungsgeschichte (Gen 1 – 6) allerdings einen dualistischen und apokalyptischen Anstrich, der durchaus an zeitgenössische christliche, namentlich an joachitische Spekulationen erinnert. Hier werden der Kern (*Mocha*) der Nuß gegen die Schalen (*Klippot*), d. h. der innere, esoterische, gegen die drei äußeren, exoterischen Sinne, die Mystiker gegen die Talmudisten und Literalisten ausgespielt (Tikkun Nr. 24, Bd. I, S. 126a, u. ö[17]). In der Einleitung zu den *Tikkunim* finden wir z. B. die folgende bezeichnende Interpretation der Geschichte von den Vieren, die ins Paradies gegangen sind. Nach Lev 19,23-25 dürfen die Früchte eines Baums erst im fünften Jahr verzehrt werden, »*drei Jahre sollen sie euch als unbeschnitten gelten und nicht gegessen werden. Im vierten Jahr seien alle ihre Früchte als Dankesgabe dem Ewigen geweiht.*« Drei der vier Weisen hätten sich bei ihrem Ausflug ins Paradies an unbeschnittenen Früchten aus den drei verbotenen Jahrgängen vergriffen und sich mit den schädlichen Hüllen und Schalen der Frucht, d. h. die äußeren Schriftsinne vergiftet (Einl., Bd. I, S. 21a, Sohar Chadasch, Tikkunim 107c). Die Paradiesreise ist hier – wie auch sonst im *Sohar* – ein exegetisches Abenteuer und der Sündenfall ein exegetischer Irrtum, den man »Platitudinarismus« nennen können. Solche antinomistischen Wendungen der Lehre vom vierfachen Schriftsinn sind, wie Gershom Scholem gezeigt hat, späteren jüdischen Apokalyptikern zugute gekommen. Doch der PaRDeS hat sich im allgemeinen als integratives Modell erwiesen und Auslegungsmethoden in ihrem Recht bestätigt, die von Literalisten sonst als pure Phantasie verworfen worden wären.

Allerdings ist der vierfache Schriftsinn in der jüdischen Schriftauslegung, anders als in der christlichen, kaum je systematisch ausgeführt worden. Der marokkanische Rabbiner Chajim Ibn Attar (1696-1743) versichert zwar in der Einleitung zu seinem einflußreichen Kommentar, der in vielen Ausgaben der *Mikraot Gedolot* abgedruckt ist, daß er diesen vier Wegen der Interpretation folgt, bekräftigt damit aber nur seinen umfassenden Anspruch. Die Formel PaRDeS hat sich dennoch durchgesetzt. Moses Mendelssohn, der keinerlei Sympathien für die Kabbala verdächtig ist und in seinem Pentateuchkommentar fast ausschließlich die mittelalterlichen Literalisten zu Wort kommen läßt, bedient sich ihrer, um die jüdische Schriftauslegung darzustellen. In der Einleitung zu seinem hebräischen *Kohelet*-Kommentar (1770)[18] stellt er die vier Schriftsinne als gleichberechtigte und natürliche Auslegungsmethoden dar (JubA, XIV, S. 148ff): »*Keine derselben ist der Vernunft und der Art zu schließen entgegen, noch dem menschlichen Verstand fremd und zuwider«* – wohlgemerkt, auch die kabbalistische nicht. Sie ergeben sich vielmehr zwanglos aus den möglichen Betrachtungs- und Untersuchungsweisen eines Textes. Der Hauptzweck eines Textes, so Mendelssohn, ist die Mitteilung eines Inhalts. Die Ermittlung des Informationsgehalts, ohne Rücksicht auf die Form der Mitteilung, sei eben die Aufgabe des *Pschat* (ebd., S. 148). Es sei aber auch legitim, nach der tieferen Absicht, etwa der Wortwahl oder -stellung zu fragen, die, wie in diplomatischen Formulierungen, einen Hintersinn andeuten kann (ebd., S. 149). Die Erforschung dieser indirekten Mitteilung sei die Aufgabe des *Drasch* und seiner Auslegungsregeln. Es sei schließlich nicht abwegig, zumal bei einem Text, für den eine unendliche Sinnpräsumption gilt, hinter der offenbaren noch eine geheime Botschaft zu vermuten. Die Entzifferung dieser Geheimbotschaft (*Sod*) sei schließlich Aufgabe der Methoden der Kryptogrammatik (*Remes*) (ebd., S. 151,1-4). Die Annahme solchen Tiefsinns sei insbesondere »*bey den Worten des lebendigen Gottes*« angebracht, weil darin »*nichts Zufälliges, das keine Absicht hätte, statt hat, gleichwie er auch in seiner Welt nichts ohne einen besonderen Endzweck erschaffen*« (ebd., S. 150). Auch wenn, wie Mendelssohn immer wieder unterstreicht, *der Pschat*, der *sensus litteralis,* Vorrang vor dem *Drasch*, dem *sensus plenior* hat,[19] so ist die Viel- oder Vierdeutigkeit des Textsinnes nicht unwahrscheinlicher als – das Bild Ibn Esras paßt zu Mendelssohns naturalistischer Textmetapher – die Polyfunktionalität der Organe: »*Z. B. die Nase hat* (*Gott*) *erschaffen zum riechen, zum Othem hohlen, eine überflüßige Feuchtigkeit auszuführen, und dem Angesicht eine Zierde zu geben.*« (ebd., S. 151,7-8). Der Aufklärer scheut sich nicht den Interpretationspluralismus mit dem *Sohar* zu rechtfertigen: »*Diese Stelle*, heißt es dort, *ist auf verschiedene Weise zu verstehen, und so leidet das ganze Gesetz verschiedene Erklärungen, deren jede recht und richtig ist.*«[20] Mendelssohns Berufung auf den *Sohar* kann freilich nicht darüber hinwegtäuschen, daß seine vier oder eigentlich drei Sinne der Schrift nichts als unterschiedliche Ebenen des *Pschat* sind und den

Triumph des historischen Sinns in der Bibelwissenschaft präludieren. Die Verteidigung des rabbinischen oder gar kabbalistischen *Drasch* wird für die historisch-kritische Bibelwissenschaft zum Kennzeichen konfessioneller Beschränktheit oder philosophischer Beliebigkeit. In unserem Jahrhundert haben Hermeneutik, Linguistik, Poststrukturalismus und Dekonstruktionismus den rabbinischen *Drasch* wieder zu Ehren gebracht und die Formel *PaRDeS* erst richtig populär gemacht.[21]

Die Formel PaRDeS soll die verschiedenen Auslegungsmethoden und Bedeutungsebenen der Schrift harmonisieren und suggerieren, daß, mit ihrer Hilfe, immer mehr, immer tieferer oder höherer Sinn erschlossen wird. In Wirklichkeit gibt es aber zwischen diesen Methoden und Ebenen starke Spannungen und oft genug unvereinbare Gegensätze. Jüdische Auslegung ist keineswegs nur arbeitsame Aus-, sondern auch gewaltsame Umdeutung des Textes: kaum ein Buchstabe bleibt stehen, kaum einer wird nicht auf den Kopf gestellt! Der tiefere Sinn ergänzt und erweitert nicht nur den einfachen Sinn, er ist häufig ein Gegensinn. Die kabbalistische Zauberformel kann diesen Konflikt der Interpretationen, der letztlich ein Konflikt der Konzeptionen ist, nur oberflächlich zudecken, aber im Untergrund geht die permanente hermeneutische Revolution weiter. Auch der PaRDeS ist in zwei Gegenrichtungen begehbar: Einerseits führt er von zufälligen Geschichten und Geboten der Schrift zu ewigen Symbolen, er ist, wie der Dichter sagt, ein »*Wald von Symbolen*«; andererseits führt er aber durch die unablässigen Rückfragen des *Drasch* von den ewigen Ideen zum irreduzibel vieldeutigen *Pschat* zurück, er verdichtet und verflüssigt den Sinn. Das Ergebnis der jüdischen Auslegung ist gewiß nicht eine Galerie von holzschnittartigen Typen und steinernen Figuren. Dazu paßt die ominöse Warnung, die Rabbi Akiwa seinen Kollegen auf den Weg in den *Pardes* mitgibt: »*Wenn ihr an die glänzenden Marmorsteinen herankommt, so saget nicht: Wasser, Wasser.*« (bChag 14b)

Hier soll die jüdische Schriftauslegung in ihrer Vielfalt am Beispiel des Buches *Exodus* vorgestellt werden. Als Leitfaden dient uns die Bedeutung des Buches in der jüdischen Tradition, und zwar nicht nur in den exegetischen, sondern auch in den liturgischen, künstlerischen, politischen, ideologischen und philosophischen Traditionen. Die jüdischen Ausleger vertreten relativ einmütig die Meinung, daß die *»root experience«* oder das *»epoch-making event«*[22] des Exodus nur eine Episode der in diesem Buch erzählten umfassenderen Gründungsgeschichte des Volkes Israel ist: *»Mit dem zweiten Buch Mose*, schreibt S. R. Hirsch, *beginnt die Geschichte des jüdischen* (sic!) *Volkes«* (Bd. 2, S. 3); *»,Exodus'*, sagt J. H. Herz, *erzählt die eigentliche Volkswerdung«* (Bd. 2, S. 2); *»L'Histoire du peuple juif* (sic!), meint E. Munk im Anschluß an Hirsch, *commence avec le second livre de Moise.«* (Bd. 2, S. 2). Benno Jacob spricht auch von der *»israelitischen Volkswerdung«* (S. 428) und Martin Buber in seinem *Moses*-Buch von der Konstitution von *»Israel als Volk«*.[23] Schon die *Haggada* von Pessach, die liturgische Erzählung des Auszugs aus Ägypten am Pessach-Fest beschränkt sich nicht auf das Exodus-Ereignis, sondern beginnt mit der Vätergeschichte. Die meisten neueren und älteren jüdischen Exegeten knüpfen diese Auffassung des Buches Exodus als Ganzes an dessen ersten Buchstaben (*»Waw«*) – d. h. *»und«* –, der die Geschichte der Stammväter in Buch *Genesis* mit der Geschichte der Stämme bzw. des Volkes in Buch *Exodus* verbinde.[24]

Eine lange Reihe von jüdischen Philosophen, wie Josephus, Philon, Maimonides, Spinoza, Mendelssohn, Martin Buber und Ernst Bloch haben die Volksgeschichte nicht nur als genealogische Abstammungs- und Verheißungsgeschichte, sondern auch als politische Staatsgründungs- und Verfassungsgeschichte aufgefaßt. Für sie stand nicht die Herkunft und der Auszug Israels, sondern die *»Theokratie«*, wie Flavius Josephus sie erstmals nannte,[25] im Zentrum des Buches und der ganzen Tora. Die jüdischen Apologeten der hellenistischen Zeit betrachteten Mose als *»Stadtgründer«* (*oikistés*) und *»Gesetzgeber«* (*nomothétes*), dem die Gründer und Visionäre der griechischen Poleis: Solon, Lykurg, vor allem aber sein Platon nachgeahmt hätten.[26] Auch für Maimonides wie für seinen islamischen Vorläufer war der Prophet ein Philosophen-König à la Platon[27] und das von ihm gestiftete und geleitete Gemeinwesen ein platonischer *»Musterstaat«* (*al-madina l-fadila*). Als sich im 17. Jh. radikale Protestanten in Nordeuropa und -amerika allerdings anschickten, wieder die mosaische Theokratie zu errichten,[28] schilderte Spinoza in grellen Farben, wie die freie *»Res publica divina hebraeorum«* durch das Priestertum zugrunde gerichtet worden war[29], und Mendelssohn will sie angesichts der aufklärerischen Entlarvung des Priesterbetrugs[30] nur noch als unwiederbringlichen geschichtlichen Ausnahmefall gelten lassen.[31] Das politische Interesse an der mosaischen Theokratie war aber noch vorhanden. So fragt z. B. J. J. Rousseau in seinem Verfassungsentwurf für Polen nach den politischen Bedingungen der Möglichkeit der Erschaffung eines ewigen Volkes, wie es das jüdische ist.[32] Im 19. Jahrhundert wird den Israeliten dagegen von Hegel die politische Reife für den Staat abgesprochen.[33] Jüdische Apologeten wendeten diese schlechte Zensur des Staatsphilosophen zu ihren Gunsten und werteten die prophetische Kritik und die messianische Hoffnung als Widerspruch gegen den Götzen Staat. Im 20. Jh. fand das anarchische *»Königtum Gottes«* in Martin Buber einen militanten Fürsprecher[34] und Ernst Bloch interpretierte den Exodus als Auszug aus der jahwistischen in die leninistische Theokratie.[35] Der nationalsozialistische Staatsrechtler Carl Schmitt warf dann 1938 allen *»jüdischen Denkern«* seit Spinoza vor, den *»lebenskräftigen Leviathan«* verschnitten zu haben.[36]

Aber selbst für die traditionellen Ausleger, die keinerlei Berührung mit dem klassischen politischen Denken hatten, ist das Buch *Exodus* in erster Linie ein Gesetzbuch. Im Zentrum des ganzen Buches steht für sie die Gesetzgebung am Sinai (im zwanzigsten von vierzig Kapiteln), wozu der Exodus und die Genesis nur Präambeln bilden. So eröffnet Raschi seinen Kommentar zur Tora mit der überraschenden Frage, weshalb der Pentateuch nicht mit dem 12. Kapitel des Buches Exodus, d. i. mit dem ersten Gesetz beginne. Seine überaus bezeichnende Antwort lautet, daß die Tora den Schöpfungsbericht bringen müsse, um den Gebietsanspruch Israels abzusichern. Frage und Antwort haben am Vorabend des ersten Kreuzzugs womöglich eine aktuelle politische Pointe,[37] sie bekräftigen aber auf jeden Fall das politische Verständnis der Tora. Das Buch Exodus kann in der Tat ein politisches oder *»theopolitisches«* Buch verstanden werden,[38] wenn auch nicht nur im engeren Sinn eines Konstitutions[39]- oder Revolutionsmodells[40]. Mit seiner Schilderung der paradigmatischen Situationen der Unterdrückung und Befreiung, der prototypischen Einrichtungen und Ordnungen, der repräsentativen Symbole und der traditionellen Erinnerungformen[41] begründet es ohne Zweifel die politische Identität Israels. Die tiefgestaffelten Echos dieser Gründungsgeschichte in der Bibel (Deuteronomium, Propheten)[42] werden in der jüdischen Tradition weiter verstärkt (*Haftarot, Aggadot, Tfillot*) und prägen unauslöschlich das politische Bewußtsein des jüdischen Volkes. Wenn man zustimmt, daß der *Pschat* des Buches Exodus politischer Natur ist, dann wäre – um noch einmal die alte hermeneutische Chiffre aufzugreifen – der *Remes* eine typisierende Verallgemeinerung der politischen Situationen, Institutionen, Konstitutionen und Repräsentationen, die das Buch Exodus in eine jüdische Version der *Politeia* oder der *Nomoi* verwandelt, der *Drasch* ihre idealisierende Vergegenwärtigung und der *Sod* ihre symbolisierende Auslegung als ewige Grundkonstanten der politischen Existenz Israels. Danach erscheinen die politischen Ereignisse der jeweiligen Gegenwart Israels als lauter Projektionen der Exodus-Archetypen: Das Volk Israel und die Völker, Domizil und Exil, der verborgene und der offenbare Gott, Auszug und Wüste, Untergang der Reiche und Judenvernichtung, Gesetzesberg und Tempelberg, Tora und Talmud, Goldenes Kalb und verheißenes Land sind Chiffren, mit denen sich das Judentum seine Geschichte aneignet. Die jüdische Auslegung stellt aber solche ragenden Symbole wie den Sinai oder den Zion auch wieder in Frage. Mythisierung und Entmythologisierung, Konstruktion und Dekonstruktion gehören zum gleichen ozeanischen Rhythmus der jüdischen Tradition und gelegentlich wird, wie in der Auslegung der Geschichte vom goldenen Kalb, die Dialektik von Symbolismus und Ikonoklasmus reflektiert.

1. Israel (Ex 1,1-5)

Auf griechisch heißt dieses Buch Exodos weil es den Auszug der Kinder Israels aus Ägypten erzählt. Auf hebräisch heißt es *Schemot, Namen,* weil es mit den folgenden Versen beginnt: »*Und dies sind die Namen der Kinder Israels, die nach Ägypten gekommen sind, mit Jakob waren sie gekommen, ein jeder mit seiner Familie. Ruben, Simon, Levi und Juda. Issachar, Sebulun, Benjamin, Dan, Naftali, Gad und Ascher. Alle Nachkommen Jakobs waren zusammen siebzig Seelen, Joseph aber war bereits in Ägypten.*« (Ex 1,1-5). Bücher oder Abschnitte nach den ersten Worten zu betiteln, scheint willkürlich, wenn sie nicht den Inhalt der Bücher wiedergeben. So eignet sich der Titel *Schemot* in unserem Fall vielleicht noch besser als *Exodus*, denn das zweite Buch Mose erzählt den Auszug aus Ägypten im größeren Zusammenhang der Gründungungsgeschichte des Volkes Israel. Und wie könnte man so eine Geschichte besser beginnen als mit den Namen der Stammväter. Die Zahl Zwölf ist sicher nicht rein zufällig. Nach der Bibel gab es auch zwölf aramäische, zwölf ismaelitische und zwölf edomitische Stämme. Ja, man findet in Bündnissystemen auch außerhalb der biblischen Welt die Zwölfzahl wieder, etwa im delphischen Bund oder in der etruskischen Liga. Man hat diese überraschenden Übereinstimmungen durch den monatlichen Dienst jedes Stammes am gemeinsamen Heiligtum zu erklären versucht. Jedenfalls hielt man immer an der Zwölfzahl der Stämme fest, auch wenn die einzelnen Stämme verschwanden und durch andere ersetzt wurden. Sie deutete auf die Ganzheit des Volkskörpers hin. Der Verlust von Stämmen wurde stets als Verstümmelung empfunden und die Wiederherstellung des Volksganzen ist eine der Zukunftshoffnungen des jüdischen Volkes.

Diese Ganzheit des Volkes ist allerdings die Einheit einer bunten Mannigfaltigkeit. Owadja Sforno bemerkt in seinem Kommentar, daß die Namen der Stammväter ihre besondere Individualität andeuten. Die zwölf Stämme stellen in der Tat eine Vielfalt von Charakteren dar. Ihre Eigentümlichkeit kommt in ihren traditionellen Attributen zum Ausdruck, zu denen Marc Chagall in seinen Synagogenfenstern des Hadassa-Klinikzentrums in der Nähe von

Jerusalem eine moderne Interpretation geliefert hat. Israel erscheint als eine unverkürzbare Zwölffaltigkeit von originalen Landschaften, Stimmungen und Charakteren. Noch heute kann sich jeder Israeltourist, der durch die alten Stammesgebiete reist, von der ungeheuren Vielfältigkeit des kleinen Landes überzeugen. Zwischen dem späteren Gebiet des Stammes Dan am Fuße des Berges Hermon, dem Gebiet des Stammes Naftali am See Gennesaret und dem Gebiet des Stammes Benjamin am Toten Meer scheinen Welten zu liegen, und doch sind sie nur hundertfünfzig Kilometer Luftlinie voneinander entfernt. Die Verschiedenartigkeit der Stämme wird bereits in der Bibel hervorgehoben. Auf seinem Sterbebett charakterisiert Jakob in kurzen Orakelsprüchen die Bahnen seiner Söhne: Reuwen, Schimon, Levi, Jehuda, Jissachar und Swulun von seiner erster Frau Lea, Dan und Naftali, Gad und Ascher von seinen Nebenfrauen Bilha und Silpa und Josef und Benjamin von seiner zweiten Frau Rachel (Gen 49,1-26) – ebenso Mose in seiner Sterbestunde (Dtn 33,6-26). Von den beiden letzten Leasöhnen Swulun und Jissachar heißt es z. B. im Jakobssegen: »*Swulun wohnet an des Meeres Küste, dort an der Küste, wo die Schiffe ankern, und seine Seite lehnet sich an Sidon. Ein knochenstarker Esel – Jissachar. Dahingelagert zwischen Hürden. Er sieht, wie schön die Ruhe ist und wie das Land so lieblich, da neiget er den Lasten seine Schultern, zinspflichtig einem Herren*« (Gen 49,13-15), und Mose fügt in seinem Segen hinzu: »*Freue dich, Swulun, deiner Fahrten, und du, Jissachar, deiner Zelte*« (33,18). Wie verschieden sind diese Brüder, deren traditionelle Attribute das Schiff und der beladene Esel sind! Der jüngere Swulun – den Jakob gleichwohl zuerst segnet – ist zur Seefahrt berufen und steht mit den großen phönizischen Handelsstädten in Verbindung, der ältere Jissachar betreibt Landwirtschaft in der fruchtbaren Jesreel-Ebene und ist den Freuden des ländlichen Lebens so ergeben, daß er von seinem reichen Ertrag lieber Tribut zahlte, als den Pflug mit dem Schwert zu vertauschen. Chagall hat den Gegensatz der beiden Brüder in Farben ausgedrückt: dem unternehmungslustigen maritimen Swulun hat er ein kräftiges Purpurrot, dem rustikalen Jissachar ein zartes Grün zugeordnet. Einige »kanaanitische« Zionisten träumten am Anfang dieses Jahrhunderts davon, Israel in seiner Swulunnatur wiedererstehen zu lassen.[43] Für sie war Israel in erster Linie ein heroisches Seefahrervolk und seine Zerstreuung eine Folge der Kolonisation des Mittelmeeres. Der junge Staat brauchte beide, die bäuerliche Jissachar-Natur und die seefahrende Swulun-Natur. Über die beiden Silpasöhne Gad und Ascher sagt Jakob: »*Wild drängen Scharen gegen Gad, doch seine Scharen sind dem Feinde auf den Fersen. Wie üppig wächst in Ascher doch das Brot! Er liefert Leckerbissen für des Königs Tafel*« (Gen 49,19-20). Gad siedelte östlich des Jordans und befand sich ständig unter dem Druck landnehmender Völker; während Ascher im fruchtbaren Gebiet zwischen dem Karmelgebirge und den phönizischen Städten lag. Die Kämpfer von Gad waren berüchtigt, während Ascher seinen Reichtum genoß. Von Ascher, dessen Namen auf Hebräisch »*glücklich*« (*Arabia felix*!) bedeutet, berichtet das Buch der Richter, daß er sich nicht am Krieg beteiligte: »Ascher verbleibt am Ufer des Meeres, ruhig wohnt er an seinen Buchten« (5,17). Chagall hat den Gegensatz zwischen den Brüdern durch zwei dissonante Grüntöne dargestellt. Das *Gad*-Fenster wird von einem düsteren Grün mit blutroten Feldern beherrscht. In ihm treten der gekrönte Adler mit Schild und das Schlachtroß mit Schwert zu einem apokalyptischen Kampf an. Die aufgewühlte Natur und Kreatur erinnert an das Bild *Guernica* von Picasso. Dem steht das satte Grün der Ölbäume und die Friedenstaube im *Ascher*-Fenster gegenüber. Zu ganz Israel gehören auch diese beiden Aspekte: der Kriegsadler und die Friedenstaube. Der Stamm Levi wird von Jakob zunächst wegen seiner Brutalität verworfen (Gen 49,5-7) und von Mose später ganz dem priesterlichen Kult geweiht (Dtn 33,8-11). Chagall widmet dem Stamm Levi eines seiner schönsten Fenster. Ein Synagogenraum, getaucht in das gelbe Licht der Heiligkeit. Aber ganz Israel läßt sich weder auf die Levi-, noch auf die Gad- oder Ascher-, noch auf die Swulun- oder Jissachar-Natur reduzieren, sondern besteht aus allen Farben dieses Spektrums.

Sforno deutet ferner an, daß die Stammväter auch im Exil ihren besonderen Charakter beibehielten. R. Jakow ben Ascher, der Baal HaTurim hebt das in seinem Kommentar z. St. besonders hervor. Er schließt aus der Aufzählung zu Beginn des Buches Exodus, daß die Israeliten ihre ursprünglichen Namen im Exil nicht geändert hätten. Im Gegensatz zu Josef, der schon in Ägypten war und seine politische Karriere mit einem vollständigen Identitätswechsel begann. Er hatte den ägyptischen Name *Zofnat Paneach* angenommen und die Tochter eines ägyptischen Priesters geheiratet. Nicht einmal seine Brüder haben ihn wiedererkannt. Der Baal HaTurim bemerkt, daß die Beibehaltung der Namen eine der Voraussetzungen für die Erlösung aus dem Exil ist. Der Name verrät den Israeliten auch dann noch, wenn er Israel ganz entfremdet ist. Die Geschichte des Exils nach der Judenemanzipation lehrt, wie zwecklos die Flucht aus den hebräischen Namen war. Wenn geschmähte Izige (Izig, jidd. für Jizchak) den Namen *Isidor* annahmen, dann flüchteten die Nichtjuden allmählich aus diesem Vornamen und *Isidor* galt bald als typisch jüdischer Vorname. Die Juden hatten ursprünglich keine Familiennamen, sondern Patro- und Toponyme. Die Emanzipationsedikte in Mitteleuropa schrieben Juden die Annahme von Familiennamen zwingend vor. Einige legten sich edle Namen zu, die von der Behörden jedoch schon bald geschützt wurden. In den östlichen Provinzen der Doppelmonarchie teilten die Behörden Juden willkürlich germanische Namen wie *Weiß* und *Schwarz*, *Tisch* und *Dreifuß*, *Kanon* und *Pulver*, *Blumental* und *Rosenberg* zu, die inzwischen nicht weniger typisch jüdisch klingen als *Cohen* und *Levi*. In antisemitischen Gesellschaften sind solche »jüdischen« Namen ein regelrechter Fluch. In Deutschland wurden auch schon vor der Machtergreifung der Nationalsozialisten jüdische Anträge auf Namensänderung abgelehnt und im Dritten Reich wurden dann alle Namensänderungen widerrufen. Die jüdischen Männer mußten ihrem Erstnamen den Namen *Israel* hinzufügen und bei den Erstnamen für Neugeborene ersann der eifrige Ministerialbürokrat Hans Globke jiddisch klingende Namen. Natürlich nicht so verbreitete hebräische Namen wie *Michael*, der als typisch deutsch galt, sondern pseudojiddische Namen wie »*Faleg, Feibisch, Feisel, Feitel, Feiwel, Feleg*«.[44] Die Überlebenden des Völkermordes, von dem diese Stigmatisierung durch Namen ein Vorzeichen ist, haben nach ihrem Exodus aus Europa nach Palästina oft wieder hebräische Namen angenommen. Angesichts dieses furchtbaren Scheiterns der Assimilation der europäischen Juden wird der beliebige Titel *Schemot* zu einer wichtigen Botschaft. An der Schwelle zum Exil ruft er: Bleibt euren Namen, bleibt eurer Identität treu; das Vergessen der eigenen Identität – hier kann man den vielzitierten Spruch anbringen – verlängert das Exil, das Geheimnis der Erlösung heißt Erinnerung.

Nach dem Exodus und der Landnahme in Palästina bildeten die Stämme einen lockeren Bund. Der Versuch, diesen Bund in ein einheitliches Königreich umzuwandeln, mißlang und nach dem Tod des Königs Salomo zerfiel sein zentralistischer Staat wieder in zwei rivalisierende Reiche: das Reich Juda aus den Stämmen Juda und Benjamin und das Reich Israel aus den übrigen Stämmen. Im 8. Jh. v. Chr. wurde das Reich Israel von den Assyrern vernichtend geschlagen und seine Bevölkerung umgesiedelt. Die zehn Stämme Israels sind seither verschollen. Wenn man einmal von unbedeutenden Resten absieht, dann hat nur der Stamm der Juden überdauert. Obwohl der heutige Staat Israel mit seinem Namen das ganze Volk bezeichnet und sein Territorium die Gebiete aller Stämme umfaßt, ist er doch nur ein Judenstaat. Das jüdische Volk hat aber den Verlust der Bruderstämme nie hingenommen und in all den Jahrhunderten auf ihre Rückkehr gehofft. Die Propheten haben diese Wiedervereinigung ganz Israels mit ihren pathetischen Worten und symbolischen Taten verheißen. So nahm der Prophet Ezechiel zwei Hölzer mit den Namen Israels und Judas und sprach: »*Siehe, ich will das Holz Josefs, ... nehmen samt den Stämmen Israels, die sich zu ihm halten, und will sie zu dem Holz Judas tun und ein Holz daraus machen, und sie sollen eins sein in meiner Hand. Und so sollst du die Hölzer, auf die du geschrieben hast, in deiner Hand halten vor ihren Augen und sollst zu ihnen sagen: So spricht Gott der Herr: Siehe, ich will die Kinder Israels herausholen aus den Heiden, wohin sie gezogen sind, und will sie von überall her sammeln und wieder in ihr Land bringen und will ein einziges Volk aus ihnen machen im Land auf den Bergen Israels, und sie sollen allesamt einen König haben und sie sollen nicht mehr zwei Völker sein und nicht mehr geteilt in zwei Königreiche*« (Ez 37,15-23). Wenn die Juden später auf einen endgültigen Exodus aus den Völkern hofften, dann dachten sie nicht nur an ihren in aller Welt zerstreuten Stamm, sondern an alle Stämme Israels. Es hat daher bis heute nie an jüdischen Reisenden, Abenteurern und Gelehrten gefehlt, die auf die Suche nach den verlorenen Stämmen gingen, und es gibt kaum ein exotisches Volk von den Mongolen bis zu den Indianern, von den Lappen bis zu den äthiopischen Falaschas, das nicht für einen der verlorenen Stämme gehalten worden wäre. Man glaubte, die Verbannten siedelten jenseits des mysteriösen Flußes *Sambation* oder *Schabbati-*

on, der seinen Namen der Eigenschaft verdankt, daß er sechs Tage fließe und am siebenten ruhe, und wenn die verlorenen Stämme Israels bisher nicht zurückgekehrt sind, dann liege das wohl nur daran, daß sie am Schabbat nicht reisen wollten. Petachja von Regensburg, der 1178-1185 nach Palästina pilgerte, gab einen Hinweis: »*wer aber den Weg weiß, kann den Weg von Ezechiels Grab bis zum Strome Sambatjon in zehn Tagen zurücklegen*«.[45] Benjamin von Tudela, der 1159 aufgebrochen war, bringt die Nachricht von einem unabhängigen israelitischen Reich der verlorenen Stämme Dan, Swulun, Ascher und Naftali: »*Sie haben*, schreibt er, *Gelehrte, säen und ernten und ziehen in den Krieg*«.[46] Die Existenz eines normalen, unabhängigen, wehrhaften israelitischen Staates war für die diskriminierten europäischen Juden sicher sensationell. Bis in die Neuzeit flammte bei jeder Entdeckungsreise die utopische Hoffnung wieder auf. Der Abenteurer Antonio Montezinos berichtete z. B. 1644 in Amsterdam, daß er bei einem Indianerstamm in den Anden das hebräische Einheitsbekenntnis (Dtn 6,4) gehört habe. Der Rabbiner Menasse ben Israel aus Amsterdam (1604-1657) deduzierte daraufhin in seinem hochgelehrten Werk *Die Hoffnung Israels* (1650) aus den alten Schriften, daß die Einwohner der Neuen Welt Nachkommen der verlorenen Stämme sein müßten, und betrachtete diese Entdeckung als Vorzeichen der nahe bevorstehenden messianischen Zeit.[47] Mit dem Werk wollte er selbst »messianische Politik« machen. Er widmete es dem englischen Parlament, in dem damals die Puritaner herrschten, die sich selbst für das neue Israel und für Vorreiter der allgemeinen Erlösung hielten. Bei ihnen warb er für die Wiederzulassung der Juden auf der Insel, die seit dem Mittelalter von dort vertrieben worden waren (1290). Im siebenten Abschnitt seiner apologetischen Schrift *Vindiciae Judaeorum* (Rettung der Juden, London 1656, 2. Aufl. 1708) an die Adresse der englischen Kritiker der Wiederansiedlung der Juden, begründet Menasse seine Mission mit dem Vers Dtn 28,64: »*Und der Ewige wird dich unter alle Völker von einem Ende der Erde bis zum anderen zerstreuen*«, wo der Ausdruck »*Ende der Erde*« (Keze HaArez) nach der mittelalterlichen hebräischen Bezeichnung *Keze HaArez* für Angle-terre auf die Insel deute.[48] Da der Prophet Jesaja andererseits geweissagt hat: »*Er wird ein Zeichen aufrichten unter den Völkern und zusammenbringen die Verjagten Israels und die*

Zerstreuten Judas sammeln von den vier Enden der Erde«, wäre die Rückkehr der Juden in diesem Winkel der Erde, wie Menasse in seiner »*Declaration to the Commonwealth of England*« (1655) ausführt, eine Voraussetzung für die von Juden und Christen erhoffte Erlösung.[49] Seine messianische Logik besagt offenbar, daß man aus Ägypten nur ausziehen kann, wenn man zuvor dort eingezogen ist – und seine messianische Physik, daß die äußerste Ausdehnung des Exils einen Rückstoß auslösen und ganz Israel wieder in sein Domizil zurückführen würde. Den neuen Exodus des ganzen Volkes Israel liest er aus einer Zusage heraus, die Gott nach dem alten Exodus gemacht hatte: »*Vor deinem ganzen Volk will ich Wunder tun, wie sie auf der ganzen Erde und unter allen Nationen nie geschehen sind*« (Ex 34,10). Diese Stelle deutet er mit dem Targum Peudo-Jonathan ben Uziel als Auszug der verlorenen Stämme auf dem Fluß Sambation.[50] Es ist eine Ironie der Geschichte, daß Moses Mendelssohn seinen Kampf für die Gleichberechtigung der Juden in Preußen ausgerechnet in seinem Vorwort zur deutschen Ausgabe von Menasses »*Rettung der Juden*« aufnahm. Von wirklichem Exodus war bei Mendelssohn, der in dieser Zeit das Buch Exodus kommentierte und von seinen Jüngern für einen neuen Mose gehalten wurde, nicht mehr die Rede. Exodus bedeutete für die jüdischen Aufklärer im übertragenen Sinn Auszug aus dem rückständigen Ghetto und Einzug in die fortschrittliche europäische Gesellschaft und Kultur. Für das jüdische Geschichtsbewußtsein bleiben die drei Kategorien *Exil, Exodus, Domizil* jedenfalls grundlegend und das ganze, zwölffaltige Volk, wie es am Anfang des Buches Exodus erscheint, ein politisches Ideal.

2. *JHWH (Ex 3,13-15 und 6,3)*

Wir können das Buch Exodus nicht wie die jüdischen Apologeten der hellenistischen Zeit als Biographie des Mose oder wie die mittelalterlichen Philosophen und Mystiker als Kryptogramm seiner prophetischen Erleuchtungen oder wie die politischen Philosophen der Neuzeit als seine Staatsverfassung oder schließlich wie die Apologeten des 19. Jh. als Urkunde der mosaischen Religion lesen. Es geht gar nicht in erster Linie um Mose, sondern, wenn mir die unjüdische Wiedergabe des Gottesnamens einen Augenblick lang gestattet ist, um »Jahwe«, nicht um »Mosaismus«, sondern, wenn mir der durch antijüdische Propaganda belastete Terminus einen Augenblick lang erlaubt ist, um »Jahwismus«. Schon die biblische und mehr noch die rabbinische Literatur betonen die außerordentliche Bescheidenheit des Anti-Helden Mose und in der *Haggada*, der rituellen Erzählung vom Auszug aus Ägypten, verschwindet er ganz. Der eigentlich Held der Geschichte ist »Jahwe«, das Buch Exodus schildert seine theopolitische Aktion, in der alle anderen Akteure, Mose, Aron, Pharao und das Volk ihre vorgeschriebenen Rollen haben und mehr oder weniger gut spielen. Im ersten Wochenabschnitt (*Schemot*) erscheint der Gott des Exodus zum ersten Mal und stellt sich vor. Er spricht aus dem brennenden Dornbusch zu Mose und schickt ihn zurück nach Ägypten, um das Volk aus der Sklaverei zu befreien. Mose will wissen, in wessen Namen er gegen den mächtigsten Herrscher der Welt auftreten soll. Aus dem Dornbusch bekommt er eine sibyllinische Antwort. Diese Erscheinung Gottes und sein Name sind von den Auslegern stets als theopolitisches Programm gedeutet worden und bilden den Grundstein der Identität des Volkes Israel. Der Name ihres Gottes, in der Form »*Adonai*«, war das Einzige, woran sich z. B. Marranen im Norden Portugals fünfhundert Jahre nach der Zwangstaufe ihrer Vorfahren noch erinnerten.

Den brennenden Dornbusch haben die jüdischen Ausleger als ein Symbol des Mitleidens Gottes mit seinem leidenden Volk gedeutet. Wie Israel geographisch nach Ägypten hinabgestiegen und sozial ganz unten angekommen war, so stieg nun auch Gott von seinen hohen Gipfeln und Wipfeln hinab, und erschien im niedrigsten aller Bäume; wie Israel in ägyptischen Kerkern gefangen lag, so auch Gottes Feuer im Dornbusch. Der Midrasch fragt: »*Warum aus dem Dornbusch und nicht aus der Mitte eines großen Baumes, etwa einer Dattelpalme? Der Heilige, gelobt sei Er, sagte: ‚Ich bin bei ihm in der Not‘ (*Ps 91,15*). Sie befinden sich in der Unterjochung, und ich bin desgleichen im Dornbusch, an einem engen (»Zar«,* wie *»Zara«,* Leiden*) Ort. Deshalb aus dem Busch, der ganz aus Dornen besteht.*« In einer anderen Auslegung wird das göttliche Mitgefühl fast bis zur Blasphemie gesteigert: »*So wie die Zwillinge, wenn eins Kopfschmerz hat, so fühlt ihn auch das andre, ebenso sprach auch Gott* (Ps 91,15): *‚Ich bin mit ihm in der Not‘.«*[51] Der nicht verbrennende Dornbusch ist andererseits auch ein Zeichen des Widerstandes des Volkes: »*Warum ließ aber Gott den Mose so etwas sehen, fragt der Midrasch weiter, weil dieser nämlich in seinem Herzen dachte und sprach: Vielleicht werden die Ägypter die Israeliten aufreiben, darum zeigte ihm Gott ein brennendes und nicht verzehrendes Feuer. Er sprach zu ihm: Wie der Dornbusch im Feuer brennt und nicht verzehrt wird, so werden die Ägypter die Israeliten nicht aufreiben können.*« Der brennende und doch nicht verbrennende Dornbusch ist also auch ein Symbol für das immer wieder verbrannte und doch immer wieder aus der Asche auferstandene Volk. Nach den brennenden Synagogen und den industriellen Judenverbrennungsöfen in diesem Jahrhundert hätte der Judenstaat den Dornbusch als Staatssymbol wählen können. Es sei denn, man betrachtet auch den gelben und blauen Stern als Metamorphosen des Dornbuschs.

Die Offenbarung aus dem Dornbusch ist dunkel: »*Mose sprach zu Gott, heißt es in der Bibel, Siehe ich komme zu den Kindern Israels und sage ihnen: Der Gott eurer Väter sendet mich zu euch; dann werden sie mich fragen: ‚Wie ist sein Name?‘ ‚Was soll ich ihnen antworten?‘ Da sprach Gott zu Mose: ‚Ich bin, der ich bin‘* (Ehje Ascher Ehje). Und er sprach: *„So sprich zu den Kindern Israels: ‚Der da Seiende sendet mich zu euch‘.* (...) *Der Ewige (JHWH), der Gott eurer Väter, der Gott Abrahams, der Gott Isaaks, der Gott Jakobs sendet mich zu euch! Dies ist mein Name in Ewigkeit, und so soll man meiner gedenken von Geschlecht zu Geschlecht‘*« (Ex 3,13-15). Der Wunsch des Mose und anderer (etwa Gen 32,30), den Namen Gottes zu erfahren, ist verständlich, weil sein unfaßbares Wesen nicht anders als durch einen Namen erfaßt werden kann. Die Antwort Gottes scheint aber ausweichend. Die redundante Auskunft, die von der Grammatik her nicht mehr als »*Ich (bin) Ich*« besagt, scheint vor allem der Neugier des Fragenden eine Abfuhr zu erteilen. Als ob die Stimme sagen wollte, daß er nicht gerufen zu werden brauche, sondern daß er schon da sein werde. Die Aussageverweigerung ist vielleicht auch eine Aussage und besagt, daß Gott im Unterschied zu anderen Göttern keinen brauch- oder mißbrauchbaren Namen besitzt und sein Wesen unerkennbar bleibt. So hat jedenfalls Jehuda HaLevi (1075-1141) die als Gegenfrage gedeutete Antwort Gottes verstanden: »*Was haben sie etwas zu fragen, was sie doch nicht erfassen können?*«[52] Doch die meisten Erklärer haben der Antwort aus dem Dornbuch durchaus einen positiven Sinn abgewonnen, der freilich in den meisten Übersetzungen nicht nachzuvollziehen ist.

In vielen neueren Bibelübersetzungen wird der vierbuchstabige Gottesname »*JHWH*«, den Juden nicht aussprechen, nämlich mit »*Jahwe*« wiedergegeben. U. E. eine fatale Fehlentscheidung! Denn im Ohr eines gläubigen Europäers klingt dieser Name wie der eines fremden, sagen wir einmal, »*jawanesischen*« Götzen, mit dem er nicht das Geringste zu tun hat. Das »Alte Testament«, in dem der Name etwa 6700-mal vorkommt, wird so zu einem alten, fremden Buch. Aber auch die Wiedergabe des Namens, mit »*Der Herr*« (Englisch: »*The Lord*«, Lateinisch: »*Dominus*«) befriedigt nicht ganz, denn der Leser und Hörer vergißt dabei allzu leicht, daß es hier nicht um einen Titel, sondern um einen Eigennamen geht, und mißdeutet das persönliche Verhältnis von Gott und Mensch als Herrschaftsverhältnis. Vor allem aber erweckt diese Wiedergabe bei einem christlichen Leser und Hörer unweigerlich die Assoziation zum »*Herrn Jesus*«. Der Herr im Dornbusch erinnert ihn unwiderstehlich an den Herrn mit der Dornenkrone. Wird mit »*Jahwe*« das Alte zu sehr vom Neuen Testament entfernt, so wird in einer christlichen Umgebung mit »*der Herr*« das Alte dem Neuen Testament zu sehr angenähert. Da ist es noch am besten, mit Samson Raphael Hirsch, den Namen Gottes einfach mit »*Gott*« wiederzugeben und damit sicherzustellen, daß der Leser und Hörer zumindest den gemeinten Inhalt nicht verfehlt.

Auf Hebräisch ist der Name JHWH keineswegs dunkel, sondern verweist nach der Deutung, die Gott selber von ihm in unserem

Vers gibt, zugleich auf einen Gottesbegriff. Er leitet seinen Eigenamen vom Verb »*sein*« (Haja) ab und erwidert auf die Frage des Mose in der ersten Person des Imperfekt: »*Ich bin, der ich bin*« oder: »*Ich werde sein, der er ich sein werde*« (»*Ehje Ascher Ehje*«). Wenn er von sich selbst in der ersten Person spricht, heißt er also »*Ehje*« (»*Ich bin Da*« oder »*Ich werde da sein*«), wenn von ihm in der dritten Person gesprochen wird, müßte er folglich »*Jihje*« oder, wenn man die in der Bibel gelegentlich auch vorkommende Form des Seinsverbs, *Hawa* zugrundelegt, »*Jehwe*« oder so ähnlich heißen.[53] Diese Entschlüsselung des Gottesnamens fand der nordfranzösische Exeget Raschbam allerdings so gewagt, daß er sie in einem Geheimalphabet mitteilt.[54] Die Verbindung des Gottesnamens und des Seinsverbs hat die philosophische Theologie jedoch stets fasziniert. Offenbart sich Gott in dieser Selbstbenennung nicht als absolutes Sein (»*Hawaja*«)?

Der größte jüdische Religionsphilosoph des Mittelalters, Moses Maimonides, meinte sogar, daß Mose den Israeliten in Ägypten eine philosophische Vorlesung über die Existenz und das Wesen Gottes gehalten habe: »*Als aber Gott unserem Lehrer Mose erschien*, schreibt er, *und ihm befahl, die Menschen anzurufen und ihnen diese seine Botschaft mitzuteilen, da dachte dieser: Das erste, was sie von mir verlangen werden, ist, daß ich ihnen die Wahrheit dessen erweise, daß es einen Gott gibt in der seienden Welt, und dann werde ich ihnen sagen, daß er mich gesandt hat. Alle Menschen der damaligen Zeit hatten nämlich bis auf einzelne kein Bewußtsein von dem Dasein Gottes* (...). *Und so lehrte Gott ihn damals eine Wissenschaft, die er ihnen beibringen sollte, um ihnen das Dasein Gottes glaubhaft zu machen. Dies war der Ausspruch: ‚Ich bin das Seiende, das existiert'(‚Ehje Ascher Ehje)'*.«[55] Maimonides versteht die redundante Selbstbenennung so, daß das erste »Ehje« Subjekt, das zweite Prädikat ist und beide zusammen eine metaphysische Aussage über dasjenige Seiende bilden, von dem das Sein schlechthin ausgesagt werden kann. Damit sei jenes Seiende gemeint, das gar nicht anders als existierend gedacht werden kann – das notwendige, ewige Wesen. Nun können wir uns schwerlich Mose als dozierenden Philosophen und die Sklaven als akademisches Publikum vorstellen. Aber auch die antiphilosophischen Kabbalisten haben den Eigennamen Gottes nicht anders verstanden. Josef Gikatilla schreibt in dem erwähnten Werk *Ginat Egos*: »*Laß dir* (...) *bewußt werden, daß der Spezielle Name (Schem HaM'juchad), welcher der Vierbuchstaben-Name ist und dessen Buchstaben J(od), H(e), W(aw), H(e) sind, eben jener Name ist, welcher Ihm besonders ist und einer wichtigen Aussage über sein Sein* (Hawaja) *und die Ewigkeit seiner Existenz dient. Und dieser Name ist es, der nicht mit der Entstehung der Welt für Ihn entstanden ist. So wie Er – Er werde gepriesen! – nicht entstanden ist, so ist auch Sein – Er werde gepriesen! – Name nicht entstanden, weil dies der Name ist, der Seine – Er werde gepriesen! – Anfangslosigkeit und seine Ewigkeit bezeugt.* (...) *Dasselbe gilt für den Ausdruck: »war«* (Haja), *denn das bedeutet Seiender* (Howe), *und das Sein* (Hawaja). *Tatsächlich hat Er – Er werde gepriesen! – keinen speziellen Namen für seine Existenz und seine Anfangslosigkeit außer diesem einen allein* (...)«.[56]

Der überwiegende Teil der jüdischen Erklärer hat aber im Anschluß an die Rabbinen den Namen Gottes ganz anders verstanden, nämlich nicht als Begriff eines absoluten, sondern als den eines relativen Seins, eines Da- und Mitseins, eines Dabei-seins Gottes mit seinem notleidenden Volk.[57] Wie Gott ja auch Mose im vorigen Vers zusagt: »*Ich werde mit dir sein*« (»*Ehje Imach*«) oder im Gegensatz dazu den Propheten Hosea sagen läßt, daß er nicht mehr mit denen sein wird (»*Lo-Ehje*«), die nicht mehr sein Volk sind. So jedenfalls hat der größte mittelalterliche jüdische Ausleger, Raschi, den Gottesnamen im Anschluß an den Talmud interpretiert: »*Ich werde mit ihnen sein in dieser Not*, schreibt er in seinem Kommentar, *der ich mit ihnen sein werde in der Knechtung durch die Reiche* (bBer 9b); *da sagte Mose vor Ihm, ‚Herr der Welt, warum soll ich ihnen schon eine andere Not erwähnen; sie haben an dieser Not genug'; und Er sprach, ‚du hast gut gesprochen, so sage: Ich werde sein'.*« Raschi versteht die redundante Selbstbenennung Gottes also so, daß sich das erste »*Ehje*« auf den Beistand Gottes in dieser Verfolgung und das zweite »*Ehje*« auf den Beistand bei künftigen Verfolgungen bezieht. Die Tatsache, daß Gott Mose schließlich nur im Namen von »*Ehje*« und nicht von »*Ehje Ascher Ehje*« zu seinem Volk schickt, erklärt sich Raschi so, daß Mose als unentwegter Anwalt seines Volkes Gott davon überzeugt hat, sein Volk nicht schon vor der Rettung mit der Ankündigung zukünftiger Verfolgungen zu belasten. Die niederschmetternde Aussicht auf eine ununterbrochene Kette von Judenverfolgungen behält der Prophet für sich. Traditionell galt dieser Eigenname Gottes, der ihn als den Da-Seienden, Dabei-Seienden oder Mit-Seienden enthüllt, im Gegensatz zum Gattungsnamen »*Elohim*« (*Gott*) als Bezeichnung für den barmherzigen Gott. Dieser Name gibt also wörtlich wieder, was der Dornbusch bildlich darstellt.

Bis in die Gegenwart geht der Streit darüber, ob der Gott, der sich im Dornbusch offenbart, eher der Gott der Philosophen oder der Gott der Väter war. Moses Mendelssohn hat zu Beginn der modernen Epoche des Judentums beide Möglichkeiten zu verbinden versucht.[58] Mit Rücksicht auf die überwiegende rabbinische Deutung des Namens, wonach Gott mit seinem Volk in allen Verfolgungen »*war*« (»*Haja*«), »*ist*« (»*Howe*«) und »*sein wird*« (»*Jihje*«),[59] wie mit Rücksicht auf die religionsphilosophische Deutung des Namens, wonach Gott das schlechthin unentstandene und unvergängliche Sein ist, hat er den Gottesnamen mit »*der Ewige*« übersetzt. In seinem Kommentar z. St. rechtfertigt er seine Übersetzung mit folgender Erklärung: »*Im Deutschen gibt es jedoch kein Wort, das die Bedeutungen aller Tempora zusammen mit der notwendigen Existenz und der Vorsehung, welches diesem heiligen Namen entspricht, enthielte. Daher haben wir ‚Der Ewige' oder ‚Das ewige Wesen' übersetzt.*« Trotz der ungerechten Proteste von Samson Raphael Hirsch, Martin Buber und Franz Rosenzweig,[60] die Mendelssohn beschuldigt haben, mit dieser Übersetzung dem Gott der Philosophen zu huldigen, hat sich seine Übersetzung im deutsch-jüdischen Sprachraum weitgehend durchgesetzt und ist z. B. auch in den Gebetbüchern üblich. Wenn wir uns allerdings im Gebet an den »Ewigen« wenden, dann meinen wir nicht den Gott der Philosophen, das notwendige Sein (*necesse esse, per se ipsum esse*), den unbewegten Beweger (*proton kinoun akineton*), der jeder Beziehung zu vergänglichen Wesen eine Absage erteilt, sondern im Gegenteil den Gott der Propheten, den bewegtesten und bewegendsten Beweger, der notleidenden Wesen unverbrüchliche Zusagen macht und zuverlässig erfüllt, namentlich den Gott des Exodus, der sich anschickt, als Gegengewalt gegen die tyrannische Gewalt des Pharao aufzutreten. Der Name JHWH steht nicht für ein metaphysisches, sondern, wie die Bibel selbst bestätigt, für ein politisches Programm!

Am Anfang des zweiten Wochenabschnitts des Buches Exodus (WaEra) hebt die Bibel selbst das Besondere des Tetragrammatons hervor. Der Abschnitts ist nach den ersten Worten »*Ich erschien*« (*WaEra*) benannt und beginnt mit dem Vers: »*Ich erschien dem Abraham, Isaak und Jakob als Gott, der »Allmächtige*« (El Schaddai); *aber mit meinem Namen ‚Ewiger*' (JHWH) *habe ich mich ihnen nicht offenbart*« (Ex 6,3). Diesem Vers zufolge hat sich Gott den Vätern unter dem Namen *Schaddai* offenbart und erst ihren Kindern mit seinem eigentlichen Namen vorgestellt. Nicht, daß im ersten Buch Mose nicht auch schon Gottes Eigenname vorgekommen wäre, aber er hat den Vätern nur jene Seite seiner Natur offenbart, die mit dem Namen *Schaddai* bezeichnet wird, nämlich seine Allmacht, während er nun den Kindern seine Ewigkeit kund tun wird. Die Ausleger haben sich gefragt, worin der Unterschied dieser beiden Erscheinungsweisen Gottes und der durch sie ausgezeichneten Zeitalter liegt und welches das bessere war. Zunächst muß man aber fragen, was Gott hier mit dieser Unterscheidung bezweckt.

Der Kontext unseres Verses erzählt die Leiden Israels in Ägypten. Mose, der Retter, ist zwar schon erschienen. Aber das hat den Sklaven zunächst keine Erleichterung, sondern nur Erschwerungen ihrer Fron gebracht. Sie klagen Mose und Mose klagt Gott an. In dieser Situation macht Gott die genannte Unterscheidung – wohl um zu versichern, daß er den Vätern nicht nur als *Allmächtiger* großartige Versprechungen gemacht habe, sondern daß er sie nun auch als *Ewiger* den Kindern zuverlässig erfüllen werde. Die Trennlinie verläuft hier weniger zwischen dem Gott der Väter und dem Gott der Philosophen[61] als zwischen dem Gott der Väter und dem Gott des Mose. Man wird überrascht sein, wie die Ausleger diesen Unterschied bewerten.

Die Ausleger haben im Verhalten des Mose und des Volkes Indizien des Unglaubens gesehen. Der *Talmud* zählt auf, daß Abraham trotz der göttlichen Landverheißungen einen Grabplatz für seine Frau hat kaufen, daß Isaak seine Brunnen hat verteidigen und daß Jakob ein Grundstück zum Wohnen hat erwerben müssen. Und trotz alledem hat keiner von ihnen je Gottes Zusagen angezweifelt. Mose hingegen hat Gott gezwungen, sich auszuweisen und seine Glaubwürdigkeit mit Wundern unter Beweis zu stellen. Deshalb stehen in den Augen der Ausleger die Patriarchen und ihre Zeit höher als Mose und seine Zeit. Deren Größe bestand darin, daß sie an die Allmacht Gottes glaubten, obwohl sie sich an keinem unzweifelhaften sichtbaren Erfolg ablesen ließ und fast alles dagegen sprach. Als Jakob sich dem Pharao vorstellt, bekennt er: »*gering an Zahl und trübe waren meine Lebensjahre*« (Gen 47,9). Die Verzweiflung der Patriarchen schlug aber nie in Glaubenszweifel um. Wenn also gesagt wird, daß der Gottesname *Schaddai* die Signatur der Patriarchenzeit war, dann ist damit gerade nicht gemeint, daß Gott in ihrer Zeit – wie später in Ägypten und in der Wüste – ständig seine Allmacht mit Wundern und Zeichen zur Schau gestellt hätte, sondern daß seine Macht auch ohne solche Machterweise anerkannt war. Das Wunder ist nicht des Glaubens, sondern des Unglaubens liebstes Kind! In der Welt der *Genesis* herrschte ein naiver Glauben, den sogar ein Pharao teilte (Gen 12,17-20); während die Welt des *Exodus* voller Aufruhr ist. In der Welt der *Genesis* wirkt Gott im Verborgenen und zeigt sich am liebsten in intimen Träumen, während er in der Welt des *Exodus* öffentlich in die Geschichte eingreift. Diesen Wandel des Gottesbildes, der im Wechsel der Gottesnamen angezeigt wird, betrachten die Ausleger als religiöse Dekadenz.[62]

Die Unterscheidung zwischen dem Gott der Väter und dem Gott des Mose wirft ein Licht auf die rabbinische Auffassung der göttlichen Allmacht, die sich in ihren Erklärungen des Namens *Schaddai* zeigt. Unter dem *Allmächtigen* haben die Rabbinen offenbar etwas ganz anderes verstanden als einen orientalischen Despoten oder einen Marionettenspieler, der seine willenlosen Kreaturen auf der Bühne der Weltgeschichte bewegt. Der Name *Schaddai* weist allenfalls etymologisch auf den »*Orientalen im Himmel*« hin. Er leitet sich vermutlich von der Wurzel »*Schaddad*« ab und bedeutet »*vergewaltigen*«, »*verheeren*«, »*verwüsten*«, ja er ist womöglich mit dem hebräischen Ausdruck für »*Dämonen*«, »*Scheddim*« verwandt. Das erinnert an das Werk von Paul Volz, *Das Dämonische in Jahwe* (1924), wo der unberechenbare Jähzorn jenes »*Wüstendämons*« geschildert wird, den die Israeliten als ihren Gott betrachteten. Es ist vielleicht kein Zufall, daß dieser Gottesname besonders häufig im Buch Ijob vorkommt, wo der Mensch die unberechenbare Gewalt des Schöpfers erfährt. Die Etymologie von *Schaddai* ist aber unsicher und die jüdischen Ausleger haben ganz andere Erklärungen für diesen Gottesnamen gefunden. In den Augen der Sprachwissenschaftler mögen dies Etymologien sein, doch sie zeigen, was für einen Begriff sich die jüdischen Ausleger vom Allmächtigen machten. Das Wort *Schaddai* ist ihnen zu Folge aus den Wörtern »*Sche*« (Fürwort) und »*Dai*« (»*genug!*«) zusammengesetzt und bezeichnet denjenigen, der »*zu seiner Welt gesagt hat: Genug*« (*Mi ScheAmar LeOlamo Dai*). So sprach Gott bei der Schöpfung zum Wasser, das alles zu überschwemmen drohte: »*Genug*!«[63] In diesem Sinne rufen wir Gott auch an, wenn wir angesichts eines überwältigenden Ereignisses oder Unglücks auf deutsch: *Allmächtiger*! oder auf hebräisch: *Schaddai*! ausrufen. Damit drücken wir nicht nur unser Erstaunen über seine entfesselten Gewalten aus, sondern wir bitten ihn auch, sie zu bändigen. Deshalb steht auf vielen jüdischen Amuletten, die Unglück abwehren sollen, und auf der Rückseite der Pergamente in den Gebetskapseln an den Türpfosten der Name *Schaddai*.[64] Die göttliche Allmacht zeigt sich nach dieser Erklärungen also nicht etwa in unbegrenzter Machtentfaltung, sondern im Gegenteil in Selbstbeschränkung und -beherrschung. Seine Allmacht ist die Kraft Gottes, mit der er sich zurückhält – nach dem stoischen Spruch der Weisen, wonach nicht derjenige stark ist, der stärker ist als alle anderen, sondern der, der sich selbst bezwingt. Die jüdischen Philosophen und Mystiker haben diese Eigenschaft Gottes von seiner Wirkung auf sein Wesen übertragen. Nach Maimonides bedeutet der Name *Schaddai*: »*Der sich selbst genügt*« (*El Sche-Dai Lo*) und nach den Kabbalisten: »*Der zu sich selbst gesagt hat: Genug!*« und sich in sich selbst zurückzog (*Zimzum*), um Platz für die Welt zu schaffen. Die so verstandene Allmacht ist immer noch eine virile Tugend; die Rabbinen bringen es jedoch fertig, sie einem femininen Symbol zuzuordnen. Sie leiten den Name *Schaddai* von »*Schad*« ab und geben ihm wie im *Hohelied* 1,13 die Bedeutung: »*meine Brüste*«. Der Talmud erzählt, daß man die Pilger im Tempel zum Allerheiligsten führte, wo die Stangen der Bundeslade hinter dem Vorhang wie die Brüste einer Frau hervorragten.[65] Diese unerwartet weibliche, erotische Erscheinung zeigt, wie sehr unsere Vorstellung dieses Gottesnamens und -begriffs von der der Rabbinen abweicht.

Zusammenfassend kann man vielleicht sagen, daß El Schaddai den verborgenen Gott des Glaubens und JHWH den offenbaren

Gott der Geschichte bezeichnet. Der Name JHWH, wie er positiv in Ex 3,13-15 und negativ in Ex 6,3 bestimmt wird, bedeutet also, daß Gott seine politische Macht manifestieren und den sterblichen Gott Ägyptens besiegen werde.

3. Kalender (Ex 12,2)

Das erste Gebot, das dem Volk Israel noch vor der Befreiung aus Ägypten gegeben und im dritten Wochenabschnitt (*Bo*) des Buches Exodus angeführt wird, fordert die *»Heiligung des Monats«* und lautet: *»Und der Ewige sprach zu Mose und Aron im Lande Ägypten zu sprechen: Dieser Neumond* (Choddesch) *sei euch der Anfang der Monate* (Choddaschim), *der erste sei er euch unter den Monaten des Jahres* (LeChoddschei HaSchana)« (Ex 12,2). Auf diesen Vers haben die Rabbinen ihr gesamtes Kalenderwesen begründet. Die Institution einer eigenen Zeitrechnung würde sich übrigens ganz natürlich aus der Situation ergeben haben, denn Befreiung aus der Sklaverei bedeutet für die ehemaligen Sklaven in erster Linie, daß die wieder frei über ihre Zeit verfügen können. Die eigene Zeitrechnung ist aber auch eine Zeitenwende, die den regelmäßigen Zeitstrom in zwei Abschnitte, in eine Ära *»davor«* und eine Ära *»danach«*, teilt. Im Buch Exodus wird die Zeit tatsächlich auch nach dem Auszug aus Ägypten berechnet (z. B. Ex 16,1). Der jüdische Kalender richtet sich aber bekanntlich nicht nach diesem nationalen Gründungsereignis, sondern nach dem universalen Schöpfungsereignis, das nach den Berechnungen der Rabbinen auf Sonntag, den 6. Oktober 3761, 23 Uhr, 11 Minuten und 20 Sekunden vor der christlichen Zeitrechnung fiel.[66] Nach dieser Zeitrechnung fand die Geburt Abrahams im Jahr 1948 der Weltschöpfungsära und der Beginn seiner monotheistischen Mission im Jahr 2000, der Auszug aus Ägypten im Jahr 2448, der Aufbau des ersten und die Zerstörung des zweiten Tempels in den Jahren 2928 und 3830, die Gründung des Staates Israel im Jahr 5252 und der 1. Januar 2000 n. Chr. am 23. Tewet 5760 statt. Demnach ist der Auszug aus Ägypten nur ein historisches Datum unter anderen, doch die Diskussionen und Dezisionen der Rabbinen zeigen, daß der Auszug aus Ägypten auch weiterhin ein kalendarischer Orientierungspunkt blieb. Die Rabbinen waren sich z. B. nicht einig, ob der Frühjahrsmonat (*Nissan*), d. i. der Monat des Auszugs, oder der Herbstmonat (*Tischri*) der erste sein soll. Im Talmud wird darüber debattiert, in welchem dieser Monate die Welt erschaffen worden ist: *»R. Elieser sagte: Im*

Tischri ist die Welt erschaffen worden (...) R. Jehoschua sagte: Im Nissan ist die Welt erschaffen worden (...). R. Elieser sagte: Woher, daß die Welt im Tischri erschaffen worden ist? Es heißt: und Gott sprach: ,die Erde lasse junges Grün sprossen, samentragende Pflanzen und Fruchtbäume' (Gen 1,11), *und der Tischri ist der Monat, in dem die Erde voll Grün und die Bäume voll Früchte sind. Auch war es um die Zeit des Regenfalles, und der Regen fiel nieder und die Gewächse sprossen hervor, denn es heißt: ,ein Nebel stieg von der Erde auf* (Gen 2,6).' *R. Jehoschua sagte: ,Woher, daß die Welt im Nissan erschaffen worden ist? Es heißt: Da ließ die Erde junges Grün aufgehen, samentragende Pflanzen je nach ihrer Art und fruchttragende Bäume'* (Gen 1,12) (...) *und der Nissan ist der Monat, in dem die Erde junges Grün hervorbringt und die Bäume Früchte hervorbringen. Auch war es die Brunftzeit von Tier, Wild und Geflügel. Und jener (*R. Elieser*), es heißt ja: ,fruchttragende Bäume!?'* (Gen 1,12) – *(*R. Jehoschua*): Das war nur ein Segen für die Zukunft (...)«.* Beide Rabbinen gehen selbstverständlich von der Weltschöpfungsära aus, aber nach R. Jehoschua ist die Welt in einem unfertigen, entwicklungsbedürftigen Zustand im Ährenmonat, nach R. Elieser in einem fertigen, vollendeten Zustand im Früchtemonat erschaffen worden. Der jüdische Kalender hat beide Ansichten kombiniert. Er läßt nämlich das Jahr nach Rabbi Elieser am Ersten des Monats *Tischri* beginnen, er zählt diesen aber als den siebenten Monat des Jahres, der erste bleibt nach Rabbi Jehoschua der Monat *Nissan*, der Monat des Auszugs und des Pessach-Festes. Ja, nach dem jüdischen Kalender gibt es im Jahr nicht nur ein Neujahr: »*Vier Jahresanfänge* (*Raschei Schanim*), heißt es am Anfang des talmudischen Traktats über das Neujahr, *gibt es. Mit dem ersten Nissan beginnt das Regierungs- und das Festjahr* (...). *Der erste Tischri bildet den Jahresanfang hinsichtlich der Zeitrechnung, der Brach- und Jubeljahre* (...).«[67] So behält der Monat des Auszugs auch im jüdischen Kalender seine politische und kultische Bedeutung.

Aus unserem Vers wird zunächst ohne weiteres ersichtlich, daß sich der jüdische Kalender nach dem Mond richtet. Das hebräische Wort für Monat, »*Choddesch*«, kommt von der Wurzel *Chaddasch*, mit der Grundbedeutung »*erneuern*« und bezeichnet eigentlich den Neumond; das hebräische Wort für »*Jahr*«, »*Schana*« hingegen kommt von der Wurzel *Schana*, mit der Grundbedeutung »*wieder-*

holen«, so daß sich die Zeit als Synthese von Wiederholung und Erneuerung, von revolutionären und evolutionären, zyklischen und linearen Größen darstellt. Die grundlegende Zeiteinheit des jüdischen Jahres ist die siebentägige Woche, »*Schawúa*« – von »*Schîw'á*« – »*Sieben*«. Der Wochenzyklus entspricht einer Mondphase, sei es zunehmend vom Neu- zum Halb- oder vom Halb- zum Vollmond, sei es abnehmend vom Voll- zum Halb- oder vom Halb- zum Neumond. Die Woche stellt also eine Wachstumsperiode dar, die im »*Schabbat*« – ein Wort, dessen Grundbedeutung weniger »*Ruhe*«, als »*Fertig-*« , »*zu Ende sein*« ist – zu einem Abschluß kommt. Diese Zeiteinheit mag zunächst aus der Beobachtung des Erdtrabanten gewonnen worden sein, sie wurde aber auf alle natürlichen Wachstumsprozesse übertragen, ja auf die Natur selbst, die gleichfalls in einer Woche entstand. Das erklärt, weshalb die sieben Tage so eine prominente Rolle im gesamten jüdischen Leben spielen. So beträgt z. B. die Reinigungsperiode nach der Monatsblutung der Frau (*Schiw'a Neki'im*) wie nach allen anderen rituellen Verunreinigungen in der Regel sieben Tage; ebenso die Absonderungsperiode bei infektionsverdächtigen Hautausschlägen (Lev 12 – 13), die erste Trauerperiode bei dem Verlust von nahen Verwandten usw.. In allen diesen Fällen soll ein physischer oder psychischer Prozeß durchlaufen und zu einem Abschluß gebracht werden. Desgleichen soll am siebten Tag jeder Woche – analog zum natürlichen Prozeß am Himmel – der kulturelle Prozeß auf Erden zu einem vorläufigen Ende kommen. Die Sieben spielt, wie wir noch sehen werden, auch im Festkalender, bei den großen landwirtschaftlichen Zyklen und geschichtlichen Epochen eine Schlüsselrolle. »*Alles Siebente*, heißt es in einem rabbinischen Midrasch zu Ex 19,3, *ist oben bevorzugt*« (»*Kol HaSchwiijim Chawiwim LeMala*«).

Aus unserem Vers wurde ferner die Bestimmung des Monatsanfangs abgeleitet, namentlich aus dem hinweisenden Fürwort: »*Dieser*« in der Aussage: »*Dieser Neumond sei euch der Anfang der Monate* (...)«: »*Rabbi Jischmael sprach: Mose zeigte den Israeliten den Neumond und sprach zu ihnen: ‚Gleich diesem sollt ihr sehen und dann in den zukünftigen Generationen den Neumond festsetzen.' R. Akiwa sagte: ‚Dies ist eines von den Dingen, bei denen sich Moses schwer tat, und Gott zeigte sie ihm alle gleichsam mit dem*

Finger'.«[68] Nach der ersten Auslegung hat Mose dem Volk, nach der zweiten Gott dem Mose den Neumond gezeigt. Nach beiden Erklärungen aber erfolgte hier eine Art Anschauungsunterricht. R. Akiwa nennt dafür einen leicht nachvollziehbaren Grund. Es ist nämlich schwer, den Neumond genau zu bestimmen, und noch schwerer, ihn genau zu beschreiben. Darum war Mose auf eine Veranschaulichung angewiesen.[69] Nun waren aber die Späteren nicht anwesend und konnten daher nicht selber sehen, was Mose oder was dem Volk damals gezeigt worden war. Wenn sie nur auf die Schrift alleine, ohne begleitende mündliche Tradition, angewiesen gewesen wären, dann hätten sie aus dem Vers die Merkmale des Neumondes nicht bestimmen können. Der Vers beschreibt allerdings genau das Verfahren der Zeitbestimmung, wie es bis zum 4. Jahrhundert der christlichen Zeitrechnung üblich war. Der Neumond wurde nämlich nicht nach Berechnungen, sondern nach Beobachtungen bestimmt. Der Monatsanfang wurde aufgrund von Zeugenaussagen, vom Gerichtshof entschieden und vom Gerichtsvorsitzenden feierlich geweiht. Diese für die Einheit der jüdischen Diaspora zentrale Befugnis des Gerichtshofes in Jerusalem hat man gleichfalls aus dem Wortlaut unseres Verses herausgelesen. Heißt es doch »*Dieser Neumond sei euch* (nämlich Mose und Aron), *der Anfang der Monate* (...). *Saget der ganzen Gemeinde Israels* (...).« Im Traktat *Rosch HaSchana* der Mischna wird das Verfahren der »*Weihung des Neumondes*« sehr anschaulich beschrieben. Die Zeugen, die den Neumond erblickt hatten, eilten mit allen verfügbaren Mitteln aus dem ganzen Land zum Gerichtshof nach Jerusalem. Zu diesem Zweck durften sie sogar das Ruhegebot am Schabbat entweihen. Um ihnen die Mühe der Reise schmackhaft zu machen, bereitete man ihnen in Jerusalem große Mahlzeiten vor und gestattete ihnen auch, am Schabbat einen Stadtrundgang zu machen. Das Gericht befragte sie genau über die Position des Neumondes und gelegentlich wurde dabei, so ähnlich wie bei jenem ersten Neumond in Ägypten, auch auf »*Bilder von Mondgestalten*« gezeigt und gefragt: »*Hast du diesem Ähnliches gesehen? Oder diesem Ähnliches?*« Wenn die Aussagen zweier glaubwürdiger Zeugen mit den Erfahrungen und auch untereinander übereinstimmten, sprach der Gerichtsvorsitzende: »*Mekkudasch*« (»*Geweiht*«) und alles Volk stimmte ein: »*Mekkudasch*« (II,6-7). Dann entzündete man Feuerzeichen auf den Bergspitzen, die die Nachricht vom Neumond rasch von Ort zu Ort bis in die entferntesten Ecken der Diaspora verbreiteten. Auf dem Hügel an der Grenze zu Babylon, sagt unser Traktat, *»rührte man sich nicht eher von der Stelle, schwenkte vielmehr hin und her und auf und ab, bis man die ganze Diaspora wie ein Flammenmeer vor sich sah«* (II,4). Dieses Flammenmeer dokumentierte die Einheit des Judentums. Hätte nämlich jede Diasporagemeinde selbst den Neumond und damit auch ihr »Kirchenjahr« bestimmen können, dann wäre die Synagoge noch hoffnungsloser zerfallen als die Kirche, die ihre Feste zum Teil nach dem julianischen und zum Teil nach dem gregorianischen Kalender feiert. Wenn es zu Meinungsverschiedenheiten zwischen den Gelehrten über die Tauglichkeit der Zeugen kam, entschied in letzter Instanz der Patriarch – auch wider die besseren astronomischen Argumente. Einst hatte der Patriarch Rabban Gamliel den Neumond ganz offensichtlich nach falschen Zeugen bestimmt und Rabbi Jehoschua widersetzte sich seiner Entscheidung. *»Rabban Gamliel, heißt es zu diesem exemplarischen Fall in unserem Mischna-Traktat, ließ Rabbi Jehoschua hierauf sagen: Ich befehle dir, daß du an dem Tage, auf den nach deiner Rechnung das Versöhnungsfest fällt, mit Stock und Geld zu mir kommst* (was am Versöhnungstag streng verboten ist). *Rabbi Akiwa ging hin und fand Rabbi Jehoschua betrübt. Da sprach er zu ihm: Ich kann beweisen, daß alles, was Rabban Gamliel getan hat, Gesetzeskraft besitzt; denn es heißt: ‚Dies sind die Feste des Ewigen, heilige Berufungen, die ihr berufen sollt‘* (3 Mose 23,4). *Ob zur gehörigen Zeit, ob zu ungehöriger Zeit, ich kenne keine anderen Feste als diese. Als er zu Rabbi Dossa kam*, (der die falschen Zeugen entlarvt hatte), *sagte ihm dieser: Wenn wir dem Gerichtshofe Rabban Gamliels nachforschen wollten, müßten wir auch jedem einzelnen Gerichtshofe nachforschen, der von den Tagen des Mose bis heute eingesetzt wurde* (...). *Da nahm Rabbi Jehoschua seinen Stock und sein Geld in die Hand und begab sich nach Jawne zu Rabban Gamliel an dem Tage, auf den nach seiner Zeitrechnung der Versöhnungstag fiel. Rabban Gamliel aber erhob sich und küßte ihn aufs Haupt, indem er zu ihm sprach: Willkommen, mein Lehrer und Schüler! Mein Lehrer an Weisheit, mein Schüler in Befolgung meiner Worte«* (II,9). Die Einheit des Judentums ist also wichtiger als die astronomische Wahrheit! Später, als das Signalsystem des palästinensischen Patriarchats immer häufiger von Feinden gestört wurde, sandte man Boten aus und als schließlich die Boten als Spione verdächtigt wurden, blieb ihnen nichts anderes übrig, als einen astronomischen Kalender zu veröffentlichen und damit auf eines der wichtigsten Vorrechte des Patriarchats zu verzichten.

Man kann sich fragen, weshalb die Patriarchen an der empirischen Bestimmung des Monats festhielten, als sie bereits nachweislich über die mathematischen Mittel zu seiner astronomischen Bestimmung verfügten? Für den politischen Autoritätsverlust, den die Einführung des astronomischen Kalenders für die Patriarchen, die zuvor Herren der Zeit und des Himmels waren, mit sich brachte, gab es auch einen sachlichen Grund. Durch das starre Kalendersystem büßten die Patriarchen den Spielraum ein, der es ihnen ermöglichte, den Kalender fortwährend zu korrigieren. Die Bestimmung des Neumonds in unserem Vers ist ja kein Selbstzweck, sondern diente unmittelbar der Festsetzung des Abendmahls vor dem Auszug aus Ägypten, das am Vierzehnten des Monats, und zwar des Frühlingsmonats (*BeChodesch HaAwiw*, Ex 13,4) bei Vollmond stattfinden und jedes Jahr zu seiner Zeit (*LeMo'ada*, Ex 13,10) feierlich wiederholt werden sollte. Der kosmische und der politische Kalender mußten synchronisiert werden. Nun ist das Mondjahr aber etwa zehn Tage kürzer als das Sonnenjahr. Wenn nicht alle zwei bis drei Jahre ein Schaltmonat interkaliert wird, würde das Frühlingsfest nach ca. achtzehn Jahren in den Herbst und das Herbstfest in den Frühling fallen. Der Patriarch mußte daher zur rechten Zeit zusätzliche Tage und Monate einschalten, damit der lunare Kalender mit dem solaren Schritt halten und das jahreszeitliche Ährenfest (*Pessach*) und das Früchtefest (*Sukkot*) »*zu ihrer Zeit*« gefeiert werden können.

Unser Vers ist sicher nicht der historische Ursprung des lunisolaren Kalenders, wohl aber ein Ursprung seiner historischen Deutung oder Umdeutung. Nach dem Auszug aus Ägypten wurde ferner geboten: »*Das Fest der ungesäuerten Brote* (Chag HaMazzot) *sollst du beobachten; sieben Tage sollst du ungesäuerte Brote essen, wie ich dir befohlen habe, zur Zeit des Frühlingsmonats; denn im Frühlingsmonat bist du aus Ägypten gezogen.* (...) *Auch das Wochenfest* (Chag Schawuot) *sollst du halten, das Fest der Erstlinge der Weizen-*

ernte, und das Fest der Einsammlung (Chag HaAssîf) *bei der Wende des Jahres. Dreimal im Jahr sollen alle deine Männer vor dem Herren, dem Ewigen, dem Gott Israels erscheinen«* (Ex 34,17-24) und im fünften Buch Mose, wurde schließlich vor dem Einzug ins gelobte Land noch einmal daran erinnert: *»Dreimal im Jahr erscheine (...) vor dem Angesicht des Ewigen, deines Gottes, an dem Ort, den er erwählt: am Fest der ungesäuerten Brote, am Wochen- und Laubhüttenfest«* (Dtn 16,16). Die drei Erntefeste, das *»Fest der ungesäuerten Brote«* zum ersten Gerstenschnitt im März – April, das *»Fest der Erstlinge«* zum Weizenschnitt im Mai – Juni und das *»Fest des Einsammelns«* nach der Obst- und Weinlese in September – Oktober werden zu Gedenkfesten des Auszugs uminterpretiert. Jetzt erinnert das siebentägige *Pessachfest*, das dem ersten Erntefest entspricht, an den Auszug aus Ägypten und den Durchzug durch das Meer, das sieben Wochen später stattfindende *Wochenfest* (*Schawuot*), das dem zweiten entspricht, an die Offenbarung am Sinai und das genau sieben Monate nach Pessach fallende siebentägige *Laubhüttenfest*, das dem dritten entspricht, an den Zug durch die Wüste (Lev 23,43). Die landwirtschaftliche Bedeutung dieser Erntedankfeste ist in einigen ihrer Rituale erhalten geblieben, doch die historische Erinnerung an die heimatlose Unbehaustheit verkehrt die fröhlichen Feiern der Bodenständigkeit beinahe in ihr Gegenteil. Jedenfalls werden die historischen Zeichen der Feste mit den natürlichen zu einem dichten Beziehungsgeflecht verknüpft: der Wiedergeburt der Natur korrespondiert die Befreiung aus der Gefangenschaft, ihrer Reife vor der alles vernichtenden Sommerhitze der Offenbarung am Sinai, ihrem Genuß vor dem Winter die Vorsehung in der Wüste. Jeder Jude vollzog im Zuge dieser drei Wallfahrtfeste (*Schalosch Regalim*) auch die wichtigsten Stationen des Auszugs nach und erfüllte so rituell das Wort der *Haggada von Pessach*: *»In jeder Generation ist jeder verpflichtet, sich selbst so vorzustellen, als ob er aus Ägypten ausgezogen wäre«*. Es gibt noch andere Gedenktagzyklen, die sich über das ganze Synagogenjahr erstrecken, wie z. B. die vier Fasttage zur Zerstörung und der Festtag zur Wiedereinweihung des Jerusalemer Tempels, doch gegenüber dem jährlichen Exoduszyklus bleiben sie zweitrangig.

Das Gedenken des Exodus soll nicht nur im jährlichen, sondern auch im wöchentlichen und im täglichen Rhythmus stattfinden und zwar bis in die »neueste«, in die messianische Zeit hinein: »*Man gedenkt des Auszugs aus Ägypten*, heißt es in einer Mischna, die in die *Haggada von Pessach* aufgenommen worden ist, *auch Nachts. R. Eleasar ben Asarja* (der Rabban Gamliel nach einer weiteren Auseinandersetzung mit Rabbi Jehoschua über die Pflicht des Abendgebets, an der Spitze des Patriarchats abgelöst hatte, bBer 27b-28a) *sprach: Obschon ich einem Siebzigjährigen gleiche, dennoch konnte ich nicht beweisen, daß die Stelle vom Auszug aus Ägypten auch Nachts (nämlich bei dem Abendgebet) zu sagen Pflicht sei, bis Ben Soma es aus der Schrift herleitete, nämlich es heißt: ‚Damit du gedenkest des Auszugs aus Ägypten alle Tage deines Lebens‘* (Dtn 16,3); *‚Die Tage deines Lebens‘ würde bedeuten die Tage, ‚alle Tage deines Lebens‘ bedeutet: auch die Nächte. Die Weisen aber sagen: ‚Die Tage deines Lebens‘, würde bedeuten: diese Welt. ‚Alle Tage deines Lebens‘, dies schließt auch die messianischen Tage des Messias ein*« (mBer I, 5).[70] Der Exodus bleibt als Vorwegnahme der Welterlösungsära der wichtigste Inhalt der jüdischen Weltschöpfungsära.

4. Sachor (Ex 12,26; 13,8.14.16)

Die Unterweisung in die große Erzählung des Volkes Israel beginnt früh im Leben eines jüdischen Kindes, förmlich beim Tischritual (*Seder*) des Pessachfestes. Mit einer durchreflektierten didaktischen Methode, die sich noch im »*pädagogischen Jahrhundert*« Mendelssohns sehen lassen konnte, werden die Grundtatsachen des jüdischen Geschichtsbewußtseins an die nächste Generation vermittelt. Dieses Lernmodell, das man früher im Gegensatz zur »*akroamatischen*« Katechetik als »*erothematische*« oder »*sokratische*« und heute als »*symbol-* oder *ritualdidaktische*« bezeichnet und das die Reproduktion des kollektiven Gedächtnisses und der nationalen Identität gewährleisten soll, leitet sich aus unserem Wochenabschnitt (*Bo*) her. Nicht weniger als vier Mal – davon drei Mal in unserem Wochenabschnitt – wird in den fünf Büchern Mose die Pflicht eingeschärft, den Kindern vom Exodus zu erzählen. Wir zitieren die vier Stellen in der Übersetzung Mendelssohns: »*Wenn nun euere Kinder zu euch sagen: was bedeutet euch dieser Gottesdienst? So sprecht* (...)« (Ex 12,26f.); ferner: »*Zu deinem Sohn sollst du dann sagen: dieses geschieht wegen dessen, welches der Ewige mir getan, als ich aus Ägypten ging. Dieses soll dir zum Merkzeichen auf deiner Hand dienen und zum Denkzettel zwischen deinen Augen, damit die Lehre des Ewigen in eurem Munde bleibe. Daß dich der Ewige mit starker Hand aus Ägypten geführt hat*« (Ex 13,8f); *ferner:* »*Wenn dich nun einst dein Sohn fragen wird, was bedeutet dieses? So sprich zu ihm: mit starker Hand hat uns der Ewige aus Ägypten, aus dem Sklavenhaus herausgeführt*« (Ex 13,14); schließlich: »*Wenn dein Sohn dich künftig fragt: was für eine Bewandtnis hat es mit den Zeugnissen, Gesetzen und Rechten, die euch der Ewige geboten hat? So antworte deinem Sohne, wir waren in Ägypten Sklaven des Pharao. Der Ewige aber hat uns mit starker Hand aus Ägypten geführt*« (Ex 6,20f.). So erzählt der Vater beim *Pessachfest* als Antwort auf die Fragen des Kindes den Auszug aus Ägypten. Der Jüngste stellt vier Fragen über die besonderen Speisen und Tischsitten dieses Abends: »*Warum, fragt es, unterscheidet* (Ma Nischtana) *sich diese Nacht von allen anderen Nächten? In allen anderen Nächten können wir Gesäuertes und Ungesäuertes essen, in dieser Nacht nur Ungesäuertes./ In allen anderen Nächten können wir allerhand Kräuter essen, in dieser Nacht nur bittere Kräuter./ In allen anderen Nächten brauchen wir nicht ein einziges Mal einzutunken, in dieser Nacht zweimal./ In allen anderen Nächten können wir essen, freisitzend oder angelehnt, in dieser Nacht sitzen wir alle angelehnt.* « Ein halachischer Midrasch, der Eingang in die *Haggada* von Pessach gefunden hat, bezieht die scheinbar überflüssige viermalige Wiederholung der Erzählpflicht des Vaters in der Schrift in sehr charakteristischer Weise auf vier verschiedenen Typen von Fragenden: »*Vier Söhne, sagen sie, gibt es: der eine ist der Weise, der andere ist der Frevler, der dritte ist der Einfältige und der vierte ist der, welcher noch nicht zu Fragen versteht. Der Weise, was spricht er? Was für* (eine) *Bewandtnis hat es mit den Zeugnissen, Gesetzen und Rechten, die euch der Ewige geboten hat*' (Dtn 6,20). *Auch du belehre ihn mit den Gesetzen des Pessachopfers. Der Frevler, was spricht er? ,Was bedeutet euch dieser Gottesdienst ?*' (Ex 12,26). *,Euch' und nicht ihm. Und weil er sich selbst aus der Gesamtheit ausgeschlossen und die Glaubensgrundlagen* (...) *geleugnet hat, so mache auch du seine Zähne stumpf und sprich zu ihm: ,wegen dessen, welches der Ewige mir getan, als ich aus Ägypten ging*' (Ex 13,8). *,Mir'- und nicht dir. Wärest du dagewesen, du wärest nicht erlöst worden. Der Einfältige, was spricht er? ,Was ist dieses?' Du aber sollst zu ihm sprechen: ,Mit starker Hand hat uns der Ewige aus Ägypten, aus dem Sklavenhaus herausgeführt*' (Ex 13,14). *Und derjenige, der noch nicht zu fragen versteht, eröffne du die Erzählung, denn es heißt: ,Und du sollst deinen Söhnen erzählen an diesem Tage*' (Ex 13,8)«.[71] Die Tradition besteht jedenfalls darauf, daß der Vater »*dem Verständnis der Kinder gemäß*« auf die Fragen antworten soll. Maimonides schreibt in seinem Gesetzeskodex: »Ist der Sohn noch klein oder unwissend – dann sage ihm: *,Mein Sohn, wir waren alle Sklaven, wie diese Magd oder dieser Knecht, in Ägypten, und in dieser Nacht hat uns der Heilige, gesegnet sei Er, erlöst und uns in die Freiheit geführt'. Ist der Sohn schon groß und weise, dann soll er ihm erzählen, was uns in Ägypten passiert ist* (...) *alles gemäß dem Verstand des Kindes*« (Hilchot ChamezUMaza 7,2). Die Erzählung des Exodus sollte flexibel auf die Nachfrage reagieren und die rituellen Handlungen sollen zu Fragen animieren und auf die Antworten neugierig machen. Heutzutage werden die »*spontanen*« Fragen freilich meist auswendig gelernt und die angemessenen Antworten sind in der *Pessach*-Haggada vorgeschrieben. Daß das aber ursprünglich nicht so gemeint war, daß die Fragen des Kindes nicht nur rhetorische Fragen sein sollten, um dem Sederhalter die Gelegenheit zu geben, seine Lehrerrolle zu spielen, ergibt sich aus der vom Religionsgesetz hervorgehobenen Verdienstlichkeit von »*Veränderungen*« (*Schinujim*). Solche Veränderungen sollen den Kindern auffallen und zu Fragen anregen. Zu diesem Zweck soll zum Beispiel der Vater zu Beginn des Rituals die Sederschüssel mit den symbolischen Speisen hochheben. Im Talmud wird dazu folgende Anekdote erzählt: »*Einst saß Abajje vor Rawa, und als er den Tisch hochheben sah, rief er: ‚Noch haben wir nicht gegessen, und schon nimmt man uns den Tisch fort!?‘ Da sprach Rawa zu ihm: ‚Du hast uns vom Aufsagen des Abschnitts ‚Warum unterscheidet sich‘ befreit‘*« (bPes 115b). Der Zweck der Übung, eine Frage zu provozieren, war erreicht und so erübrigen sich die vorgeschriebenen Fragen. Zusätzlich zu den für Kinder nicht leicht zu unterscheidenden Merkmalen des Festmahles wurden die Kinder mit spielerischen Mitteln zum Fragen und zur Teilnahme ermuntert. Der Talmud erzählt, daß man den Kindern Nüsse gab, damit sie bei Tisch nicht einschlafen und Fragen stellen. Vor dem Essen, schreibt Maimonides, verteile man den Kindern den Nachtisch (*Afikoman*), verteile Nüsse, hebe den Tisch bzw. die Sederschüssel mit den symbolischen Speisen hoch, schnappe einander die Mazzot weg, so daß die Kinder es bemerken und von sich aus fragen: »*Ma nischtana*«. In den Büchern, die die lokalen Bräuche (*Minhagim*) verzeichnen, werden diese »*Veränderungen*« eingehend diskutiert. R. Jakob Mölln (1360-1427) stellt in seinem maßgeblichen *Minhag*-Buch den allgemeinen Grundsatz auf: »*Je mehr mögliche Veränderungen vorgenommen werden, damit die Kinder fragen, um so verdienstvoller ist es.*« Diese Formel ist natürlich dem Grundsatz der Haggada nachgebildet: »*Je mehr über den Auszug aus Ägypten erzählt wird, um so verdienstvoller ist es*«. Die Proportion zwischen dem belehrenden Angebot und der lernwilligen Nachfrage muß stimmen. In seinem Kommentar zur Haggada wirft der hohe Rabbi Löw von Prag (1515-1609) die Frage auf, weshalb die Haggada mit den Fragen und nicht einfach mit der Erzählung beginne, und gibt darauf die Antwort: »*Der Wissenserwerb beginnt mit Sinnenreiz und führt zum Begriff. (...) Deshalb fange man auch in diesem Fall mit der Reizung der Sinne, nämlich den Fragen an und erzähle dann die Geschichte*«. Dem Grundsatz »*Nihil est in intellectu, quod non prius fuerit in sensu*« folgt auch der große Pädagoge und jüngere Landsmann des Rabbi Löw, Amos Comenius (1592-1670)[72] und die gewöhnlich bunt und reich illustrierten *Haggadot* gleichen bisweilen in der Tat einem jüdischen *Orbis pictus*. David Fränkel, der Lehrer von Moses Mendelssohn, hat in seinem klassischen Kommentar zum Jerusalemischen Talmud die Animierung der Kinder, die dort fehlt, eigens nachgetragen. Und so folgt schließlich auch Mendelssohns Erklärung aller jüdischen Rituale dem symbol- und ritualdidaktischen Paradigma des *Seder*rituals. Die Initiation des jüdischen Kindes sei, betont er in seiner Schrift *Jerusalem* (1783), »*dem lebendigen, geistigen Unterrichte anvertraut* (worden) (...) *der nach dem Bedürfnis, nach der Fassungskraft des Lehrlings abgeändert und gemodelt werden kann. Die Veranlassung zu diesem väterlichen Unterricht fand man in dem geschriebenen Gesetzbuch und den Zeremonialhandlungen, die der Bekenner des Judentums unaufhörlich zu beobachten hatte* (...) *und zum mündlichen Unterrichte Anlaß und Gelegenheit gibt. Was der Schüler von Morgen bis Abend tat und tun sah, war ein Fingerzeig auf religiöse Lehren und Gesinnungen, trieb ihn an, seinem Lehrer zu folgen, ihn zu beobachten, alle seine Handlungen zu bemerken, den Unterricht zu holen, dessen er durch seine Anlagen fähig war und sich durch sein Betragen würdig gemacht hatte*« (JubA VIII, 169). Das spielerische Frage-und-Antwort-Modell ist, nebenbei, ein Charakteristikum der gesamten rabbinischen Literatur. So folgt die *Gemara* dem Muster: »*Kuschja*« (*Schwere Frage*) – »*Teruz*« (*Antwort*), die *Tosfot* dem Muster: »*UFarich*« (*Und er frug eine schwere Frage*) – »*UMeschanei*« (*Und er antwortete*), die Responsen dem Muster: »*Sche'elot*« (*Fragen*) – »*UTschuwot*» (*Antworten*), der Jelammdenu-Midrasch dem Muster: *Jelamdenu Rabbenu* (*Unser Lehrer möge uns belehren*) in Bezug auf eine halachische Frage – aggadische Antwort. In der Haggada wird also nicht nur ein kultureller Inhalt, sondern auch eine intellektuelle Form, ein dialektischer Denkstil eingeübt.

Exkurs: Haggada

Trotz der scheinbar disparaten Textelemente folgt die *Haggada* von *Pessach* einer strengen Ordnung (»*Seder*«). Nach dem Weihegebet des Festtages (*Kaddesch*) führt der Sederhalter und die Tischgemeinschaft eine Reihe von ungewöhnlichen Ritualen aus: Man leert angelehnt den ersten Becher Wein, wäscht sich ohne Segensspruch die Hände (*Urchaz*), ißt ein in salziges oder saures Wasser getunktes Kraut (*Karpass*), bricht das mittlere der drei ungesäuerten Brote (*Jachaz*) und versteckt einen Teil für den Nachtisch (*Aphikoman*), schließlich hebt man die Platte mit den symbolischen Speisen. Nach dieser »*handelnden Symbolik*« stellt der jüngste seine diesbezüglichen Fragen. Der Sederhalter antwortet mit der *Haggada* (*Maggid*). Zunächst geht die Haggada mit Exempla aus dem Leben der Synagogenväter und aggadischen und halachischen Midraschim auf die Pflicht, die Weisen und den Zeitpunkt der Erzählung ein. Sodann wird in der eigentlichen Haggada, in einem ersten Durchgang, der Bogen von der Wanderung der Stammväter bis zur Herausführung des Volkes aus Ägypten gespannt und der Wechsel von Vernichtungs- und Rettungs-, von Unheils- und Heilsgeschichte als Gesetz der Geschichte Israels ausgemacht. Dieses Gesetz wird nach der Haggada bereits an der Wurzel der Volksgeschichte, im Leben des Erzvaters Jakob/Israel sichtbar. Nach einem gleichen Muster: Eröffnung (Peticha) – Schriftbelege folgt dann nach einer klassischen Dramaturgie in fünf Akten – die eigentliche Geschichte des Volkes Israel in Ägypten: Im ersten wird der Einzug und die Vermehrung Israels in Ägypten geschildert, im zweiten die Versklavung, im dritten der Hilferuf, im vierten der Auszug und im fünften der Triumph Israels. Im letzten Akt überbieten sich die Stimmen erst bei der Aufzählung der Strafen, die die Ägypter trafen, und unterbieten sich gleich anschließend mit den Ansprüchen, die sie an Gott stellen: »*Hätte er uns, heißt es, von den Ägyptern bloß befreit, ohne Strafgerichte an ihnen zu vollziehen, dies wäre uns genug gewesen. Hätte er Strafgerichte an ihnen vollzogen, nicht aber auch an ihren Göttern, dies wäre uns genug gewesen. Hätte er ihre Götter zerstört, ohne zugleich auch ihre Erstgeborenen zu erschlagen, dies wäre uns genug gewesen usw. usw.«* Bevor das Lob Gottes mit Psalmen angestimmt wird, betont die *Haggada*, daß diese Geschichte uns alle etwas angeht: »*In jeder Generation, heißt es, ist jeder verpflichtet, sich selbst so vorzustellen, als ob er aus Ägypten ausgezogen wäre*«.

In den alten Handschriften und Drucken unterstützen die Illustrationen die Vergegenwärtigung der Haggada. Sie malen nicht nur den *Exodus* aus, sie stellen, wie z. B. die Haggada von Sarajewo, auch die gesamte Vorgeschichte der *Genesis* dar. Dabei bilden sie die biblischen Episoden ganz naiv wie zeitgenössische Ereignisse ab. In mittelalterlichen Haggadot aus Deutschland und Spanien sehen wir mit Spitzhüten gekennzeichnete Juden beim Festungsbau fronen[73]; ein Pharao mit Zackenkrone,[74] der sich buchstäblich in jüdischem Blut badet[75]; kleine Trecks jüdischer Flüchtlinge[76] – kurz Schilderungen aus dem damaligen Leben der Juden. Besonders eindrucksvoll symbolisiert das *Jaknehas*-Motiv die Lage der Juden. »JaKNeHaS« ist auch ein altes mnemotechnisches Kürzel der fünf hebräischen Worte: *Jajin* (Weinsegen), *Kiddusch* (Weihegebet des Feiertags), *Ner* (Lichtsegen), *Hawdala* (Unterscheidungssegen) und *S'man* (Zeitsegen) und gibt die Reihenfolge der Segenssprüche für den Feiertag an, welcher auf den Ausgang eines Schabbats fällt. Das Akronym JaKNeHaS wurde vermutlich zu »*Jagt den Has*« verschliffen und bildlich als Hasenjagd dargestellt. Das Jagdmotiv hat aber in den Illustrationen der *Haggada* von *Pessach* noch eine ganz andere Bedeutung bekommen und wurde zu einer Allegorie der Judenverfolgung.[77] Auf der unteren Randleiste einer Miniatur aus der Barcelona-Haggada (14. Jh.)[78] hockt im Blättergewinde eine dunkle, affenähnlich Gestalt, die einen Jäger dazu anstiftet, seine Rüden auf einen ängstlich davonspringenden Hasen zu hetzen – das Ganze soll offenbar eine chiffrierte Darstellung der teuflischen Judenverfolgung sein. In einer spanischen Haggada aus der gleichen Zeit hat der weiße Jagdhund schwarze Flecken und weist, wie in der christlichen Ikonographie, auf die Kutte der Dominikaner, der »Hunde des Herren« (*domini canes*) hin, die sich der Ketzerverfolgung und Inquisition verschrieben hatten.[79] Vom Jäger, der seine Beute auf den Schultern trägt, angetrieben, packt er den unglücklichen Hasen. Hier steht die Allegorie der Judenhatz im schreienden Kontrast zu dem von ihr eingerahmten Gebet: »*Welch eine Menge von Wohltaten hast du uns, Allerhalter, erwiesen.*« Zwei weitere Figuren im Blätterwerk des oben geschilderten Blattes der Barcelona-Haggada lassen an der programmatischen Absicht dieser Dekoration keinen Zweifel. In der Mitte der seitlichen Randleiste steht ein groteskes Mischwesen mit Schweinsrüssel und Mönchskapuze, einen Speer in der einen und einen Falken in der anderen Hand; darüber ein Hund und ein Ritter auf einem Hahn, der mit seiner Lanze in die Miniatur hineinsticht, die den jüdischen Hausvater im Kreis seiner Familie beim Segnen der ungesäuerten Brote zeigt. Die Gefährdung war an diesem Punkt des Rituals in der Tat am größten, weil seit dem 13. Jh. die Legende aufkam, daß die Juden bei ihrem Osterfest das Blut christlicher Kinder verwendeten, was immer wieder Vorwand der österlichen Judenhatz war. Aber die Juden gaben auch in dieser furchtbaren Gefangenschaft die Hoffnung nicht auf. So finden wir im ikonographischen Programm der Haggadoth auch die Umkehrung des *Jaknehas*-Motivs. Im Blätterwerk der oberen Randleiste unseres Blattes setzt der Hase das Jagdhorn zum Halali an. Über der Miniatur zur Erzählung: »*Einst waren wir Sklaven des Pharao in Ägypten*« der Barcelona-Haggada, die Leibeigene bei der Fron unter der Knute eines Lehnsherren zeigt, sitzt ein Hase auf dem Goldthron und empfängt den Tribut des Hundes – Gott macht den Knecht zum Herren und den Herren zum Knecht!

In den gedruckten Haggadoth der neueren Zeit bevorzugte man, dem humanistischen Zeitgeschmack entsprechend, antikisierende Illustrationen. Im neunzehnten Jahrhundert änderte sich die Lage der Juden in Mitteleuropa scheinbar so grundlegend, daß die Haggadoth zu Bilderbüchern einer fernen, orientalischen Vergangenheit wurden. Man saß vor den Fleischtöpfen, und die Chiffre der Erlösung hatte ihren aktuellen Bezug verloren. Bezeichnend ist z. B. das autobiographische Zeugnis von Edith Stein. In ihrer Familie stellte sie als jüngstes Kind die Fragen und nach dem frühen Tod des Vaters antworteten die älteren Brüder darauf: »*Die Brüder, schreibt sie, die an Stelle des Vaters die Gebete zu sprechen hatten, taten es in wenig würdiger Weise. Wenn der ältere nicht da war und der jüngere die Rolle des Hausvaters übernehmen mußte, ließ er sogar deutlich merken, daß er sich innerlich über all dies lustig machte.*«[80] Doch die neuen Verfolger lauerten bereits. »*Auszug aus Deutschland!*« heißt eine Zeichnung aus dem Politischen Bilderbogen, der 1886 in Dresden erschien. Dieses Blatt zeigt die Einschiffung und den Untergang der Juden – nicht der Ägypter – im Hafen und auf hoher See.[81] Auf dem »*Schandmarsch*« durch die Innenstadt von Regensburg am 10. November 1938 mußten dann die Juden ein Plakat mit der Aufschrift »*Auszug der Juden*« mitführen. Triumphierend schritten SA-Schergen, die in der Verkehrung und Verhöhnung religiöser Symbole eine teuflische Treffsicherheit besaßen, in Galauniform voran.[82] Die neuen Judenverfolger übertrafen noch die alten und mittelalterlichen Pharaonen.

1943 fiel der Seder auf den Abend des 19. April. Um 6.00 Uhr morgens waren an diesem Tag deutsche Truppen und ihre ukrainischen Hilfswilligen in das Warschauer Ghetto eingerückt, um die letzten dort verbliebenen 70 000 Juden in Todeslager zu verschleppen. Begonnen hatte die große Vernichtungsaktion im Sommer des vorigen Jahres. Um 10.00 Uhr des 22. Juli 1942 war ein SS-Offizier bei dem Vorsitzenden des Judenrates von Warschau, Adam Tscherniakow, erschienen und hatte die Auslieferung von täglich 6000 Menschen der damals 380 000 Menschen zählenden jüdischen Bevölkerung der Stadt verlangt. Um 4 Uhr des gleichen Tages sollten die ersten 6000 Juden am sogenannten »Umschlagplatz« des Ghettos vor den Bahngleisen bereitstehen, und so jeden Tag, sieben Tage die Woche. Tscherniakow, der wußte, wohin die Züge fahren, verhandelte mit den Deutschen über Ausnahmen; er versuchte insbesondere die Waisenkinder von Dr. Janusz Korczak zu retten.[83] Am nächsten Tag notiert Tscherniakow um

3 Uhr nachmittag in sein Tagebuch: »*Bis jetzt sind 4000 abfahrtsbereit, bis 4 haben es laut Befehl 9000 zu sein.*« Kurz danach bestellte Tscherniakow ein Glas Wasser und nahm Gift. Im Abschiedsbrief an seine Frau schreibt er: »*Sie verlangen von mir, mit eigenen Händen die Kinder meines Volkes umzubringen. Es bleibt mir nichts anderes übrig als zu sterben.*« Und in einer Notiz an die Gemeindeverwaltung schrieb er noch: Sie »*waren bei mir und verlangten, daß für morgen ein Kindertransport vorbereitet wird. Damit ist mein bitterer Kelch bis zum Rande gefüllt, denn ich kann doch nicht wehrlose Kinder dem Tod ausliefern. Ich habe beschlossen abzutreten.*«[84] Am 6. August wurden die Kinder des Dr. Korczak abgeholt. Seine letzte Tagebucheintragung vom 4. August galt einem deutschen Soldaten, der vor seinem Fenster Wache schob: »*Ich gieße Blumen. Meine Glatze am Fenster – so ein gutes Ziel. Er hat einen Karabiner. Warum steht er da und sieht ruhig zu? Er hat keinen Befehl. Vielleicht war er im Zivilberuf Dorfschullehrer oder Notar, vielleicht auch Straßenfeger in Leipzig, Kellner in Köln? Was würde er tun, wenn ich ihm zunickte? Freundschaftlich zurückgrüßen? Kann sein, er weiß gar nicht, daß es ist, wie es ist. Wenn er erst gestern angekommen ist, von weither (...).*« Der Ghettochronist Emanuel Ringelblum gibt einen Augenzeugenbericht vom Marsch der Kleinen zum Umschlagplatz wieder: »*Das war kein Marsch in die Waggons, sondern ein organisierter stummer Protest gegen das Banditenwesen* (...). *Ein Marsch begann, wie er nie dagewesen war. Alle Kinder in Viererreihen, an der Spitze des Zuges, den Kopf hoch erhoben, zwei kleine Kinder an der Hand, Dr. Korzak (...). Sie waren die ersten jüdischen Kämpfer, die mit Würde, den Blick voller Verachtung für die Barbaren, in den Tod gingen.*« Am Abend nach dem Selbstmord des Judenratsvorsitzenden hatten sich Vertreter aller politischen Organisationen im Ghetto versammelt, um über Widerstand zu beraten, doch die vorherrschende Meinung war, daß die Deutschen höchstens einen Bruchteil der jüdischen Bevölkerung deportieren könnten und unüberlegte Aktionen die Mehrheit gefährden würden. Doch Anfang September waren bereits 310 000 Juden wider-

standslos in die Güterzüge gegangen und ihre Endstation hatte *Treblinka* geheißen. Erst jetzt setzte sich der organisierte Widerstand im Ghetto unter der Führung des vierundzwanzigjährigen Zionisten Mordechai Aniеléwizc durch. Als die Deutschen am 19. April 1943 ins Ghetto eindrangen, erwartete sie erstmals jüdisches Speerfeuer. Der ungleiche Kampf dauerte drei Wochen. Am 8. Mai fiel die jüdische Befehlszentrale in der Milastraße 18 in die Hand der Deutschen. Der jüdische Kommandeur und seine Kampfgefährten starben im Feuer und Gas. Nach dem Beginn des Aufstandes hatte Aniеléwizc an seinen Stellvertreter im »arischen« Teil der Stadt geschrieben: »*Bleib gesund, mein Lieber! Vielleicht sehen wir uns noch einmal wieder. Der größte Traum meines Lebens hat sich erfüllt. Ich habe die jüdische Selbstverteidigung im Warschauer Ghetto in ihrer ganzen Herrlichkeit und Größe gesehen.*« Am 16. Mai erklärte der befehlshabende deutsche SS-Offizier Jürgen Stroop den Kampf um das Ghetto für beendet. Er verfaßte einen prahlerischen Bericht mit dem Titel: »*Es gibt keinen jüdischen Wohnbezirk in Warschau mehr!*«, mit zahlreichen Fotos seiner Mordbrenner in Siegerpose. Seine Verluste gab er mit 16 Gefallenen und 85 Verwundeten an – gegen 70 000 Juden. Himmler befahl, alle Spuren der ehemals größten jüdischen Gemeinde der Welt zu beseitigen.

Im Ghetto hatte man sich trotz des unbeschreiblichen Elends und des bevorstehenden Aufstandes auf *Pessach* vorbereitet. Die Verstecke waren geputzt und ungesäuertes Brot und Wein vorbereitet worden. Mit teuflischem Hohn pflegten die Deutschen ihre »Aktionen« auf jüdische Feiertage zu legen. Es ist möglich, daß sie die Juden auf diese Weise bei ihren Gebeten und Feiern überraschen wollten, auf jeden Fall wollten sie sie demoralisieren und ihnen zeigen, wer der wahre Herr über Leben und Tod ist. Das Gefühl des unverhohlenen Triumphes über das Gottesvolk kommt in vielen Dokumenten beiläufig zum Ausdruck. Ende Juli 1942 schreibt ein hoher SS-Offizier an Dr. Ganzenmüller, Staatssekretär im Verkehrsministerium, über die reibungslose Deportation der Warschauer Juden: »*Mit besonderer Freude habe ich von ihrer Mitteilung Kenntnis genommen, daß nun schon seit 14 Tagen täglich ein Zug mit je 5000 Angehörigen des auserwählten Volkes nach Treblinka fährt.*« Die Deportation der letzten Warschauer Juden in Todeslager, diese äußerste Perversion des biblischen Exodus, sollte ein Geburtstagsgeschenk für den »Führer« sein. Wir werden nie wissen, wie die todgeweihten Kämpfer die »*Zeit der Freiheit*« (*Seman Cherutenu*) – wie man das Pessachfest auch nennt – an diesem 19. April 1943 feierten, nachdem sie die Deutschen siegreich zurückgeschlagen und die jüdische und polnische Fahne aufgezogen hatten; mit welchen Gefühlen sie den *Pessach*-Hymnus: »Es war in der Mitte der Nacht« vortrugen: »*Eine Fülle von Wundern vollbrachtest Du in der Nacht,/ am Anfang der Nachtwachen dieser Nacht./ (...).// Die Erstgeborenen von Ägypten hast Du zerschmettert um Mitternacht./ Daß sie ihre kraftvolle Jugend nicht mehr fanden, als sie aufstanden in der Nacht.(...). / Es war in der Mitte der Nacht.// Der Gotteslästerer plante, seine Hand gegen die Anmutige (Zion) zu erheben – schon verdorrten die Leiber (seiner Heerscharen) in der Nacht./ Der Götze Bel stürzte nieder samt seiner Standsäule bei finsterer Nacht./ (...). / Es war in der Mitte der Nacht.// (...). Haman trug Haß im Herzen und schrieb Todesurteile in der Nacht. / (...). / Ewiger! Du erwecktest das Strafgericht über ihn, als Du von seinem König verscheuchtest den Schlaf einer Nacht./ Trete die Kelter für den Harrenden; ach, wann endet die lange Nacht?/ Laut wie Wächterruf wird erschallen: 'Der Morgen naht, vergangen ist die Nacht'./ Es war in der Mitte der Nacht. // Laß nahen den Tag (Karew Jom), der weder Tag ist noch Nacht; zeig Erhabener, vor aller Augen, daß dein der Tag und dein auch die Nacht./ Setze Wächter ein für deine Stadt, während des Tages und der Nacht./ Erhelle wie Tageslicht die Finsternis der Nacht./ Es war in der Mitte der Nacht.*«

Sogar in den Baracken der Konzentrationslager verstummte die Haggada nicht. Manchmal konnten sogar primitive Mazzen in den Lagern hergestellt werden, »*besonders der Kinder wegen; sie sollten erfahren, daß sogar im Tal des Todes Feiertage eingehalten werden*«. Von einem Seder-Abend in Bergen-

Belsen erzählt eine der »*Chassidischen Geschichten aus dem 20. Jahrhundert*«, die Yaffa Eliach gesammelt hat. Der chassidische Rabbi leitete den Seder. Er begann: »*Dieses Jahr hier, künftiges Jahr im Lande Israel; dieses Jahr Knechte, künftiges Jahr freie Leute.*« Das jüngste der Kinder stellte dann die vier Fragen. Der Rabbi antwortete, wie es Brauch ist, und schilderte dabei den Tiefpunkt, den seine Generation erreicht hatte. Doch dann fuhr er fort: »*Verzweifelt nicht, meine jungen Freunde. Denn dies ist der Beginn unserer Rettung. Wir sind Sklaven, wir haben unter Pharao in Ägypten gedient. Sklaven heißt auf hebräisch ‚Awadim'. Die hebräischen Buchstaben des Wortes ‚Awadim' bilden ein Akronym für die hebräische Wendung: David, der Sohn Jesses, euer Diener, euer Messias. So finden wir sogar in unserem Zustand der Knechtschaft Anspielungen auf unser letztendliches Freiwerden beim Kommen des Messias. Wir, die wir die dunkelste Nacht der Geschichte durchleben (...) werden auch das große Licht der Erlösung miterleben.*« Der Seder ging zu Ende. Der Rabbi versicherte immer wieder, daß auf die dunkelste Nacht der Menschheit der hellste aller Tage folgen werde.[85]

Die Überlebenden, die das ganze Ausmaß der Katastrophe überblickten, hatten allerdings Schwierigkeiten mit der alten Haggada. Das wird im »*Pessach-Buch*«, das Israel Blumenfeld 1946 »*zum ersten Befreiungs- und Frühlingsfest der Überreste Israels in Europa*« für den *Rest der Geretteten* (*Sche'erit Hapleta*) auf deutschem Boden herausbrachte, sehr deutlich. Diese neue Haggada war in Wirklichkeit eine Auseinandersetzung mit der alten. Gleich im ersten Beitrag »*Knechtschaft – Freiheit – Eigenstaatlichkeit vor 3000 Jahren und heute*« (S. 9-15) nennt er zahlreiche Einwände gegen den Vergleich der biblischen und der aktuellen Situation 1946. In der ägyptischen Knechtschaft ist ein kleiner Flüchtlingshaufen zu einem Volk gewachsen; in der nazistischen Knechtschaft ist ein großes Volk quantitativ und qualitativ zu einem Flüchtlingshaufen zusammengeschmolzen. Aus der ägyptischen Knechtschaft ist ein starkes, freies und berufenes Volk geschritten; aus der nazistischen Knechtschaft ein zerschlagener, gebrandmarkter und führungsloser Haufen entkommen. So kann Samuel Gringauz Pessach nicht mehr als das frohe Fest der Befreiung feiern. »*Es ist ein Fest der tragischen Freude* (...), *der nationalen Zukunft, welche von den schwarzen Schatten der Vergangenheit gebrandmarkt wird,* (...) *der krampfhaften Hoffnung* (...) *des tragischen Mutes.*« Rabbiner Neuhaus, der über die Bedeutung des Festes für die *Sche'erit Hapleta* nachdenkt (S. 196-200), spricht sich für eine neue Haggada aus: »*Denn unsere alte Haggada reicht* (...) *nicht aus, um unser Elend und unser Leid zu schildern* (...) *Wehigad'ta – Du sollst erzählen. Vielleicht könnte man daraus die Verpflichtung ableiten, die gesamte Sche'erit-HaPletah solle alle Dokumente sammeln, die sich auf unsere Verfolgung beziehen, und dafür ein großes jüdisches Archiv schaffen, das alles für die Zukunft aufbewahrt. Wort und Bild müssen zusammenwirken, um der ‚Zeiten Schande' festzuhalten, damit Kinder und Kindeskinder, damit die Welt erfährt, wozu Menschen in ihrem grenzenlosen Haß fähig sind.*« Der Herausgeber Israel Blumenfeld, der Sohn des ermordeten Rektors des Warschauer Rabbinerseminars, erzählt eine solche Haggada. Sie handelt von der Entstehung und Vernichtung des Warschauer Ghettos, Pessach 1943. Die Deutschen und ihre ukrainischen und lettischen Hilfstruppen stießen aber auf heroischen Widerstand. Am Ende seiner Erzählung schreibt Israel Blumenfeld: »*So schließt das Kapitel meines Buches der Erinnerungen. Es endet mit der völligen Vernichtung von Hunderttausenden meines Volkes./ Ich sinne über meine Erinnerungen. Es war, als hätte ich die Blätter einer anderen Haggada gewendet. Viel furchtbarer sind die Ereignisse als die, von denen die Väter berichteten. / Es ist die Haggada von Warschau*« (S. 218-229). Das *Pessach-Buch* 1946 schließt mit dem »*Bekenntnis eines Überlebenden*« (S. 231-241). Es ist das genaue Gegenteil der traditionellen Haggada. Mark Dworzecki, ein überlebender Arzt aus Wilna, ist nicht, wie es sich gehört, froh und dankbar für seine Errettung, sondern von der Schuld geplagt, nicht auch tot zu sein. Was bedeutet schon die Errettung des Lebens, wenn alle Verwandten, alle Freunde, alle Welt tot sind?

Aber schon bald schien es so, als ob die Bitte, mit der die Haggada endet: »*Richte auf das Volk, das nicht gezählt wird.*

In Bälde führe Deine Sprößlinge als Erlöste nach Zion in Jubel« für die *She'erit HaPleta* in Europa doch in Erfüllung gehen würde. Die Überlebenden, die sich im Juni 1947 auf der *Exodus* einschifften, waren überzeugt, daß sich an ihnen das Wunder der Errettung vollziehe. Im Tagesbefehl der Organisation *Schomer Ha'zair* an die Flüchtlinge heißt es: »*Laßt uns den Weg der Auferstehung gemeinsam mit den Massen des Hauses Israel gehen.*« Die Exodus hat bekanntlich ihr Ziel nicht erreicht, aber doch das Wunder vollbracht. Die Weltöffentlichkeit wurde durch diese tragische Odyssee endgültig für die Gründung eines jüdischen Staates gewonnen.

Mendelssohn hat das symbol- und ritualdidaktische Modell des *Seder* von *Pessach* verallgemeinert; aber fast alle jüdischen Rituale und Ritualien sind ohnehin irgendwie mit dem Gedenken des Exodus verknüpft. Es wäre eine unzulässige Verkürzung, alle diese Symbole als Zeichen der Gruppenidentität, als nationale Embleme zu deuten. In seinem Kommentar zum letzten Vers unseres Wochenabschnitts (*Bo*): »*Und es sei dir zum Zeichen an deiner Hand und zum Stirnband zwischen deinen Augen, daß mit starker Hand uns der Ewige aus Ägypten geführt hat*« (Ex 13,16), aus dem das Gebot der »*Gebetsriemen*« (*T'fillin*) abgleitet wird, erläutert Mendelssohn mit Hilfe eines längeren Zitats aus dem Kommentar des Nachmanides zur Stelle, auf welche nicht nur nationalen, sondern universalen »*religiöse(n) Lehren und Gesinnungen*« dieses obstinate Eingedenken auf Schritt und Tritt führen soll. Die Gebetsriemen gehören neben den Schaufäden an den Ecken des Gewandes (*Zizit*) und den Gebetskapseln an den Türpfosten (*Mesusot*) zu den allgegenwärtigen rituellen Zeichen (*Ottijot*), mit denen die Juden sich ständig ihre Pflichten und Lehren in Erinnerung rufen. Die Verse, die auf dem Pergament in den Kapseln der Gebetsriemen geschrieben sind und die jeder erwachsene Jude an jedem Werktag mit Lederriemen an den linken Oberarm gegenüber dem Herzen und auf die Stirn gegenüber dem Gehirn, den beiden »*Wohnungen des Denkens*«, binden soll, erinnern aber nicht nur an den Exodus (Ex 13,1-10 u. 11-16), sondern enthalten auch das Einheitsbekenntnis, die Erwähnung aller Pflichten, die Lehre von der Vergeltung, kurz die wesentlichen Grundsätze des jüdischen Glaubens (Dtn 6,4-9 und 11,13-21). Diese Zusammenstellung der grundlegenden Geschichtstatsachen und Religionslehren ist nach Nachmanides nicht ohne Grund geschehen. Denn das Wunder der Befreiung ist der augenscheinliche Beweis für das Dasein, die Allmacht, die Vorsehung und die Gerechtigkeit Gottes. Auch der Gottesleugner, etwa der Pharao, muß angesichts dieser Wunder einsehen, daß die Welt nicht sich selbst, den Stärkeren oder dem reinen Zufall überlassen ist. Aber weil Gott nicht dauernd Wunder tun kann, muß Israel durch Zeichen (*Ottijot*) an die Wunder der Befreiung dauernd erinnern. Damit setzt es Zeichen oder macht sich vielmehr selbst zum Vorzeichen einer anderen, besseren Weltordnung, in der nicht die Pharaonen, die sterblichen Götter dieser Welt das letzte Wort haben. Gerade während der scheinbaren Absenzen Gottes, die sich im Schicksal Israels so grausam zeigen, soll justament Israel Gottes Präsenz bezeugen – sowohl nach außen, wider die Gottesleugner, wie auch nach innen, zur Ermutigung der Gottesbekenner. Daraus erklärt sich nach Nachmanides auch der große Wert, den das Judentum auf unscheinbare Gedenkrituale legt. »*Wer,* so schreibt er, *eine Mesusa für ein paar Sus kauft, sie an der Tür befestigt und auf ihre Bestimmung seinen Sinn lenkt, der bekennt die Schöpfung der Welt, die Allwissenheit des Schöpfers, die Vorsehung und Prophetie. Der glaubt an alle Grundlehren der Tora.*« Wenn Israel dagegen solche demonstrativen Bekenntnisakte vernachlässigt, dann leistet es dem Atheismus Vorschub – der schwersten aller Sünden. Mit den rituellen »*Zeugnissen*« (*Edot*), dem ungesäuerten Brot, der Laubhütte, dem Pessachopfer, dem Schabbat, den Gebetsriemen, den Schaufäden und den Türpfosten, welche an die Wunder erinnern und sie bezeugen (*Secher LeNifleotaw WeEdut BaHem*), erfüllt Israel also den religiösen Endzweck aller Gebote (*Kawwanat Kol HaMizwot*), nämlich, zum Glauben und zur Dankbarkeit gegen Gott anzuregen, ja den metaphysischen Sinn der menschlichen Existenz überhaupt, der in Gotteserkenntnis und -bekenntnis besteht. Indem diese »*Zeugnisse*« schließlich die öffentlichen Wunder dauernd vergegenwärtigen, schärfen sie darüberhinaus den Blick für die verborgenen Wunder und führen zur religiösen Grundlehre der ganzen Tora (*Jessod HaTora Kula*) hin, wonach im Leben des Einzelnen und der Gemeinschaft nichts natürlich ist (*Ein BaHem Tewa UMinhag Schel Olam*), sondern überall das verborgene Walten der göttlichen Tora am Werk ist. In diesem Sinn bekräftigt der mutmaßliche Verfasser des *Buches der Erziehung* und Schüler des Nachmanides, daß das Gedenken des Exodus das Fundament der ganzen jüdischen Religion sei. Es handelt sich bei den jüdischen Zeremonien also nicht nur um die Zelebration und Tradition einer partikularistischen Identität, sondern um die Affirmation der Mission des Judentums als Weltreligion, die im Zeichen des Exodus die Erlösung der unterdrückten Menschheit verheißt, nicht nur um die Erziehung des Israeliten-, sondern des Menschengeschlechts.

5. Vorsehung (Ex 13,17)

Weder das Buch *Exodus* noch die *Haggada* von *Pessach* beschränken sich auf den Bericht eines einmaligen Ereignisses, sondern erzählen auch die Geschichte davor und danach. Man kann das Buch *Exodus* insbesondere mit den Fragen lesen, was aus der Revolution geworden ist, welcher Entwicklung sie die Bahn gebrochen hat und wie schließlich aus dem rebellischen Haufen von Freigelassenen ein freies Volk wurde – also gewissermaßen als Entwicklungsroman des Kollektivindividuums Israel. In dieser Perspektive ist der Auszug nicht mehr nur eine allgegenwärtige Reminiszenz in der jüdischen Erziehung, sondern selbst ein erzieherischer Prozeß, ein Paradigma göttlicher Pädagogie. Der Anknüpfungspunkt für diesen Interpretationsansatz findet sich gleich am Anfang des vierten Wochenabschnitts (*Beschalach*). Dort heißt, daß Gott Israel nicht auf direktem Weg über das Philisterland (*Derech Erez P'lischtim*) ins verheißene Land geführt, sondern auf dem Wüstenweg herumgeführt habe (*WaJassew Elohim Et HaAm Derech HaMidbar*). Der Umweg, so die Bibel, sei nötig gewesen, damit die Israeliten nicht vor den Schrecken des Krieges fliehen und in die sichere Schinderhütte Ägypten zurückkehren. Maimonides führt dieses Motiv in seinem *Führer der Verirrten* weiter aus: »*Gott hat euch vorher an die Mühseligkeiten der Wüste gewöhnt, um eure Wohlfahrt zu vermehren, wenn ihr in das Land eingezogen sein werdet. Und dies ist auch wahr. Denn der Übergang von der Mühseligkeit zur Ruhe ist angenehmer als das beständige Beharren in der Ruhe. Es ist aber auch bekannt, daß das Volk, wäre diese Beschwerlichkeit und Mühsal in der Wüste nicht gewesen, das Land nicht erobern und den Krieg mit seinen Bewohnern nicht hätte führen können. Die Heilige Schrift sagt ja selbst: ‚Gott sprach: Das Volk könnte anderen Sinnes werden, wenn es sich der Kriegsgefahr gegenübersähe, und nach Ägypten zurückkehren. Also ließ Gott das Volk einen Umweg durch die Wüste nach dem Schilfmeere machen, und so zogen die Söhne Israels wohlbewaffnet‘* (Ex 13,17ff.). *Denn die Ruhe bewirkt, daß die Tapferkeit schwindet, während die Nahrungssorge und die Arbeit Tapferkeit verleihen*« (III, 24, Bd. II. 2, S. 155). Nach Maimonides ist der Weg durch die Wüste (*Derech HaMidbar*) kein Umweg, sondern der übliche Weg Gottes. Auch Gott kann mit den Menschen, wie er sie nun einmal geschaffen hat, keine großen Sprünge nach vorne machen, sondern muß mit ihnen krumme Wege gehen, oder mit jenem bekannten portugiesischen Sprichwort: »*Gott schreibt gerade, in gewundenen Linien.*« Was für die militärische Ausbildung recht, ist für die religiöse Bildung billig. Hören wir, was Maimonides dazu weiter ausführt: »*so wie sie Gott mit Rücksicht auf ihre Furcht vor etwas, was sie ihrer Natur zufolge nicht aushalten könnten, sie von dem gleich anfänglich ins Auge gefaßten richtigen Wege abweichen ließ, damit auf einem anderen Wege seine erste Absicht erreicht werde, so hat er das von uns erwähnte Gebot, um den ersten Zweck, nämlich die Erkenntnis Gottes und die Unterlassung des Götzendienstes, zu erreichen, mit Rücksicht darauf gegeben, daß ihre Seele ihrer Natur nach nicht die Fähigkeit besitze, dieses anzunehmen. Denn ebenso wie es in der Natur des Menschen, der bei sklavischer Arbeit in Lehm und Ziegeln und dergleichen aufgewachsen ist, nicht liegt, dann zu einer bestimmten Stunde seinen Schmutz von seinen Händen abzuwaschen und sofort unversehens mit den Riesen* (Kanaans) *sich in einen Kampf einzulassen, ebenso liegt es nicht in seiner Natur, die zahlreichen Arten der Götterverehrung und die gewohnten Handlungen, zu denen die Seelen so hinneigen, als wären sie selbstverständlich, alle mit einem Male aufzugeben*« (III, 32, II. 2, S. 202). So wie der göttliche Führer in der Wüste die feigen Sklaven zu einem mutigen Erobervolk umerzogen hat, so wollte der göttliche Zuchtmeister[86] mit seinen Geboten die religiös verkommenen Flüchtlinge in ein Gottesvolk umerziehen.

Maimonides begründet seine pädagogische Theorie der Vorsehung anhand eines naturphilosophischen Prinzips. Gott wirkt in der Natur subsidiär, d.h. er gibt dem Menschen Unterstützung, damit er sein eigentliches Ziel (*HaKawana HaRischona*) erreichen kann. Wenn Gott hingegen sein Ziel geradewegs ansteuern wollte, müßte er die menschliche Natur ganz umschaffen und das wäre gegen die Natur. In allen »*Werken Gottes oder der Natur*« (*Peulot HaElohijot OTiwijot*) herrscht nach Maimonides nämlich das Stetigkeitsgesetz: »*Es ist unmöglich, plötzlich von einem Extrem in das entgegengesetzte überzugehen*« (*ScheIEfschar LaZet Min HaHe-*

fech El HaHefech Pitom, III, 32, II. 2, S. 199), lateinisch ausgedrückt: *Natura non facit saltum*. Um ein Ziel zu erreichen, geht Gott scheinbar umständliche Wege, die sich aber dann als die kürzesten erweisen. Das *lex continui* im individuellen und kollektiven Wachstums- und Erziehungsprozeß bedeutet, daß jede Wachstumsstufe eine ihr angemessene Förderung erfährt. So wie der weiche Körper des Neugeborenen nur weiche Kost verträgt und zu diesem Zweck die »*Brüste vorbereitet, um die Milch zu erzeugen*«; ebenso verträgt das Volk anfangs keine schwere geistige Nahrung und der göttliche Pädagoge muß es mit der »*Milch der Einfältigen*«, wie man die Offenbarung genannt hat, stillen. Er läßt sich auf sein Niveau herab und verlangt keine plötzliche Abkehr von den damals allgemein üblichen religiösen Überzeugungen und Bräuchen, sondern macht der natürlichen geistigen Trägheit des Menschen (*Tewa HaAdam, Schehu Note Tamid LaMurgal*) kurzfristig religiöse Konzessionen, um sein langfristiges Ziel zu erreichen. Maimonides nennt diese Erziehungsmethode »*planmäßiges Vorgehen und Weisheit*« Gottes (»*Ormat HaElohit WeChochmato*« oder »*Tachbulato*«). Die deutsche Übersetzung seines Führers ist hier allerdings nicht ganz zuverlässig.[87] Die wortgetreue hebräische Übersetzung der arabischen Begriffe des Maimonides: »*Orma*« und »*Tachbula*« bedeuten nämlich »*List*« und »*Trick*«, somit »*HaOrma HaElohit*« »*List Gottes*« und »*Tachbula Elohit*« »*Trick Gottes*«.[88] Womöglich wollte der Übersetzer die gotteslästerlichen Ausdrücke vermeiden, denn schließlich ist in der Bibel vor allem die böse Schlange listig (*HaNachasch Haja Arum*, Gen 3,1). Hier handelt es sich freilich nicht um eine bösartige List, sondern um einen pädagogischen Kunstgriff, das gemeine Volk läßt sich wie das Kind nur auf dem Umweg der »*ehrlichen Täuschung*« erziehen.[89] Die Erziehung des Israelitengeschlechts braucht ebenso wie die Erziehung des Menschengeschlechts die »*List der Vernunft*«.

Das bekannteste Beispiel für das pädagogische Paradigma des Maimonides ist seine Theorie der Opfer (III, 32, II. 2, S. 199f.). Gott habe zunächst zwei Kunstgriffe (*Tachbulot*) der Inkulturation benutzt, die jedem Missionar vertraut sind. 1. die Übernahme (*Heetek*) und Umwidmung des herrschenden Kultes (III, 32, II. 2, S. 206). Auf diese Weise geraten die früheren Adressaten des Kultes allmählich in Vergessenheit, 2. die Unterwanderung des herrschenden Kultes.[90] Dabei werden die blutigen Tieropfer zunächst zwar als Gottesdienstform beibehalten, aber just die Tierarten geopfert, die im herrschenden Tierkult als heilig gelten, »*so daß man durch diese Tat, die jene für den schwersten Frevel gehalten, sich Gott nähern und die Vergebung der Sünden erlangen kann. So werden die schlechten Glaubensmeinungen, die Krankheiten der menschlichen Seele sind, durch das entgegengesetzte Extrem geheilt* (*BaHefech Ascher BaKaze HaAcher*). Der große Arzt Maimonides denkt an eine kombinierte Verschreibung von homöopathischen und allopathischen Mitteln: Das Gegengift soll in kleinen Dosen zusammen mit Beruhigungsmitteln verabreicht werden. Israel opfert noch Tiere – aber es opfert den Pantheon seiner Gegner. Die Klage des römischen Geschichtsschreibers Tacitus scheint berechtigt: »*Profana illic omnia, quae apud nos sacra*« (Historien V,4). Demnach wären die zahlreichen biblischen Opfergebote nicht Zweck (*HaKawana HaRischona*), sondern nur Mittel zum Zweck (*HaKawana HaSchnija*). Der eigentliche Zweck wird allmählich erreicht, indem die Opfer räumlich auf das Heiligtum, zeitlich auf die Feste und ständisch auf die Priester beschränkt werden. »*Dies alles*, schreibt Maimonides, *geschieht nur, um diese Art von Gottesdienst seltener zu machen, so daß nur so viel davon übrigbleibe, als die göttliche Weisheit nicht gänzlich zu unterlassen verfügt hat*« (III, 32, II. 2, S. 205). Die fortschrittlichen gottesdienstlichen Formen der Synagoge, die zunächst noch mit den rückschrittlichen Formen im Tempel koexistieren, sind dagegen ohne Einschränkung zugelassen und setzen sich als Gottesdienst der Zukunft durch. Maimonides belegt seine These von der sekundären Bedeutung der Opfer mit Stellen aus der Opferkritik der Propheten (1 Sam 15,22; Jes 1,11-14; Ps 50,7-9), insbesondere mit dem ominösen Wort des Propheten Jeremia, wonach Gott nach dem Auszug aus Ägypten gar keine Opfer geboten hätte (ebd., S. 205-8). Abrawanel findet die Erklärungen des Maimonides zur Stelle zwar nicht ganz schlüssig, fügt jedoch in gleicher Richtung hinzu, daß die Opfer erst als angemessene Sühne für die Sünde des goldenen Kalbes eingeführt worden seien.[91] Gott habe gewissermaßen lernen müssen, daß der direkte religiöse Weg so wenig gangbar ist wie der militärische. Nebenbei sei noch bemerkt, daß Maimonides sein pädagogisches Paradigma auch auf andere religiöse Inhalte anwendet, wie z. B. auf die Grundlehren der Unkörperlichkeit Gottes und der Unsterblichkeit der Seele, die zunächst weit über die Fassungskraft des Einzelnen und des Volkes hinausreichen. In dem ihm zugeschriebenen *Brief über die Auferstehung der Toten* bringt er eine regelrechte genetische Theorie des religiösen Bewußtseins, das durch Aufschub der Vergeltung von den materiellen und zeitlichen auf die höheren, spirituellen und ewigen Güter der Religion gelenkt wird[92] – analog zur Entwicklung des Gottesdienstes von den blutigen Tieropfern zum Wortgottesdienst.

Aus der Theorie des Maimonides über die Opfer, würde allerdings folgen, daß die Opfergesetze, die einen zentralen Teil des Pentateuchs ausmachen, nur eine Reaktion auf die primitiven Entwicklungsstufen des religiösen Bewußsteins in der Umwelt Israels gewesen wären, sozusagen ein provisorisch geduldetes Übel; daß ferner die allgemein bedauerte und betrauerte Zerstörung des Tempels ein historisch notwendiges Ereignis, gleichsam ein providentieller Akt gewesen wäre und daß schließlich in einer Zeit, in der der alte Götzendienst vollkommen verschüttet[93] oder an die Ränder der bekannten Welt verdrängt worden ist, der alte Gottesdienst, der nach Maimonides das genaue Negativ zu jenem bildet, endgültig überholt wäre. Maimonides war sich der Kühnheit seiner These durchaus bewußt (III, 32, II. 2, S. 201) und hat in der Tat den geharnischten Prostest der Antimaimonidisten herausgefordert. Nachmanides, der eine symbolistische und mystische Interpretation der Opfer bevorzugt, nennt die historische Erklärung des Maimonides in seinem Komentar zu Lev 1,9 schlicht »*Geschwätz*« (*Diwrei Hawai*).[94] Es ist tatsächlich auch schwer vorstellbar, daß die Opfer, von denen das Buch Exodus schwelgt, sie seien von »*lieblichem Geruch, dem Ewigen*«, sie sollten ständig auf dem von ihm geweihten Altar vor der Wohnung Gottes von »*allen Geschlechtern*« dargebracht werden und mit den sublimsten Ausdrücken religöser Kommunion verbindet: »*Und ich will mitten unter den Kindern Israels wohnen, und ich will ihr Gott sein. Und sie sollen erkennen, daß ich, der Ewige, ihr Gott bin, der sie aus dem Lande Ägypten geführt hat, um mitten unter ihnen zu wohnen, ich der Ewige, ihr Gott*« (Ex 29,41-45), ein historisches Verfallsdatum gehabt haben und nichts als ein Täuschungsmanöver gegen den Götzendienst in oder außerhalb Israels gewesen sein sollen. Man braucht gar nicht die alternativen konkretistischen Deutungsvorschläge von Jehuda HaLevi (Kusari I, 25, S. 127-137) bis zu Oskar Goldberg in unserem Jahrhundert[95] heranzuziehen, um festzustellen, daß diese spiritualistische Deutung des Maimonides offensichtlich das religiöse Phänomen der Opfer verfehlt. Es verschlägt kaum, wenn seine Verteidiger darauf hinweisen, daß sein Interpretationsansatz lediglich eine Abwandlung des rabbinischen Akkomodationsprinzips sei, wonach *»die Tora die Sprache des Menschen spricht«* (*Dibra Tora KiLschon Bnei Adam*) und *»die herkömmlichen Bräuche respektiert«* (*Ki HaTora Nassa Panim LaMinhag*).[96] Es bleibt vielmehr ein großes Rätsel, wie ausgerechnet der Mann, der die Opfergebote in seinem großen religionsgesetzlichen Werk wie keiner vor und nach ihm systematisch kodifiziert hat, sie in seinem großen religionsphilosophischen Werk historisch relativieren konnte, wie der Mann, der in jenem Werk ausdrücklich die Wiedereinführung der Opfer in der messianischen Zeit dekretiert (Hilchot Melachim 11,1), sie in diesem Werk sistieren konnte.

Wie man diese Schwierigkeit auch immer löst: indem man z. B. die eine oder die andere zur wahren Ansicht des Maimonides erklärt oder auch dem Götzendienst Wandlungsfähigkeit und somit auch seinem Widerpart Zukunft bescheinigt, ist es unbestritten, daß Maimonides damit im Judentum eine ganz neue genetische, geschichtliche Betrachtungsweise der Religion eingeführt hat. Damit kommt er in gefährliche Nähe zu den Offenbarungslehren der Tochterreligionen des Judentums, die sich als Ergebnisse derartiger Entwicklungen sehen. Bei den christlichen Zeitgenossen des Maimonides ist der Begriff der Akkomodation Gottes und der Entwicklung der Offenbarung ein Gemeinplatz.[97] Gott wirkt nicht gegen die Natur (*contra naturam*) und auch nicht gewaltsam (*violenter*), sondern er paßt sich in der Heilsgeschichte der jeweiligen Entwicklungsstufe des Menschen an. So heißt es etwa bei Hugo von St. Viktor (ca. 1097-1141) in bezug auf die Gleichzeitigkeit von Beschneidungs- und Taufriten ganz ähnlich wie bei Maimonides: *»Es ziemte sich nämlich, daß auch die Riten, die nicht mehr bestehen sollten, nicht plötzlich und überstürzt, sondern allmählich, gleichsam mit Verehrung fallengelassen werden, auf daß sich zeige, sie seien zu ihrer Zeit gut gewesen. Und ähnlich sollten die Riten, die neu beginnen sollten, nicht plötzlich verpflichtend sein, sondern in*

Ruhe und Würde eingeführt werden, damit man nicht annehme, sie seien fremd und unnötig von anderswo herbeigebracht worden.«[98] Gelegentlich wird auch der Vergleich mit den Entwicklungsstufen eines Schülers angestrengt, der auch Maimonides vorschwebt.[99] Die Vorstellung vom *processus religionis* richtet sich allerdings gegen den starren Nomismus der Juden, von denen es heißt, *»noluerunt Judaei mutari cum tempore«* (Joachim Fioris). Hier haben wir aber einen Juden, der ebenfalls die Lehre vom *processus religionis* vertritt.[100] Offenbar rechnet auch er mit einer religiösen Entwicklung, die aber nicht im Christentum und Islam endet, obwohl Maimonides am Schluß seines Gesetzeskodex beide zu weltlichen, missionierenden Armen des Judentums erklärt (Hilchot Melachim 11,4); auch nicht in einer Erziehung des Menschengeschlechts à la Lessing, die bloß ein ausgesprochenes Säkularisat der christlichen Geschichtstheologie ist, sondern in einer innerjüdischen Entwicklung. In welche Richtung diese Entwicklung geht, verrät Maimonides im Irrealis. Wenn Gott, sagt er, unmittelbar nach dem Auszug aus Ägypten Opfer verboten und den Wortgottesdienst eingeführt hätte, *»wäre das gerade so, wie wenn jetzt zu unserer Zeit ein Prophet aufträte und zum Dienst Gottes aufriefe mit den Worten: Gott befiehlt euch, nicht zu ihm zu beten, nicht zu fasten und zur Zeit der Not keine Hilfe von ihm zu verlangen, vielmehr soll euer Gottesdienst nur im Denken, nicht in Handlungen bestehen.«* (III, 32, II. 2, S. 199f.) Auch wenn man Maimonides nicht in diese dünnen Höhen der philosophischen Religion folgen mag, so teilen die meisten traditionellen Ausleger insofern seine Auffassung des Paradigmas *»Derech Erez P'lischtim«*, als sie den Auszug aus Ägypten nicht nur als eine soziale und geographische Veränderung, sondern auch als einen spirituellen Weg betrachten, der durch die neunundvierzig Tage zwischen dem Auszugs- und dem Befreiungsfest (Schawuot) symbolisiert wird. Für Maimonides bildet sich die Identität des Volkes – omnis determinatio negatio est! – durch Abgrenzung gegen die Götzendiener; aber die Stationen der Wüstenwanderung markieren auch Stufen positiver Selbstbestimmung.

6. Gebete (Ex 15,1-21)

Bislang war das Volk Israel mehr als Objekt, denn als Subjekt der Geschichte, mehr als revolutionäre Masse, denn als *Volonté générale* in Erscheinung getreten. Nachdem es aber Zeuge des buchstäblichen Untergangs des Tyrannen und seiner Weltmacht geworden war, erkennt, anerkennt und bekennt es die Macht Gottes (Ex 14,30-31). Alle – Männer sowie Frauen – artikulieren ihren gemeinsamen Glauben im Hymnus Ex 15,1-21. Benno Jacob hat dieses »*Lied am Meer*« (*Schirat HaJam*) als die »*wahre Nationalhymne Israels*« bezeichnet (S. 439). Verse wie: »*Er ist hoch und erhaben, das Roß und den Reiter stürzte er ins Meer*«, »*Ein Hauch deines Odems – es deckt sie das Meer*« (*afflavit Deus et dissipati sunt*) sind freilich zum Gemeingut aller unterdrückten Nationen geworden, die einen frechen Gewaltherrscher und seine Armada haben untergehen sehen. Das Lied ist in der Tat keine »nationalistische« Hymne, denn es feiert nicht die eigene Stärke (Ex 14,9), sondern, wie Jacob sagt, »*ausschließlich Ihn und seine Wundertat*« (S. 428) und zugleich ein theokratisches Credo: »*Wer gleichet*, bekennt das Volk, *dir unter den Mächtigen, Gott* (...). *Der Herr wird regieren für immer und ewig!*« (Ex 15,11 u. 19). Mit dieser »*Nationalhymne*« konstituiert sich Israel ferner von Anfang an als betendes Volk: »*Dies ist*, schreibt Jacob, *der erste Sang im Volke Israel.* (...) *An der Schwelle der israelitischen Volkswerdung steht die religiöse Poesie: ‚Ein neu geschaffenes Volk preist Gott‘*« (S. 429). Das Lied am Meer ist daher auch zu einem Muster, einem Maßstab und einem Bestandteil der Liturgie geworden. Das Interesse der jüdischen und christlichen Kommentatoren am Charakter der heiligen Dichtung und Musik der Hebräer, das gerade an dieser Stelle anzuknüpfen pflegte, war denn auch weniger ästhetischer als liturgischer Art. Man wollte am Beispiel dieses ersten öffentlichen Wortgottesdienstes die Natur und die Ordnung jener – nach Maimonides – höheren Gottesdienstform im Tempel und in der Synagoge nachvollziehen. Moses Mendelssohn hat in einer langen Einleitung in seinem Kommentar zur Stelle die alten und modernen Spekulationen über die religiöse Funktion und die Regeln der biblischen Poesie zusammengefaßt.

An diesem Lied läßt sich in der Tat das wichtigste Kennzeichen der biblischen Poesie nachweisen, nämlich die Unterteilung der Verse in zwei bis drei Sinnabschnitte, aus zwei bis vier Wörtern, die einen Gedanken variieren, kontrastieren oder komplettieren.[101] Mendelssohn leitet den sogenannten *Parallelismus membrorum* aus mnemo- und musiktechnischen Gründen ab. Die Wiederholungen verleihen dem Gedanken Nachdruck[102] und die Schattierungen klären ihn von allen Seiten auf (JubA, Bd. XVI, S. 131,28-30); die Pausen der Mittelzäsuren erregen ferner die Aufmerksamkeit und verstärken das innere Echo (*LeOrer HaKawwana ULCHaskeha BaLew*); die kurzen Phrasen prägen sich schließlich leichter im Gedächtnis ein und lassen sich musikalisch eindrucksvoller vertonen (ebd., S. 126,29ff.). Die Versteile können auf mehrere Stimmen oder Stimmgruppen verteilt werden, die homophon, antiphon oder heterophon verlaufen und durch ihre kunstvolle Anordnung und ihren Wechsel einen stärkeren erbauenden Effekt erzielen (ebd., S.126,34-38; 131,30-35). Obwohl in der Diaspora die Kunst der heiligen Musik weitgehend verlorengegangen und zur bloßen artistischen Unterhaltungsmusik verfallen sei (ebd., S. 126,20-23),[103] habe sich ihre ästhetische und moralische Kraft in der heiligen Poesie erhalten und sei auch noch in den Übersetzungen spürbar.

Mendelssohn beläßt es nicht bei diesen allgemeinen Andeutungen, er versucht die affektiven Werte der Versmaße (*Middot*), d. i. die relative Länge der Versabschnitte und den Rhythmuswechsel im Vers bzw. in der Strophe genau zu bestimmen (ebd., S. 128,8ff.). Je erhabener eine Aussage, je gehobener der Ausdruck, desto kürzer die Länge der Versabschnitte, denn die Vermehrung der Pausen lasse den Hörer öfter innehalten und wirke, nach Mendelssohn, deshalb achtunggebietend (ebd., S. 128,9-10). So drückt, nach Mendelssohn, auch das Schilfmeerlied in kurzen Distichen, zu je zwei, höchstens zu je drei Wörtern, die erhabene Feierlichkeit aus. Es läge hier freilich näher, den mit Pauken begleiteten Stakkato-Rhythmus des Liedes (Ex 15,20-21) als Darstellung des Schlachtrhythmus oder des atemlosen Siegessanges der Erretteten zu deuten. Der Rhythmuswechsel von kurzen und langen Maßen innerhalb eines Verses ist nach Mendelssohn keine Unregelmäßigkeit, sondern dient gleichfalls dazu, bestimmte Affekte zu erregen (*LeOrer HaLew*). So sollen z. B. die im Hohelied vorkommenden Wechsel von langen

Abschnitten zu je drei Wörtern und kurzen zu je zwei Wörtern im Rhythmus: 3-2-3-2 die Liebe ausdrücken und erwecken (*LeOrer HaAhawa*) (ebd., S. 129,1-3). Die kürzeren Abschnitte, die die Symmetrieerwartung enttäuschen, entsprechen dem unerfüllten Wunsch. Der Inhalt des Verses, der Affekt der Sehnsucht, wird in der Form und im Rhythmus des Verses mimetisch nachgebildet und bei dem Leser evoziert. Der gleiche Rhythmus herrscht auch im 3. Klagelied vor, wo er diesmal Mitleid erregen soll (*LeOrer HaCHemla*) (ebd., S. 129,20-21). »*Wenn Du,* schreibt Mendelssohn, *Geschmack hast, wirst Du verstehen, daß durch diese geschmackvolle Ordnung, die Worte in die Seele dringen und die Kräfte des Erbarmens und des Mitleids über den Klagenden mit gebrochenem Herzen wecken. Er heult und stöhnt, heult in langen (Phrasen), und stöhnt in kurzen*« (ebd., S. 129,32-33). Mendelssohn macht sich hier anheischig, alle rhythmischen Unregelmäßigkeiten mit Hilfe seiner Affektenlehre zu erklären (ebd., 34-36). Dabei entsprechen die vermischten Rhythmen den in der Aufklärungsästhetik vieldiskutierten »*vermischten Empfindungen*« (ebd., S. 129,36). Nach dieser Poetik ist die biblische Poesie semantisch vollkommen transparent; allen poetischen Zeichen: Formen, Maßen und Rhythmen eignet eine genau bestimmbare intellektuelle und emotionale Bedeutung – was, nebenbei bemerkt, einer ästhetischen Rettung des biblischen Textes gleichkommt.

Mendelssohn versucht nun, aufgrund rabbinischer Quellen, eine Vorstellung (ebd., S. 131,31) vom ursprünglichen Vortrag der heiligen Poesie durch die Chöre zu gewinnen. Er bezieht sich dabei auf die rabbinische Kontroverse über die Aufteilung der Einsätze von Mose und dem Volk im Wechselgesang des Schilfmeerliedes, wie er durch Ex 15,1 nahegelegt wird.[104] Nach der ersten Ansicht wurde das Lied von Mose solistisch vorgetragen, und die Rolle des Chores beschränkte sich darauf, nach jedem Versabschnitt mit einer Akklamation einzufallen.[105] Nach der zweiten Ansicht war die Rolle des Führers etwas bescheidener, und der Chor wiederholte genau die Versabschnitte, die dieser vorgetragen hatte.[106] Nach der dritten Ansicht liefern sich Solist und Chor eine Art Wettgesang, wobei der Chor immer einen Versabschnitt weiter vorne ist.[107] Nach der vierten Ansicht schließlich hebt zwar der Solist an und der Chor fällt später ein, beide schließen aber gemeinsam ab.[108] Da die Protagonisten in dieser Kontroverse ihre Ansichten über den Vortrag des Schilfmeerliedes mit Paradigmen aus dem aktuellen Gottesdienst illustrieren, so lassen sich aus diesen Positionen Schlußfolgerungen auf den Vortrag der heiligen Poesie in Tempel und Synagoge ziehen. (Der Frauenchor, der nach Ex 15,21 nahegelegen hätte und der, nach dem Bericht Philos, bei den Therapeuten an dieser Stelle üblich war, kommt bezeichnenderweise nicht vor.[109]) Mendelssohn nimmt an, daß die Leviten im Tempel die doppelten Aussagen des Textes doppelchörig aufteilten und im Sinne der dritten Ansicht als eine Art Wettgesang homophon oder polyphon vortrugen (ebd., S. 131,31-33; 132,5-7 u. 41-42). Wenn keine Doppelung vorlag, wie etwa im Ps 118,21-25, so wurde sie im Sinne der zweiten Ansicht durch Wiederholung des Verses erzeugt und, wie es in diesem Fall möglicherweise in Anlehnung an den Tempelgesang noch heute in der synagogalen Liturgie geschieht, im Wechselgesang vorgetragen (ebd., S. 131,7-11). Bei Tristichen wäre ein Zusammenspiel von Gegenchören und Gesamtchören im Sinne der vierten Ansicht möglich (ebd., S. 134,7-9).

Bei der Annahme von der Geburt der hebräischen Poesie aus dem Geiste der Musik ist Mendelssohn in erster Linie Lowth verpflichtet. Dieser hatte in der 19. Vorlesung seines Werkes *De Sacra Poesi Hebraeorum* (1753)[110] den Kult als den ursprünglichen Sitz im Leben der hebräischen Poesie angegeben, wo sie vor allem dazu diene, *»to give force and energy to the devout affections«* (S. 200). Er bezeichnet es als *»mehr als wahrscheinlich«*, daß dabei die besondere Form der hebräischen Poesie von der sakralen Musik im öffentlichen Gottesdienst geprägt wurde. Aus verstreuten Hinweisen schließt er, daß die Hymnen im doppelchörigen Wechselgesang vorgetragen wurden.[111] Als Beispiel bringt er justament das Schilfmeerlied, wo die Frauen- gegen die Männerstimmen (Ex 15, 1 u. 21) zu einer Art Antwortgesang anheben, und das Sanctus (ebd., S. 201 u. 203).[112] Die antiphonisch-responsorische Form der sakralen Musik, die auch in der Kirche beibehalten worden sei (ebd., S. 203), erklärt nach Lowth mit *»hoher Wahrscheinlichkeit«*: *»why poems of this kind are disposed in equal stanzas, indeed in equal distichs, for the most part; and why these distichs should in some measure consist of versicles or parallelisms corresponding to each other«* (ebd., S. 203f.). In der Musik liegt also der Ursprung des *Parallelismus mem-*

brorum.[113] Die Distichen oder Tristichen der hebräischen Poesie, die in einem Vers einen Gedanken variieren (synonymer Parallelismus, ebd., S. 205), kontrastieren (antithetischer Parallelismus, ebd., S. 210) oder komplettieren (synthetischer Parallelismus, ebd., S. 213), entsprachen, nach Lowth, wenigstens ursprünglich, verschiedenen Chorstimmen. Seltsamerweise bespricht Mendelssohn in seiner Rezension von Lowth diese für seine eigene Konzeption der hebräischen Poesie grundlegende 19. Vorlesung in zwei dürren Sätzen: »*Die Hymnen der alten Hebräer wurden von zweyen Chören gegeneinander gesungen. Daher ist es denn gekommen, daß sich ihre Perioden in parallele Verse abtheilen lassen, die sich größtentheils genau auf einander schicken*« (JubA IV, S. 43,24-28). Smend zweifelt, wohl in Unkenntnis des späteren Bibelkommentars, ob Mendelssohn überhaupt die Tragweite dieser Entdeckung erkannt habe.[114] In Wirklichkeit beansprucht Lowth für diese Entdeckung keineswegs Urheberrechte, er beruft sich vielmehr auf die Autorität eines »*Jew rabbi*«, nämlich R. Asarja dei Rossi (ebd., S. 214 f.), den auch Mendelssohn als Quelle anführt (JubA XVI, S. 127,4-128,7).[115] Alle drei – Mendelssohn, Lowth und Asarja – verweisen in diesem Zusammenhang aber noch auf eine andere Quelle, nämlich auf das *Buch Kusari* von Jehuda Halevi. Es war also, zumal in einem nach innen gerichteten hebräischen Kommentar, vertretbar, die Theorie vom Ursprung der hebräischen Poesie von Asarja de Rossi und Jehuda Halevi abzuleiten, ohne Lowth zu erwähnen. Bis auf die *Parallelismus-membrorum*-Lehre, für die sich Mendelssohn, nicht ohne Einschränkungen, auf Asarja beruft, können in der Tat alle seine anderen wichtigen Aussagen über die kathartische Kraft, die semantische Transparenz, die musikalische Natur und die liturgische Funktion der hebräischen Poesie bei Jehuda Halevi belegt werden.

Im *Buch Kusari*, einem Religionsgespräch zwischen einem Heiden und einem Juden u. a., preist der jüdische Apologet das überragende Niveau der biblischen Musik (*Chochmat HaMusika*, Kusari II, § 64, S. 165). Salomo, Saul und David[116] seien ihre Patrone gewesen, und die vornehmste Klasse des Volkes, der Stamm Levi, habe durch den Zehnt ausreichend Muße zur Muse gehabt und sich ausschließlich der Musik im Tempel gewidmet. Der Konvertit fügt noch hinzu, daß damals zweifellos die kathartische Kraft der

Musik, die darin bestand, die »*Gemüter zu erregen*« (hebr.: *Meoreret Nefaschot*) und das »*Gemüt aus einer Stimmung in eine andere zu versetzen*« (hebr.: *Meateket Et HaNefaschot MiMida El Hafka*), voll zur Geltung kam (II, §65, ebd.). Inzwischen sei die Musik zu einem bloßen Vergnügen der »*niedrigsten Klasse*« (hebr.: *Mechoarim MiBnei Adam*) geworden und wie das jüdische Volk insgesamt heruntergekommen. Diese Figur der Degeneration der Wissenschaften und Künste, die auch Mendelssohn wiederholt, ist ein traditioneller Gemeinplatz[117] und kann der Gattung der Klage (*Kina*) über den Niedergang der jüdischen Kultur im Exil zugerechnet werden. Zu den Dingen, die untergegangen sind, zählt bereits die Mischna die »*Wecker*« (*Meorerin*). Das sollen nach der Erklärung des Talmud zur Stelle[118] die levitischen Sänger gewesen sein, die im zweiten Tempel täglich den Ps 44,24: »*Erwache (Ura), warum schläfst du, o Herr*« anstimmten. Mit der Aufhebung des Sanhedrin – für Jehuda Halevi auch eine Art Akademie der Wissenschaften (II, §64) – verstummte ferner der Gesang bei den Gastmählern.[119] In den Kriegen gegen Rom, um noch eine Station des Niedergangs zu erwähnen, wurden gewisse Musikinstrumente bei Hochzeitsfeiern verboten.[120] Synagoga legte ihren Trauerschleier an, den sie bis heute trägt.[121]

Die kulturelle Dekadenz, die die Mischna mit dem Ausdruck: »*Dildul*«, »*Verarmung*«, »*Verkümmerung*« bezeichnet, betrifft nach dem Apologeten auch die heilige Sprache, insbesondere die heilige Poesie, die gleichfalls mit dem jüdischen Volk heruntergekommen sei (*Nitdaldela BeDalutam*, §68, S. 166).[122] Auf den ersten Blick freilich scheint die regellose biblische Poesie ärmer, unmusikalischer als die vielgerühmte arabische Dichtung zu sein. Der Apologet bestreitet allerdings, daß das Fehlen von Versmaß und Reim ein poetisches und musikalisches Defizit darstelle, es folge vielmehr einer anderen, höheren Auffassung von Sprache und Poesie. Der biblischen Poesie komme es nicht auf formale Regelmäßigkeit, sondern auf den getreuen Ausdruck des Inhalts an. Die unmittelbare mündliche Mitteilung des Inhalts habe dabei zwar den Vorzug vor der schriftlichen, weil sie über eine Fülle von zusätzlichen nonverbalen Ausdrucksmöglichkeiten, wie Rhythmus, Betonung, Mimik, Gestik verfüge, damit die schriftlich letztlich uneinholbare verbale Kommunikation verkürze und einen differenzierteren affektiven

Ausdruck gestatte. Das traditionelle Notierungssystem der Prosodie der heiligen Schrift, die Akzente (*Teamim*), gibt jedoch die nonverbale Artikulation der Affekte wieder und ermöglicht ihren kollektiven musikalischen Ausdruck in der Liturgie. Für eine derartige expressionistische Auffassung der Dichtung und Musik sind nun Maß und Reim im Vers eher hinderlich; sie stören mit ihren formalen äußerlichen Zwängen die Artikulation des Gefühls: »*Wo dergleichen Zwecke verfolgt werden*, schreibt Jehuda Halevi, der selber höchst eindrucksvolle Metra der arabischen Poesie ins Hebräische übertragen hat[123], *weist man gewiß das Metrum ab, denn das metrisch Gebaute läßt sich nur auf eine Weise lesen. Es verbindet, was zu trennen ist, und trennt, was zu verbinden ist.*« – eine Aussage, die Mendelssohn fast wörtlich wiederholt.

Im Gegensatz zu Jehuda HaLevi steht Maimonides der Wortgottesdienst, wie er hier beschrieben wird, höher als der Opferdienst. Der religiöse Aufstieg des Volkes ist aber nichts weniger als ein geradliniger Weg, sondern voller gefährlicher Kehren. Kurz nach dem großen Glaubensbekenntnis des Volkes am Meer, in der Episode, die in der Bibel unmittelbar an das Meerwunder anschließt, kommt es schon vom Weg ab (Ex 15,22ff). Doch der göttliche Pädagoge nutzt diese Glaubenskrise, um das Volk einen entscheidenden Schritt voranzubringen.

7. Tora (Ex 15,22-27)

Der Marsch des Volkes durch die Wüste war für die freigelassenen Sklaven aus dem Kulturland in jeder Hinsicht eine bittere Durststrecke. Als sie nach drei Tagen endlich Mara erreichten, fanden sie nur ungenießbares bitteres Wasser (*Marim*) vor und »*murrten*« gegen ihren Führer – aus der enthusiastisch singenden war eine dumpf murrende Masse geworden. Mose war ratlos und rief Gott zur Hilfe, »*da zeigte ihm* (WoJorehu) *der Ewige ein Holz, das warf er ins Wasser, da wurde das Wasser süß, dort gab er ihm Gesetz* (Chok) *und Recht* (Mischpat), *und dort prüfte er es*« (Ex 15,25). Es ist nicht ersichtlich, was der zweite Halbvers mit dem ersten, was die Verwandlung in Süßwasser mit der Verkündung des Gesetzes zu tun hat. Soll man ihren Zusammenhang so verstehen, daß Gott das Volk auf die Probe stellte, um es fühlen zu lassen, daß es auf der Wanderung auf seine Führung angewiesen ist und daß diese in Überlebensregeln für diese unwirtlichen Gegenden bestand, hier etwa in einem natürlichen Entsalzungsverfahren. Dazu paßt auch die Selbstbeschreibung Gottes am Ende des nächsten Verses: »*Ich, der Ewige, werde dein Arzt sein*« (Ex 15,26) und darin verrät sich die primitive Schamanenrolle des Mose. Doch nach dem Anfang des nächsten Verses ist ganz unzweifelhaft, daß die Gesetzestermini (»*Chok*«, »*Mischpat*«) hier in ihrem gewöhnlichen technischen Sinn für Typen religiöser Gebote gebraucht werden. Soll man den Zusammenhang dann also umgekehrt so auffassen, daß die klärenden Eigenschaften des Holzes die Heilkraft des Gesetzes demonstriert, das gegen alle physischen und sozialen Übel hilft und dessen wunderbare Wirkung hier zum ersten Mal erprobt wird? (S. R. Hirsch z. St., Bd. II, S. 159) Man könnte auch sagen, daß Mara jenen göttlichen Erziehungsprozeß selber symbolisiert, der mit schmerzhaften Herausforderungen und bitteren Entbehrungen anfängt und mit süßen Belohnungen, z. B. den zwölf Wasserquellen und siebzig schattenspendenden Palmen von Elim winkt (Ex 15,27). In jedem Fall findet in Mara eine Weisung und Gesetzgebung statt, wobei übrigens unklar bleibt, wer das Subjekt des zweiten Halbverses (Ex 15,25b), wer also der Gesetzgeber ist: Gott oder Mose. Das hebräische Verb, das im ersten Halbvers (25a) die Weisung bezeichnet, »*Jarah*«, »*zeigen*«, »*weisen*«, »*unterweisen*« liegt auch dem Wort »*Torah*« zugrunde, das wie kein anderes das Judentum auszeichnet.

Das Wort »*Tora*« kann eine einzelne Weisung meinen, aber auch den Inbegriff vieler oder aller Weisungen: die fünf Bücher Mose, die sechsunddreißig Bücher der hebräischen Bibel, die mündliche Lehre des Mose, die neben den heiligen Schriften seit alters her überliefert wurde, schließlich die Auslegungen der Schriften und Neuerungen der Weisen. »*Tora*« ist in seiner rabbinischen Verwendung demnach ein dehnbarer Begriff, der nicht nur alle vergangenen, sondern auch alle zukünftigen Quellen des Judentums umfaßt. Im fünften Buch Mose steht zwar ausdrücklich, daß Gott die zehn Gebote mit »*lauter Stimme*« verkündete und »*nichts hinzufügte*« (*WeLo Jassáf*, 5 Mose 5,19). Doch schon der *Targum* hat das so verstanden, daß er »*nichts*« zur Stimme »*hinzufügte*«, und daher kühn übersetzt, daß er die Stimme »*nicht unterbrach*« (*WeLa Pessak*) – und bis heute und in alle Ewigkeit fortfährt zu sprechen. Gegen die ewige *Tora* Israels werden zwei Arten von Einwänden erhoben. Der eine stammt von den Tochterreligionen und besagt, daß die alte *Tora* der Juden durch eine neue *Tora* der Christen oder Muslime überholt und ersetzt worden sei. Der andere kommt von den Historikern, die sie für ein Buch von und für längst vergangene Zeiten halten. Die einen stellen die Gegenwarts-*Tora* durch eine Zukunfts-*Tora*, die anderen durch eine Vergangenheits-*Tora* in Frage. Die Juden glauben, daß Gott, daß die Propheten und Weisen nicht aufhören, mit »*lauter Stimme*« zu uns zu sprechen.

Die Übersetzung des Wortes »*Tora*« hat Anlaß zu vielen Mißverständnissen gegeben. Die hellenistischen Juden haben es mit dem griechischen Wort »*nómos*«, zu deutsch »*Gesetz*« wiedergegeben und infolgedessen dem Mißverständnis des Judentums als nomistischer Gesetzesreligion Vorschub geleistet. Gewiß, die *Tora* enthält Gesetze, aber sie läßt sich nicht darauf beschränken. Wenn man das Wort »*Gesetz*« ins biblische Hebräisch zurückübersetzen wollte, dann würde man ein anderes Wort als »*Tora*« wählen. Im modernen Hebräisch bedeutet »*Tora*«, »*Lehre*« und das verwandte Wort »*Hora'a*«, »*Unterricht*«. Das trifft das rabbinische Verständnis des Begriffs besser als das Wort »*Gesetz*«, denn »*Tora*« ist in allen jüdischen Sprachen eher mit dem Lernen und dem Lehrhaus als mit der Rechtsprechung und dem Gerichtssaal verbunden. Allerdings haftet dem Wort »*Lehre*« im modernen Hebräisch auch die Bedeutung eines dogmatischen Systems an, was dem traditionellen *Tora*-Begriff sicher nicht gerecht wird. Die Alttestamentler versuchen den Begriff »*Tora*« von der ursprünglichen Bedeutung des Wortes abzuleiten. Das Verb »*Jarah*« bedeutet »*werfen*« oder »*schießen*«. Da dieses Verb gelegentlich auch gebraucht wird, um das Werfen des Loses beim Gottesurteil zu bezeichnen (Jos 18,6), folgerte Julius Wellhausen, daß »*Tora*« ursprünglich »*Orakel*« bedeutete – eine Vermutung die übrigens durch verwandte Wörter in anderen alten semitischen Sprachen bestätigt wird und gut zum Offenbarungsanspruch der *Tora* paßt. Nun stellt sich allerdings die Frage, wie man von der ursprünglichen Bedeutung »*werfen*« zur abgeleiteten »*Gesetz*« und »*Lehre*« gelangt. Das »*Werfen der Hand*« oder der »*Finger*« (Spr 6,13), d.h. das »*Zeigen*« und »*Weisung geben*« (Gen 46,28) leitet über zu »*Weisung*«, womit Martin Buber und Franz Rosenzweig den Titel »*Tora*« wiedergeben. Eine »*Weisung*« ist zwar auch »*Gesetz*« und »*Lehre*«, allerdings nicht im Sinne einer Sammlung von starren Sätzen und Gesetzen, sondern im Sinne lebendiger »*Unterweisung*«. Im alten Israel waren die Priester sowohl für das Losorakel als auch für diese Unterweisung zuständig. So heißt es im Mose-Segen für den Priesterstamm Levi: »*Gib deine Tummím, deine Urím* – so hießen die priesterlichen Losorakel – *jenen Frommen hin* (...). *So mögen sie dein Recht in Jakob lehren (Joru) und deine Tora in Israel. So mögen sie denn Räucherwerk dir bringen und Opfer dir auf dem Altar*« (5 Mose 33,8-11). Moses Mendelssohn hat in seinem Kommentar zu diesem Spruch bereits im Jahrhundert vor Wellhausen darauf hingewiesen, daß hier die Begriffe *Urim* und *Tora* einander entsprechen. Seine eigene, weiter oben bereits angeführte Vorstellung von der »*ursprünglichen Verfassung*« des Judentums kommt mit ihrer charakteristischen Verknüpfung von Kultus und Lehre dieser Auffassung der *Tora* als priesterliche Weisung und Unterweisung recht nahe und ist bei ihm explizit gegen die Vorstellung von der »*Religion des Buches*« oder der »*Religion des toten*« oder gar »*tötenden Buchstabens*« gerichtet: »*Was der Schüler vom Morgen bis Abend tat und tun sah*, so beschreibt er die Funktion des Zeremonialgesetzes, *war ein Finger-*

zeig auf religiöse Lehren und Gesinnungen, trieb ihn an, seinem Lehrer zu folgen, ihn zu beobachten, alle seine Handlungen zu bemerken, den Unterricht zu holen (...)« (JubA VIII, S. 169). Diese Auffassung des Judentums ist aber kein Sondergut Mendelssohns, sondern spiegelt sich z.B. in der üblichen Gleichsetzung von Synagoge (*Bet HaKnesset*) und Lehrhaus (*Bet HaMidrasch*) wieder.

Nach der jüdischen Tradition beginnt der göttliche Unterricht der Tora in Mara. Dem *Targum Pseudo-Jonathan* (vgl. Einl.) zeichnete sich die Durststrecke vor Mara vor allem durch Gesetzlosigkeit (*Betelin Min Pikudja*) aus. Die Ausleger weisen immer wieder darauf hin, daß bereits der Wortlaut (*Pschat*) des Verses Ex 15,25a ausdrückt, daß Gott in Mara Mose nicht etwa nur ein Holz sehen ließ (was *WaJarehu* fordern würde), sondern ihm eine Lehre (*WaJorehu*) erteilte,[124] nämlich, wie die Allegoristen aufgrund des Vergleichs der Tora mit einem Baum (Spr 3,18) oder mit Wasser schließen, ihn in der Tora unterwies[125]. Man könnte vielleicht auch sagen, daß Gott ihn in Mara lehrte, wie er mit der Tora den verbitterten Haufen in ein verträgliches Volk verwandeln kann. Wenn man den Halbvers Ex 15,25a als göttlichen Toraunterricht deutet, dann ergibt sich jedenfalls der Zusammenhang mit dem Halbvers 15,25b über die Gesetzgebung ganz von selbst.

Über die Gesetze in Mara heißt es in einer vom Talmud zitierten rabbinischen Lehre: »*Zehn Gesetze sind den Israeliten in Mara auferlegt worden; sieben, die die Noachiden bereits auf sich genommen hatten und zu diesen hinzugefügt wurden: die Rechtspflege* (*Dinim*), *das Schabbatgesetz und die Ehrung von Vater und Mutter*« (bSan 56b, vgl. auch bSchab 87b). Die noachidischen bzw. adamitischen Gebote,[126] die im Unterschied zu den abrahamitischen oder mosaischen Geboten für alle Menschen gelten, sind nach der überwiegenden Ansicht: »(*das Gebot der*) *Rechtspflege*, (*das Verbot der*) *Gotteslästerung, des Götzendienstes, der Unzucht, des Blutvergießens, des Raubs und* (*des Genusses*) *eines Gliedes von einem lebenden Tier.*«[127] Was das zusätzliche Gebot der Rechtspflege betrifft, besagt ja der Vers Ex 15,25b selbst, so der Talmud, daß er ihnen dort Recht und Gesetz gegeben hat. Im übrigen hatte Mose nach der Erzählung des Exodus-Buches (Ex 18,13-27) schon vor der Offenbarung am Sinai eine Rechtsprechung eingeführt. Und was das Hüten des Schabbat – der ja auch schon vor der Offenbarung am Sinai eingesetzt wurde (Ex 16,22-31) – und was das Ehren der Eltern angeht, heißt es in der zweiten Version des Dekalogs (Dtn 5,13 u. 16): »*wie der Ewige, dein Gott, dir befohlen hat*« – nämlich, so fügt der Talmud hinzu, »*wie er dir in Mara geboten*«. Über den Inhalt dieser »zehn Gebote« vor den zehn Geboten, insbesondere über den zu den sieben noachidischen hinzugefügten Geboten besteht allerdings Einigkeit.[128] Nach Maimonides bezieht sich das »*Gesetz*« (*Chok*) in Vers 15,25b auf das Schabbatgebot und das »*Recht*« (*Mischpat*) auf die Rechtspflege (Führer der Verirrten III, Bd. II. 2, S. 207). Damit seien die beiden wesentlichen, von allen späteren Konzessionen noch ungetrübten Inhalte der Tora offenbart worden: Die Lehre von der Schöpfung, an die der Schabbat erinnert (ebd. II, II.1, S. 219) und das Modell einer gerechten Gesellschaft (ebd. III, II. 2, S. 173f.). In Mara beginnt die eigentliche Vollendung des Auszugs, die Offenbarung, oder, philosophisch gesprochen, die Verwandlung der negativen Freiheit der Freigelassenen in die positive Freiheit der Freien. Mit der Tora wird die Identität des Volkes unauslöschlich geprägt. Der weitere Weg wird nichtsdestotrotz von inneren und äußeren Krisen begleitet, von denen die zunächst schwerste die Begegnung mit dem Erbfeind war.

8. Amalek (Ex 17,14-16)

Am Anfang des Wochenabschnitts (*Beschallach*), im Lied am Meer hatte es geheißen: »*Es hören's die Völker und beben*« und an dessen Ende steht bereits der Angriff Amaleks auf Israel. Nachdem Josua die Amalekiter geschlagen hatte, befahl Gott Mose: »*Schreibe* (Ketow) *dies zum Gedächtnis* (Sikaron) *in ein Buch* (Sefer) *und tue es Josua kund: daß ich das Andenken Amaleks auslöschen will* (Emche Et-Secher Amalek), *so weit der Himmel reicht. Da baute Mose einen Altar und nannte ihn: ,Der Ewige ist mein Panier!' Und er sprach: Weil seine Hand wider den Thron Gottes, darum führt Krieg der Ewige wider Amalek von Geschlecht zu Geschlecht*« (Ex 17,14-16). Hier ist zum ersten Mal in der Schrift vom Schreiben die Rede. Offenbar soll das Volk mit allen Mitteln, der mündlichen, schriftlichen und rituellen Überlieferung, an den ewigen Fluch gegen Amalek erinnert werden. An der Schwelle zum gelobten Land mahnt das 5. Buch Mose noch einmal eindringlich: »*Gedenke, was dir Amalek unterwegs getan hat* (Sachor Et-Ascher Assa Lecha Amalek), *als ihr aus Ägypten zoget. Wie er dir entgegentrat und die Ermatteten in deiner Nachhut von dir abschnitt, du aber warst matt und müde; und er fürchtete sich nicht vor Gott. Wenn nun der Ewige, dein Gott, dir vor allen deinen Feinden ringsum Ruhe verschafft, in dem Lande, das der Ewige, dein Gott, dir zum Erbe und zum Besitz gibt, dann sollst du das Andenken Amaleks auslöschen* (Timche Et-Secher Amalek), *so weit der Himmel reicht; vergiß es nicht* (Lo Tischkach) (Dtn 25,17-19)! Es wir offenbar damit gerechnet, daß das Volk Israel im Frieden und Wohlstand die Feindschaft Amaleks vergißt. Warum wird Amalek so eine große Bedeutung beigemessen? Wer war Amalek?

Eine volkstümliche Etymologie leitet den Namen Amalek von »*Am*«, »Volk« und »Malak«, »den Hals abkneifen« ab, »*Amalek*« bedeutet demnach »*Würgevolk*«.[129] Amalek galt als das »*erste unter den Völkern*« (Num 24,20), welches nach dem Psalm 83,5 auf sein Banner schrieb: »*Laßt uns ausrotten, daß sie kein Volk seien, daß des Namens Israel nicht mehr gedacht werde* (*WeLo Jisacher Schem Jissrael*)«. Nach der Genealogie der Genesis war Amalek der Enkel von Esau (Gen 36,12.16) und somit ein enger Verwandter von Jakob/Israel. Der Erbfeind gehörte von Anfang an zur Familie! Der Talmud sucht ein Motiv für seinen mörderischen Haß auf Israel: »*Worauf deutet: ,Und die Schwester Lotans war Timna?'* (Gen 36,22) – *Timna war eine Prinzessin, denn es heißt: ,Fürst Lotan', und mit Fürst wird ein ungekrönter König bezeichnet. Sie wollte nämlich Proselytin werden und wandte sich deshalb an Abraham, Jizchak und Jakob, diese nahmen sie aber nicht auf; hierauf wurde sie Kebsweib des Eliphaz, des Sohnes Esaus, indem sie sagte: Lieber will ich die Magd bei dieser Nation, als die Herrin bei einer anderen Nation sein. Ihr entstammte Amalek, der Israel bedrängt hatte. – Weshalb dies?- weil sie sie nicht verstoßen sollten*« (bSan99b). Die jüdische Tradition hat eine Filiation zwischen den notorischen Judenvernichtern, wie Haman im Buch Ester und dem Stammvater Amalek angenommen. Von ihnen sagt die *Haggada* von *Pessach*: »*Nicht einer allein hat sich gegen uns erhoben, sondern in jeder Generation erheben sie sich gegen uns, uns zu vernichten.*« Daß es sich hier nicht bloß um Verfolgungswahn handelt, bezeugt die Geschichte. Die erste historische Nachricht über Israel außerhalb der Bibel, die sogenannte Israelstele des Pharao Merneptah (13. Jh. v.Chr.), meldet sogleich die Vernichtung Israels. Die Zeile 27 des Denksteins lautet: »*Israel ist verdorben, es hat keinen Samen* (*mehr*)« – ein bildlicher Ausdruck dafür, daß es vernichtet wurde.[130]

Der Midrasch versucht die besondere Perfidie Amaleks aus den spärlichen Texten herauszulesen. Er liest z.B. anstatt: »*Amalek trat dir auf dem Weg entgegen* (*Korcha BaDerech*, Dtn 25,18)«, »Amalek hat euch auf dem Weg gerufen (Karacha BaDerech) und folgert: »*Was hat Amalek getan? Er ging ins Archiv Ägyptens und nahm die Listen der Stämme, in welchen ihre Namen verzeichnet waren, sodann rief er sie mit Namen: Ruben, Simon, Levi, Jehuda, ich bin euer Bruder, kommt heraus, ich will ein Geschäft mit euch machen! So wie einer heraus kam, brachte er ihn ums Leben*«.[131] Amalek hat also nicht nur, wie die Bibel erzählt, zufällig, erschöpfte Nachzügler der Israeliten niedergemacht, er ging systematisch vor. Er benutzte die ägyptischen Sklavenregister, er täuschte den Verwandten vor, der er ja nach dem biblischen Stammbaum tatsächlich war, er lockte sie mit guten Geschäften und brachte sie dann hinterhältig um. Ein anderer Midrasch leitet das Wort »*Korcha*«, »Er trat dir entgegen«, von »Kar«, »kalt«, bzw. »Hakiran«, »kaltmachen«, ab und folgert: »*Gleich einer mit siedendem Wasser gefüllten Wanne, in welche kein Geschöpf hineinsteigen konnte; es kam aber ein Nichtswürdiger* (Ben Belijaal) *und sprang hinein, obgleich er sich verbrannte, so that er es nur darum, um es vor anderen kalt erscheinen zu lassen. So fiel auch über die Völker der Welt, als die Israeliten aus Ägypten zogen, Furcht und Schrecken* (...) *als nun Amalek kam und sich mit ihnen zu schaffen machte, obgleich er schon das seinige aus ihren Händen genommen, so hat er sie doch vor den Völkern der Welt kalt gemacht.*«[132] Amalek führt demnach die Antastbarkeit Israels vor. Nach der Niederlage der Weltmacht Ägypten wagte kein Volk mehr, sich an Israel zu vergreifen, die Sache war ihnen buchstäblich zu heiß, »Antisemitismus« schien für immer diskreditiert, »Juden« schienen unberührbar. Da kommt ein Draufgänger, bricht mutwillig das Tabu und führt vor, daß die Welt schon nicht untergeht, wenn man einen »Juden« schlägt. Amalek will eigentlich Gott selbst herausfordern. Der Midrasch nimmt die biblische Aussage, Amalek habe Israel seiner Nachhut beraubt (*Jesanew*, 5 Mose 25,18) wörtlich, nämlich Amalek habe Israel seines Schwanzes (*Sanaw*) beraubt. »*Was hat Amalek getan? Sie zerstückelten die Gliedervorhäute und warfen sie gegen Gott mit den Worten: Daran hast du Wohlgefallen! Hier hast du, woran du Wohlgefallen hast!*«[133] Diese Herausforderung sollte Maß für Maß gesühnt werden – der Vernichter vernichtet werden.

Die meisten Midraschim interessieren sich aber nicht für den Angreifer, sondern für die Angreifbarkeit seiner Opfer. Der Täter erscheint in diesen Midraschim als Triebtäter, als Tier. Der Name »*Amalek*« wird auch von »*Am*«, »*Volk*« und »*Jelek*«, »*wie eine Heuschrecke hüpfen*« abgeleitet und bedeutet demnach *Heuschreckenvolk* oder *-plage*, oder das »*Volk*«, welches wie ein gieriger Hund die Wunden Israels »*leckt*«, »*Lakak*«.[134] Aber sie interessieren sich nicht für das zoologische Problem, sondern für die moralische Schuld Israels.[135] Der Überfall Amaleks geschieht ja nicht aus heiterem Himmel, sondern infolge massiver Glaubenszweifel im Volk. Im Vers vor dem Auftreten Amaleks (*WaJawo Amalek*) fragt sich das Volk sogar: »*Ist der Ewige in unserer Mitte oder nicht*« (*HaJesch BeKirbenu Im Ajin*)« (Ex 17,7)? Der Midrasch bringt dazu folgende Parabel: »*Womit waren die Israeliten zu ver-*

gleichen? Mit einem (Vater), der einen Sohn hatte und ihn auf seine Schulter steigen liess und mit ihm auf den Markte ging. Wenn der Sohn etwas Hübsches sah, sprach er zu seinem Vater: Kaufe mir dieses, und er kaufte es ihm. So einmal, zweimal und oft gar auch dreimal, endlich sah der Sohn einen Menschen, da sprach er zu ihm: Siehst du meinen Vater? Was that der Vater? Er warf ihn von seiner Schulter herab. Da kam ein Hund und biss ihn. So auch, als die Israeliten aus Aegypten zogen, da umgab sie Gott mit sieben Wolken der Herrlichkeit (...), sie verlangten Manna und er gab es ihnen, Wachteln und er gab sie ihnen, und als er alle Bedürfnisse befriedigt hatte, fingen sie an zu murren und sprachen: ‚Ist der Ewige in unserer Mitte oder nicht?' Da sprach Gott zu ihnen: Ihr murret gegen mich, bei eurem Leben! ich will es euch merken lassen, siehe, der Hund kommt und beißt euch. Wer ist das? Amalek, wie es heißt: ‚Und es kam Amalek und kämpfte mit Israel'. Darum heißt es: ‚Denke an das, was dir Amalek gethan hat.'«[136] Diese Parabel zitiert der maßgebliche mittelalterliche Ausleger, Raschi. Nicht Amalek – Israel ist selber schuld. Die Wiedererinnerung des Kindheitstraumas soll nicht Angst, Haß und Wut auf die Hunde schüren, der Biß ist eine Folge des Undankes und soll als Lehre dienen. Ein ähnliches Gleichnis bringt diese pädagogische Tendenz noch unverblümter zum Ausdruck. »*Gleich einem König, der einen Weinberg hatte und ihn mit einem Zaun umgab und einen bissigen Hund hineinsetzte. Der König dachte nämlich: Wer da kommt und den Zaun einreißen will, den wird der Hund beißen. Da kam der Sohn des Königs und riß den Zaun nieder und wurde vom Hunde gebissen. So oft der König das Vergehen seines Sohnes im Weinberge erwähnen wollte, sprach er zu ihm: Erinnerst du dich noch daran, was der Hund dir gethan? Ebenso oft Gott das Vergehen Israels in Erwähnung bringen wollte, was sie in Rephidim gethan, wo sie gesprochen: ‚Ist der Ewige in unserer Mitte oder nicht?', sprach er zu ihnen: ‚Gedenke, was dir Amalek unterwegs getan hat (Sachor Et-Ascher Assa Lecha Amalek, Deut 25,17).*«[137] Hier ist Amalek sogar der Wachhund Gottes und die Erinnerung an seinen Biß soll eine Art moralischen Reflex auslösen.

Was nun immer Gegenstand des Gedenkens sein soll: das Verbrechen Amaleks oder die Schuld Israels, es ist jedenfalls in drei der für Juden verbindlichen 613 Geboten und Verboten geregelt. Nach der

Zählung des Maimonides verpflichtet das 189. Gebot dazu, zu gedenken, was uns Amalek angetan hat, das 59. Verbot, es nicht zu vergessen, und das 188. Gebot, das Gedenken Amaleks auszulöschen. Dieses Gedenken ist im jüdischen Kalender verankert und findet am Schabbat vor dem *Purim*-Fest statt, der nach dem Imperativ: »*Gedenke* (*Sachor*), *was dir Amalek angetan hat*« (Dtn 25,17) *Schabbat Sachor* heißt, und am *Purim*-Fest selber, an dem der Abschnitt (Ex 17,8-16) in der Synagoge vorgelesen wird. Die Verbindung zum *Purim*-Fest ergibt sich aus der Abstammung des geschworenen Judenfeindes *Haman* (*Zorer HaJehudim*), dessen Untergang an *Purim* gefeiert wird, der Agagite, und also Amalekite gewesen sein soll (Est 3,1).[138] Er hatte die Juden des persischen Reiches – das waren damals alle Juden – zu Staatsfeinden (3,8-10) erklärt und als würdiger Nachkomme Amaleks beschlossen, sie alle ausrotten zu lassen (*HaSchmid Et-Kol HaJehudim*, V. 7). Der *Schabbat Sachor vor Purim* soll an die Untaten Amaleks, aber auch an die Fehler Sauls erinnern (die Prophetenlesung für diesen Schabbat ist 1 Sam 15,1-34), der vom Propheten Samuel beauftragt worden war, Amalek zur Rechenschaft ziehen (*Pakadeti Et Ascher Assa Amalek*), ihn aber verschonte und jenes radikale *Gebot »Lösche aus das Gedenken Amaleks!*« mißachtete. Nachdem Haman mit seinem Plan gescheitert war und die Juden diesmal, wie die Bibel unterstreicht, den Fehler Sauls nicht wiederholten (Est 9,5.16), beschlossen sie, *»daß diese Tage nicht zu vergessen, sondern zu halten seien* (Niskarim) *bei Kindeskindern, bei allen Geschlechtern, in allen Ländern und Städten. Es sind die Tage Purim, welche nicht sollen übergangen werden unter den Juden, und ihr Gedächtnis* (Sichram) soll nicht *umkommen bei ihren Nachkommen*« (Est 9,27.28).

Damit war leider die Gefahr der physischen Vernichtung des jüdischen Volkes nicht ein für alle Mal vorüber. Die *Jewish Encyclopaedia* zählt an die 100 Beispiele von sogenannten »*kleinen*« Purimfesten auf, an denen Gemeinden oder Familien die Errettung aus ähnlichen Bedrohungen mit der Verlesung ihrer »*Rollen*« (*Megillot*) kommemorieren. Obwohl das Gedenken der Untat Amaleks also stark in der jüdischen Tradition verankert ist, so ist doch für sie das Gedenken des Auszugs aus Ägypten ungleich wichtiger. Während für das erstere Gedenkgebot im Pentateuch kein bestimmter Termin angegeben ist, heißt es vom letzteren, daß es täglich, die Tradition fügt noch hinzu, auch nächtlich stattzufinden hat (*Tiskor Et Jom Zetecha MeErez Mizrajim Kol Jemei Chajjecha*,16,3).[139] Das anonyme *Buch der Erziehung* (*Sefer HaChinuch*, 14. Jh.), das die 613 Ge- und Verbote in der Reihenfolge, in der sie in der Tora vorkommen, aufzählt und erklärt, führt diesen Quantitätsunterschied auf einen Qualitätsunterschied zurück. Nach dem Verfasser ist das Gedenken des Exodus das »*Fundament der Religion*« (*Ikkar HaDat*), während das Gedenken Amaleks »*nur*« (*Rak*) den Zweck verfolgt, den Haß auf den Erbfeind wach zu halten.[140] Im Gegensatz zu Maimonides, der ein ständiges Gedenken Amaleks vorschreibt, meint der Verfasser, daß das »Haßgebot« bereits mit den Schrift- und Prophetenlesungen einmal im Jahr am *Schabbat Sachor* erfüllt sei. Im übrigen nimmt er dem Gedenken Amaleks jegliche rituelle Eigenständigkeit und läßt den *Schabbat Sachor* nur als einen vorgezogenen Teil des *Purim*-Festes gelten. Die gewünschten Proportionen des Gedenkens werden in der relativen Bedeutung der Feste Purim und Pessach deutlich. Daß sich die Proportionen im säkularen Judentum vielfach verkehrt haben, daß einmal jährlich an Pessach des Auszugs gedacht, daß aber jeder Tag ein Gedenktag des Völkermordes sein soll, ist demgegenüber eine Perversion. Gewiß, das Bewußtsein einer ständigen Bedrohung, die Angst vor der physischen Vernichtung, die Behauptung gegen die ewigen Judenfeinde sind – *omnis determinatio negatio est* – zumal für säkulare Juden Identität und Zusammenhalt stiftende Erfahrungen. Wir dürfen aber nicht vergessen, daß die archetypische Erfahrung der Vernichtung nur eine Episode auf dem Weg zum Sinai, zur positiven Identität Israels ist. Wer im Sinai allerdings die Endstation vermutet, wer ein klares Wort Gottes, ein unzweideutiges Bekenntnis des Volkes, kurz eine Art theokratische Konstituante erwartet hat, wird entäuscht. Die öffentlichste Offenbarung, das unerschütterlichste Fundament, das ragendste Symbol zerbröckelt unter den Händen der Ausleger. Und man kann sich am Schluß fragen, ob das Ereignis schlechthin, nämlich das der Offenbarung, überhaupt stattgefunden hat.

9. Sinai (Ex 19,17)

Dem Ereignis der Offenbarung, von dem im fünften Wochenabschnitt (*Jitro*) des Buches Exodus berichtet wird, gehen eine Reihe von Präliminarien voraus. Ehe das Gesetz verkündet wird, richtet Mose, auf Rat seines Schwiegervaters Jitro, eine Gerichtsverfassung ein (Ex 18). Sodann finden fieberhafte diplomatische Verhandlungen zwischen dem heiligen Berg und dem Volk statt, bei denen Mose als Emissär zwischen den Parteien pendelt (Ex 19). Dabei wird grundsätzlich Einigkeit über einen Vertragsabschluß erzielt (Ex 19,8). Nach diesen Vorverhandlungen »*führte Mose das Volk aus dem Lager heraus Gott entgegen, und sie stellten sich am Fuße des Berges (BeTachtit HaHar) auf*« (19,17).

Nach der biblischen Erzählung besteht gegenseitiges Einvernehmen (Ex 19,5 u. Dtn 4,13; 5,2), doch in der Tradition gibt es Stimmen, die die Bereitschaft in Frage stellen. Sie lesen den Ausdruck »*am Fuße* (*BeTachtit*) *des Berges*«, im Sinne von: »*unter* (*Tachat*) *dem Berg*« und folgern: »*Dies lehrt, daß der Heilige, gesegnet sei Er, über sie den Berg wie einen Kübel* (*KeGigit*) *stülpte und zu ihnen sprach: Wollt ihr die Tora empfangen, so ist es gut, wenn aber nicht, so ist hier euer Grab*« (bSchab 88a). Die Israeliten hatten danach gar keine andere Wahl, weil sie sonst vom Gesetzesberg erdrückt worden wären, und haben sich nur in Todesangst gefügt. Kaum drei Monate der pharaonischen Knechtschaft entronnen, wären die flüchtigen Sklaven wieder unter die Knute des »*Orientalen im Himmel*« (Fr. Nietzsche) geraten. Das Bild vom Volk unter dem Gesetz (*sub lege*) entspricht genau dem Bild, daß sich das Christentum stets vom Judentum gemacht hat. Das Bild bringt allerdings auch Momente der Unausweichlichkeit, der Heimsuchung, der Vergewaltigung zum Ausdruck, die jede religiöse Berufung und Offenbarung – auch die christliche – begleiten.

Im Talmud wird dem Bild vom erdrückenden Gesetzesberg jedoch widersprochen: »*Dies ist bezüglich der Tora eine große Anzeige* (*Moda'a Raba*)«. Jeder Gesetzesübertreter könnte sich darauf herausreden, daß er dem göttlichen Gesetz ja nur unter Zwang (*Ones*) zugestimmt hätte[141], und eine unter Zwang eingegangene Verpflichtung ist wertlos. Der Talmud führt daraufhin eine zeitliche Perspektive ein, um zwischen den widerstreitenden Ansichten zu vermitteln. Er zitiert einen Vers aus dem Buch *Ester*, der anzudeuten scheint, daß die Juden letztlich die Gesetze freiwillig auf sich genommen haben: »*Jedoch, sagt er, nahmen sie sie später wiederum in den Tagen des Königs Xerxes an, denn es heißt: ‚die Judäer bestätigten* (Kijemu) *es und nahmen es auf sich* (Kibblu)' (Est 9,27); *sie bestätigten nämlich, was sie bereits auf sich genommen hatten.*« Die schauerliche Alternative »*Tora oder Tod*« weist, wie der jüdische Philosoph Emmanuel Levinas in einer seiner *Talmudvorlesungen* z. St. sagt, auf einen Entwicklungsprozeß hin. Wie in der individuellen Erziehung geht auch hier der Zwang der Freiheit voraus.[142] Erst nachdem das Volk knapp der Vernichtung entgangen war, hat es bejahen können, was es nach der Befreiung aus der Sklaverei nur widerwillig auf sich genommen und dann immer wieder abzuwerfen versucht hatte. In der Sprache der Festsymbole: *Schawuot* und *Purim*, oder in der Sprache der Philosophie: Heteronomie und Autonomie widersprechen nicht unbedingt einander, sondern bilden Stadien einer Entwicklung.

Der Talmud malt die Bedrohung am Fuß des Berges übrigens noch weiter aus. Dort stand mehr auf dem Spiel als nur die Existenz dieses Volkes. Von seiner Entscheidung hing vielmehr das Schicksal der ganzen Schöpfung ab. Im Sechstagewerk heißt es nach jedem Tag unbestimmt, »*ein erster Tag*«, »*ein zweiter Tag*« usw., nur beim letzten, sechsten Tag heißt es bestimmt, »*der* (*Ha*) *sechste Tag*«. Für die Rabbinen war unzweifelhaft, welcher sechste Tag hier gemeint war, nämlich der sechste Tag des dritten Monats (*Siwan*) nach dem Auszug aus Ägypten, an dem die Offenbarung stattgefunden hat und bis heute das Offenbarungsfest (*Schawuot*) gefeiert wird. Aufgrund dieser Andeutung der Offenbarung in der Schöpfung folgert ein Erklärer hier: »*daß der Heilige, gepriesen sei Er, mit dem Schöpfungswerke einen Vertrag geschlossen hat; er sprach nämlich zu ihm: Nehmen die Israeliten die Gesetzeslehre an, so bleibt ihr bestehen, falls aber nicht, so verwandele ich euch wieder in Wüste und Leere.*« Jetzt bedroht der Berg also nicht nur das Volk, sondern die ganze Schöpfung. Die Welt hat nur dann eine Existenzberechtigung, wenn in ihr die göttliche Ordnung verwirklicht wird. Israel unter dem Gesetzesberg gleicht Atlas mit dem Himmelsgewölbe auf den

Schultern. Hätte nur sein eigenes Schicksal von seiner Entscheidung abgehangen, z. B. Prügelknabe aller Gesetzesverächter aller Zeiten zu werden, hätte Israel auf die Bürde des Gesetzes leicht verzichten können, aber angesichts der Schwere der unvertretbaren Weltverantwortung kann es nur annehmen.

Von einem solchen erdrückenden moralischen Bewußtsein ist in der biblischen Erzählung selbst freilich wenig zu spüren. Wir brauchen gar nicht das Wortspiel der Rabbinen heranzuziehen, das, zu deutsch, aus dem neutralen Ausdruck »*am Fuß des Berges*«, »*unter dem Fuß des Berges*« macht; der Text selbst sagt deutlich, daß der Berg das Volk in Furcht und Schrecken versetzte. Gleich im Anschluß an unseren Vers heißt es: »*Und der Berg Sinai war ganz in Rauch gehüllt, weil sich der Ewige im Feuer auf ihn herabgelassen hatte, und Rauch stieg von ihm auf wie aus einem Kalkofen, und der ganze Berg erbebte stark. Und der Posaunenschall wurde immer stärker und stärker, Mose redete* (Jedabber), *und Gott antwortete mit lauter Stimme* (Kol)« (Ex 19,18-19) und in einer Art Rückblende lesen wir: »*Und als das Volk es wahrnahm, da bebten sie zurück und blieben von ferne stehen. Und sie sprachen zu Mose: Rede du mit uns so wollen wir hören; nicht aber möge Gott mit uns reden, sonst möchten wir sterben*« (Ex 20,16). Das Volk war demnach weder in der Lage, den Berg zu ertragen, noch gar zu tragen – es ließ sich vielmehr durch Mose vertreten. Womöglich gesteht das talmudische Bild vom übergestülpten Berg, das gemeinhin als radikalste Formulierung der religiösen Heteronomie im Judentum angeführt wird, dem Volk noch viel zu viel Entscheidungsfreiheit zu. Nach einer rabbinischen Schule hat das Volk vor dieser Selbstentmündigung immerhin noch die beiden ersten Gebote des Dekalogs, die Verkündung des Monotheismus vernommen: »*Ich bin der Ewige, dein Gott* (*Anochi HaSchem Elokecha*), *der dich aus dem Lande Ägypten geführt* (...)« (Ex 20,2) und »*Du sollst keine anderen Götter haben* (...)« (Ex 20,3, bMak 24a, bHor 8a) – wenn vielleicht auch nur in ein für es unverständliches Esperanto, weil, wie es aus der gleichen Schule heißt, »*jedes Wort, das aus dem Munde des Heiligen, gepriesen sei er, hervorging, in siebzig Sprachen zerteilt wurde*« (bSchab 88b).

Der mittelalterliche Aufklärer Maimonides reduziert in seiner Auslegung der Sinai-Perikope, im *Führer der Verirrten*, auch noch diesen Rest göttlicher Rede und läßt die Offenbarung beinahe unter völligem Ausschluß der Öffentlichkeit stattfinden. Das Volk konnte, seiner Meinung nach, die zehn Gebote gar nicht hören, weil Gott als rein übersinnliches Wesen nicht sprechen kann – es sei denn durch ein erschaffenes Wesen. Selbst der Prophet hörte Gott nicht akustisch. Jeder Jude ist, nach dem achten der dreizehn Dogmen des Maimonides (Einl. zum Komm. zu mSan X,1), zwar verpflichtet zu glauben, »*daß die Tora vom Himmel ist*«, er ist aber nicht verpflichtet zu glauben, daß die Tora in einer Art Rundfunkansprache gesendet wurde oder als Schriftstück vom Himmel fiel. Hören wir, wie Maimonides sein Dogma erläutert: »*Dies bedeutet, daß wir glauben, die Gesamtheit dieser Tora, die sich in unseren Händen befindet, sei durch Mose übermittelt worden, und daß sie gänzlich aus dem Munde der Gottheit stammt, mit anderen Worten: daß sie insgesamt von Gott zu ihm gelangt ist auf die Weise, die im übertragenen Sprachgebrauch ‚Rede' genannt wird. Und niemand weiß, wie sie zu ihm* (Mose) *gelangte, außer ihm – Friede über ihn! – allein, zu dem sie gelangt ist.*« Auch wenn es heißt, daß die ganze Tora aus dem »*Munde Gottes*« (*Mipi HaGewura*) stamme und durch das Wort (»*Dibbur*«) mitgeteilt wurde, so kann das nur im übertragenen Sinn (*Al Derech HaSchala*) gemeint sein (*Führer der Verirrten* I,46). Das Wort »*Reden*«, »*LeDabber*« ist in der Tat doppelsinnig und kann sowohl die äußere, als auch die innere Rede meinen (*Führer der Verirrten* I,65). Demnach wären nach Maimonides also all die unzähligen biblischen Belege für Ansprachen und Aussprüche Gottes bloß sinnliche Bilder, um sinnlichen Menschen die rein spirituelle Kommunikation zwischen Gott und Mensch nahe zu legen. Mit dieser Voraussetzung interpretiert Maimonides die Sinai-Perikope, die auf den ersten Blick gerade die Öffentlichkeit des Offenbarungsereignisses unterstreichen will. In seinem religionsgesetzlichen Hauptwerk *Mischne Tora* räumt er scheinbar ein, daß alle Anwesenden Ohrenzeugen des göttlichen Rufes gewesen seien: (»*Weanu Schomim: Mosche, Mosche* …«, Hilchot Jessodei HaTora 8,1-2); in seinem religionsphilophischen Hauptwerk *Führer der Verirrten* nimmt er jedoch dieses Zugeständnis wieder zurück. Er sagt dort ausdrücklich: »*Die Rede erging an Moses alleine*« (*Awal HaDibbur LeMosche Lewado*, II, 33). Das Volk hörte vielmehr nur eine unartikulierte »*Stimme« (Kol),* die Mose, der allein eine Rede vernommen habe, dem Volk ausbuchstabieren mußte. Bei dieser Interpretation kann sich Maimonides auf Verse, wie: »*Mose redete (JeDabber), und Gott antwortete mit lauter Stimme (Kol)*« (Ex 19,20, oder Dtn 4,12; 5,20) und auf die Einzahl im Dekalogs stützen. Von der Offenbarung Gottes bliebe dann nur der schreckenerregende Schrei übrig. Und auch dieser Befehlston pur erscholl, nach Maimonides, nur ein einziges Mal vor der Verkündung des Gesetzes; alle übrigen sinnlichen Eindrücke, die das Volk am Sinai wahrnahm, seien nichts als Schall und Rauch gewesen! Da Gott aber so wenig schreit, wie er spricht, kann es sich bei diesem einzigartigen Phänomen nicht um einen Ausdruck Gottes handeln, sondern nur um eine außerordentliche, von Gott extra erschaffene Erscheinung. Vom ganz großen Wunder der öffentlichen Offenbarung am Sinai bleibt also nichts als ein ganz kleines, noch dazu zweideutiges Wunder übrig. Maimonides weiß auch die rabbinische Quelle, wonach das Volk nur die beiden ersten Gebote gehört habe, auf die Mühlen seiner Entmythologisierung zu lenken. Damit wollten die Rabbiner, seiner Meinung nach, nur sagen, daß es sich bei den ersten Geboten nicht eigentlich um Offenbarungsgebote, sondern um Vernunftgebote hinsichtlich der Existenz und der Einzigkeit Gottes gehandelt habe, die jeder Menschen ohnedies von selber einsieht. Eben daran sollte der erschreckende Schrei die Israeliten am Sinai erinnern. Maimonides macht also aus der äußeren Offenbarung am Sinai insgesamt eine innere Erkenntnis. Was bleibt, ist eine unartikulierte Stimme.

Für den modernen Aufklärer Mendelssohn ist freilich auch diese autoritäre Stimme aus dem Mittelalter noch zu viel. Er leugnet zwar nicht das Ereignis der Offenbarung, seiner Meinung nach bezog es sich aber nicht auf ewige Wahrheiten wie die zehn Gebote, sondern auf geschichtliche Wahrheiten wie den Auszug aus Ägypten, das Königtum Gottes usw. Eine Offenbarung, oder auch nur eine autoritäre Bekräftigung der Vernunftreligion ist für ihn ein hölzernes Eisen, »*denn wen*, schreibt er, *sollte die Donnerstimme und der Posaunenklang von jenen ewigen Heilslehren überführen? Sicherlich den gedankenlosen Thiermenschen nicht, den seine eigene Betrachtung noch nicht auf das Daseyn eines unsichtbaren Wesens geführt hat, die dieses Sichtbare regiert. Diesem würde die Wunderstimme keine Begriffe eingegeben, also nicht überzeugt haben*«.

Vernünftige Lehren können nur durch vernünftige Argumente dargelegt werden, wer diese nicht kannte, fährt Mendelssohn fort, »*und so vorbereitet zum heiligen Berg hintrat, den konnten die großen wundervollen Anstalten betäuben und niederschlagen, aber nicht eines bessren belehren. – Nein! Alles dieses war vorausgesetzt, ward vielleicht in den Vorbereitungstagen gelehrt, erörtert und durch menschliche Gründe außer Zweifel gesetzt worden* (...)« (Jerusalem JubA VIII, 164). Anstelle der göttlichen Stimme treten die menschlichen Stimmen, anstelle der äußeren die innere Stimme.

Der Versuch, die übernatürlichen Gaben der zehn Gebote in eine natürliche Eingabe der Vernunft zu verwandeln, ist freilich nicht neueren Datums. Vielmehr hat das hellenistische Judentum und das Christentum seit dem Altertum in der Bibel die »natürlichen« zehn Gebote, die alle Menschen betreffen, von den übrigen »positiven« Geboten, die nur die Institutionen und Kulte der Juden betreffen, unterschieden und zur Grundlage des allgemeinverbindlichen »Naturrechts« gemacht. Solche Versuche lassen sich auch im damaligen Judentum nachweisen, und zwar nicht nur im hellenistischen, philosophischen, sondern auch im rabbinischen Judentum. So stellt etwa ein homiletischer Midrasch zum Offenbarungsfest (*Schawuot*) eine systematische Verbindung zwischen den zehn schöpferischen Worten Gottes in der *Genesis* und den zehn gebieterischen Worten Gottes im *Exodus* her und bringt so zum Ausdruck, daß die Offenbarung nur noch einmal formuliert und sanktioniert, was in der Schöpfungsordnung bereits angelegt ist. Diesem Midrasch zufolge entspricht: »*Und Gott sprach: Es werde Licht« (Gen 1,3), »Ich bin der Ewige, dein Gott*« (Ex 20,1), der dem Licht gleicht (Jes 60,19); »*Und Gott sprach: Es werde eine Ausdehnung mitten im Wasser*« (Gen 1,6), »*Du sollst dir kein Bildnis machen* (...) *von dem* (...) *was im Wasser unter der Erde*« (Ex 20,4); »*Und Gott sprach: Es sammle sich das Wasser*« (Gen 1,9), »*Du sollst nicht aussprechen den Namen des Ewigen, deines Gottes, zum Falschen*« (Ex 20,7), der sich in den unwandelbaren Naturgesetzen zeigt (Jer 5,22ff.); »*Und Gott sprach: die Erde lasse grünen*« (Gen 1,11), »*Gedenke des Schabbattages*« (Ex 20,8), weil die Arbeitspause mit Überfluß belohnt wird; »*Und Gott sprach: Es seien Lichter*« (Gen 1,14), »*Ehre deinen Vater und deine Mutter*« (Ex 20,12), die uns wie Sonne und Mond im Diesseits und Jenseits vorleuchten; «*Und Gott sprach: Es solle wimmeln das*

Wasser von lebenden Wesen«(Gen 1,20), »*Du sollst nicht morden*« (Ex 20,13), weil man Menschen nicht wie Fische und Vögel jagen darf; »*Und Gott sprach: Es lasse die Erde lebende Wesen hervor*« (Gen 1,24), »*Du sollst nicht ehebrechen*« (Ex 20,13), damit die Menschen nicht wie die Tiere wahllos Geschlechtsverkehr haben; »*Und Gott sprach: Wir wollen einen Menschen machen*« (Gen 1,26), »*Du sollst nicht stehlen*« *(Ex 20,13),* nämlich einen Menschen; »*Und Gott sprach: ich gebe euch alles Kraut, das Samen trägt*« *(Gen 1,29),* »*Du sollst nicht falsches Zeugnis ablegen*« (Ex 20,13), wie der Samen einer Art nämlich immer die gleiche Art zeugt, so soll der Mensch immer nur Wahres bezeugen; »*Und Gott, der Ewige sprach: Es ist nicht gut, daß der Mensch allein sei; ich will ihm eine Gehilfin machen, die ihm entspricht*« (Gen 2,18), »*Laß dich nicht gelüsten*« (Ex 20,14), d. h. beschränke dich auf deine Gehilfin.[143]

Man kann sich aber fragen, ob die Vorstellung, daß die Offenbarung nur ausspricht, was jeder im Grunde seines Herzens schon weiß; daß sie nur ausdrückt, was die Stimme des Gewissens ohnedies ruft, daß sie nur ausschreibt, was von Anbeginn in der Schöpfung schon eingeschrieben steht, nicht zu optimistisch ist. Vom Berg Sinai ruft gewiß nicht nur die Natur. Allen voran das letzte Gebot, das Wunschverbot (*Lo Tachmod*, Ex 20,14 u. Dtn 5,18) – das gerade nach Mendelssohns Kommentar z. St. allen anderen Verboten zugrundeliegt, denn, sagt er, wer das Gut seines Nächsten nicht begehrt, wird ihn auch nicht falsch beschuldigen, nicht bestehlen, nicht seine Ehe brechen, nicht ermorden usw. (JubA, Bd. XVI, S. 194) – tut der Natur Gewalt an. Jedenfalls haben die modernen Anwälte der Natur lauten Einspruch erhoben. »*Zerbrecht, zerbrecht mir die alten Tafeln*« ruft der moderne Prophet des Lebens, der Zarathustra Nietzsches (*Also sprach Zarathustra* III, 7 u. 10). Er tritt als Anti-Moses auf und entlarvt die zehn Gebote als Gesetze wider die Natur. Ist nicht, fragt er, das Begehren Ausdruck des Lebens und der Ehebruch die natürliche Folge schlechter Ehen (*Also sprach Zarathustra* III, 16)? Sind nicht das 6. und 8. Gebot: »*Du sollst nicht rauben!, Du sollst nicht totschlagen!*« Sünden wider das Leben, das in allem »*Rauben und Totschlagen*« ist? (*Also sprach Zarathustra* III, 10). Hitler sah sich als Vollstrecker dieser Lehre. Sein Vertrauter, Hermann Rauschning, überliefert einen seiner wütenden Ausbrüche: »*Ah, der Wüsten-Gott, dieser verrückte, stu-*

pide, rachsüchtige, asiatische Despot mit seiner Macht, Gesetze zu machen! Diese Peitsche eines Sklavenhalters! Dieses teuflische: Du sollst! Du sollst! Und dieses dumme: Du sollst nicht. Es muß heraus aus unserem Blut, dieser Fluch vom Berg Sinai! Dieses Gift, mit dem sowohl Juden wie Christen die freien, wunderbaren Instinkte der Menschen verdorben und beschmutzt haben (...) gegen die sogenannten Zehn Gebote eröffnen wir die Feindseligkeiten, die Tafeln vom Sinai haben ihre Gültigkeit verloren. Das Gewissen ist eine jüdische Erfindung. Es ist wie die Beschneidung eine Verstümmelung des Menschen.«[144] Es gab aber auch genügend jüdische Jünger von Nietzsches Zarathustra.[145] Der Berg Sinai lastet weiterhin schwer auf der Menschheit und nichts spricht dafür, daß ihn ihre Natur oder Kultur internalisiert hat.

Für die Rabbinen war der Sinai nicht das Ende, sondern der Anfang eines Offenbarungsprozesses, in dem nicht Mose, ja nicht einmal Gott das letzte Wort behält. Das illustrieren zwei ungemein charakteristische rabbinische *Aggadot*: »*Als Mose in die Höhe stieg*, heißt es in der einen, *traf er den Heiligen, gepriesen sei er, dasitzen und Krönchen für die Buchstaben winden. Da sprach er zu ihm: Herr der Welt, wer hält deine Hand zurück? Er erwiderte: Es ist ein Mann, der nach vielen Generationen sein wird, namens R. Akiwa ben Josef; er wird aus Häkchen Haufen von Halachot auslegen. Da sprach er zu ihm: Herr der Welt, zeige ihn mir. Er erwiderte: Wende dich um. Da wandte er sich um und setzte sich an den Schluß der achten Reihe (im Lehrhaus des Rabbi Akiwa), doch er verstand nicht, was sie sagten, und hatte einen Schwächeanfall. Als jener zu einer Sache gelangte, sprachen seine Schüler zu ihm: Rabbi, woher hast du das? Er sprach zu ihnen: eine Halacha an Mose vom Sinai. Da beruhigte sich Mose. Hierauf kehrte er um, trat vor den Heiligen, gepriesen sei er, und sprach vor ihm: Herr der Welt, du hast einen solchen Mann, und verleihst die Tora durch mich! Er sagte: Schweig, so habe ich es beschlossen! Da sprach er vor ihm: Herr der Welt, du hast mir seine Tora gezeigt, zeige mir seinen Lohn! Er sprach: Wende dich um. Da wandte er sich um und sah sein Fleisch auf der Fleischbank wiegen: Da sprach er vor ihm: Herr der Welt, das die Tora und dies ihr Lohn? Er erwiderte: Schweig, so habe ich es beschlossen!*« (bMen 29b). Im Kontext dieser *Aggada* geht es darum, daß die Gebetskapseln (*Mesusot*), die an den Türpfosten befestigt werden und in denen handgeschriebene Abschnitte aus der Tora stecken, ungültig sind, wenn auch nur ein Häkchen (*Koz*) des Jod, auf deutsch, ein i-Tüpfelchen beschädigt ist. Die *Aggada* bezieht sich genaugenommen auf die Krönchen (*Tagim*), die bestimmten Buchstaben in den Torarollen hinzugefügt werden und weder Vokale noch Akzente darstellen noch irgend einen anderen erkennbaren Sinn haben. Die erste Frage des Mose läßt sich vielleicht auch so formulieren: Warum müht sich Gott mit solchen nutzlosen Ornamenten ab und beschränkt sich nicht auf den bereits feststehenden sachlichen Gehalt der Offenbarung? Warum solche überflüssigen Umstände? Auf diese erste auch vom Prinzip der absoluten Sachlichkeit des Schriftwortes in der rabbinischen Exegese inspirierte Frage bekommt Mose noch eine Antwort. Was ihm als Schnörkel erscheint, kann sich in Zukunft in der Hand eines subtilen Doktors noch als hochbedeutsam erweisen. Der Gehalt der Offenbarung beschränkt sich keineswegs auf ihren aktuell offenbaren Sinn, sondern ist unbegrenzt auslegungsfähig. Die Ironie der Geschichte ist, daß Mose selbst – wie wohl jeder Klassiker im literaturwissenschaftlichen Seminar – nicht mehr versteht, was – noch dazu in seinem Namen – aus der Schrift weitläufig gefolgert wird und mit dem buchstäblichen Sinn genauso locker zusammenhängen mag wie die Krönchen mit den Buchstaben; daß die Ausleger ihn besser verstehen als er sich selbst versteht. Man könnte auch sagen, daß es in der rabbinischen, anders als in der historischen Exegese weniger auf das ursprüngliche Verständnis des Sprechers und Mittlers als auf das gegenwärtige des Hörers ankommt. Natürlich birgt eine solche Offenheit der Offenbarung auch eine Gefahr, die die Aggada nicht verschweigt. Doch zuvor stellt Mose seine zweite Frage, die freilich nur eine Variation der ersten ist. Warum diese geschichtlichen Umwege? Warum offenbart Gott den Buchstaben nicht gleich, mit der ganzen Fülle seines Sinns? Darauf bekommt Moses scheinbar keine richtige Antwort mehr – es sei eben Gottes unwiderruflicher Wille. Doch diese Antwort könnte auch besagen, daß es auch nicht in der Macht Gottes steht, ein endgültiges, für alle Zeiten unmißverständliches Wort zu sprechen, daß es nun einmal das Schicksal aller Bücher, auch des göttlichen sei, interpretiert werden zu müssen und erst aus der Geschichte, aus den Situationen und Reflexionen der Interpreten ihren vielfältigen Sinn zu empfangen, daß auch Offenbarung ein unabsehbares Geben und Nehmen ist. Allerdings ist die Überantwortung der Offenbarung an die Auslegungsgeschichte riskant. Der große R. Akiwa, der wie so viele andere große Denker, das Ende der Geschichte gekommen wähnte und dafür mit gewohnter Virtuosität auch Beweise aus der Schrift anzuführen wußte, mußte erfahren, daß die Offenbarung die am Sinai begann, auch mit ihm zu keinem Ende gelangt ist, und mußte für seine politischen Fehler büßen. Auf die dritte Frage des Mose, die wiederum nur eine Variation der beiden vorigen zu sein scheint: Warum diese Verschwendung von Talenten? Warum diese Ungerechtigkeit gegen die treusten Hüter des Gesetzes?, erhält er von Gott dieselbe stereotype Antwort, die hier zu besagen scheint, daß es nicht mehr in Gottes Macht steht, die Ausleger vor der Konsequenz ihrer Auslegungen zu schützen.

Eine andere talmudische Aggada drückt die Überantwortung der Offenbarung an die Interpreten noch viel drastischer aus. Die Geschichte handelt von einem Streit zwischen Rabbi Elieser und Rabbi Joschua (bBM 59b).[146] Sie fehlt in keinem neueren Florilegium rabbinischer Weisheit.[147] Wir geben sie in der ersten hochdeutschen Übersetzung des Mendelssohnschülers David Friedländer wieder, der sie unter dem Titel »*Proben rabbinischer Weisheit*« in J. J. Engel's *Der Philosoph für die Welt* einrückte.[148] »*In der Lehrschule entstand ein heftiger Streit zwischen Rabbi Elieser und andern Gesetzeslehrern. Der Streit betraf eine gewisse Anwendung der Lehre vom Reinen und Unreinen. Rabbi Elieser, um seine Meinung geltend zu machen, brachte alle nur möglichen Gründe vor; aber man fand sie nicht überzeugend. – ‚Ob meine Meinung begründet sei, rief endlich Rabbi Elieser, mag dieser Johannisbrotbaum bezeugen!' Auf dieses Wort reißt sich der Baum von seiner Stelle, und wird auf eine weite Strecke fortgeführt. – ‚Gut!' entgegnen die Mitstreiter; ‚aber was beweist man mit entwurzelten Johannisbrotbäumen?' – ‚Nun', fährt Rabbi Elieser fort, ‚so mag denn dieses vorbeifließende Wasser die Wahrheit meines Ausspruchs bezeugen.' Und siehe! das abwärts strömende Wasser ändert seinen Lauf, und fließt aufwärts. Die Gegner erwidern: ‚Was beweist zurückströmendes Wasser?' ‚So mögen denn die Wände dieses Lehrsaals zeugen', sagt Rabbi Elieser, ‚ob nicht das Recht auf meiner Seite sei!' Was geschieht? Die Ecksteine des Hauses treten aus, und die Mauern nei-*

gen sich zum Einsturz. Aber Rabbi Joschua ruft ihnen zu: ‚Mauern! Mauern! Wenn Schüler der Weisen miteinander wetteifern; was mischt Ihr euch in den Streit?‘ Und nun fallen sie nicht, aus Ehrfurcht für den einen Lehrer, richten sich auch nicht auf, aus Ehrfurcht für den andern: schief bleiben sie stehen. ‚So entscheide denn die Stimme Gottes (Bat Kol)!‘ *ruft endlich Rabbi Elieser aus. Und fürwahr! eine Stimme vom Himmel erschallt und ruft: ‚Was streitet Ihr mit Rabbi Elieser? Sein Ausspruch entscheidet.‘ – Aber Rabbi Josua fährt auf, und ruft der Stimme den Vers entgegen: ‚Das Gebot ist nicht im Himmel‘! (5 Mose 30,11-12). Rabbi Jeremia deutete diese Widerrede so: ‚Wir achten auf keine Stimme des Himmels; denn in deinem Gesetzbuch, auf dem Berge Sinai hast du, Gott, selbst gelehrt: Nach der Stimmenmehrheit, nach der Menge, sollst du dich neigen.‘ Als nun Rabbi Nathan den Elia fand, und diesen fragte: ‚Lieber! was sagte Gott zu dieser Sache?‘ da erwiderte der Prophet: ‚Gott lächelte zufrieden, und sprach: Meine Kinder haben mich besiegt! Meine Kinder haben mich besiegt!‘«* Die Gegner in dieser Geschichte sind sich völlig einig, daß das Gesetz vom Himmel kommt (*Tora Min HaSchmajim Hi*), ihre Meinungen gehen aber in der Frage nach der gegenwärtigen Rolle des Himmels auseinander: Was hat Gott nach der Gabe der Tora (*Matan Tora*) am Sinai noch zu melden? Rabbi Elieser ist der Ansicht, daß seine Stimme weiter in letzter Instanz entscheidet, während Rabbi Joschua und die Gelehrten der Meinung sind, daß das Gesetz jetzt nicht mehr im Himmel ist (*Lo BaSchamajim Hi*) und daß Gott die Mehrheitsentscheidung auch dann billigen muß, wenn sie, wie in diesem Fall, objektiv falsch ist. Das *Gottesurteil*, der Wunderbeweis ist im jüdischen Lehrhaus als Beweismittel nicht zugelassen. Die Einmischung des Herrschers in die Debatten seines Parlaments werden zurückgewiesen und Gott nimmt diese Revolution mit der Genugtuung eines Vaters hin, der sich über die Freiheit seiner erwachsen gewordenen Kinder freut. Es ist kein Wunder, daß diese Geschichte bei den jüdischen Aufklärern Furore machte, denn hier wird die Stimme Gottes selber verabschiedet und nur noch die Stimme der Vernunft gelten gelassen. In jedem Fall zeigen beide *Aggadot*, daß der Sinai auch für die Rabbinen keine Endstation ist und die zehn Gebote trotz der feierlichen Verkündigung, trotz der in Stein geschlagenen Formeln, trotz der überzeitlichen

Imperative, nur den Anfang einer langen Entwicklung bedeutet, die fortdauert.

Welchen Stellenwert haben die zehn Gebote im Judentum? Wie spiegelt sich ihre Wertschätzung z. B. im Gottesdienst des Offenbarungsfestes wieder? Gewöhnlich bleibt man bei der Schriftlesung sitzen. Sollten wir zu diesem Anlaß aufstehen, um die zehn Gebote hervorzuheben? In manchen Synagogen ist das üblich, aber durchaus nicht in allen. Im Mittelalter ist diese Frage einmal Maimonides gestellt worden. Dazu muß man wissen, daß die Aufnahme der zehn Gebote im Gottesdienst bereits im Altertum umstritten war, weil gewisse Sektierer (*Minim*), vermutlich Christen, nur die zehn Gebote, nicht die übrigen mosaischen Gebote hielten. In Babylonien, wo die Auseinandersetzung mit den Christen keine so große Rolle spielte, wollte man die zehn Gebote ins tägliche Gebet einführen, doch das wurde immer wieder mit dem Hinweis auf die »*Abwege der Sektierer*« (*Darchei HaMinim*) abgelehnt. Aus dem gleichen Grund wollte die babylonische Gemeinde, die die besagte Anfrage an Maimonides richtete, das Aufstehen bei der Vorlesung der zehn Gebote abschaffen. Dagegen hat sich aber Widerstand geregt, der sich auf den entgegengesetzten Brauch in den Synagogen von Bagdad berief. Was sollte man nun tun? Die Antwort von Maimonides war eindeutig. Die Entscheidung, während der Vorlesung der zehn Gebote sitzen zu bleiben, sei richtig gewesen und sollte allgemein angenommen werden, damit nicht der irrtümliche Eindruck entstehe, daß es in den fünf Büchern Mose wichtige und unwichtige Stellen gäbe. Wenn es die Juden in Bagdad anders hielten, brauche man ihnen nicht zu folgen, denn das hieße die Gesunden krank, statt den Kranken gesund machen.

Wer waren die *Minim*, die eine solche »Verschreibung« notwendig machten? Historisch ist die Frage kaum zu beantworten, denn christliche Zensur und jüdische Selbstzensur haben die jüdische Traditionsliteratur in häresiographischen Fragen so entstellt, daß man wohl nie mehr die Wahrheit erfahren wird. Einige haben im hebräischen Wort »*Min*« (*Sektierer*) ein Akronym von »*Ma'amanej Jeschu HaNozri*« (*Gläubige von Jesus, dem Nazarener*) wiedererkannt. Maimonides definiert ihn allgemein als Sektierer, der die »*Fundamente der Tora*« (*Jessode HaTora*) unterminiere, weil er nicht an den göttlichen Ursprung der gesamten Tora glaube. In seinem Gesetzeskodex nennt er ihn »*Toraleugner*« (*Kofer BaTora*), weil er behaupte, »*die Tora sei nicht göttlichen Ursprungs, oder auch nur meint, einen Vers oder ein Wort habe Moses aus sich heraus* (d. h. ohne göttliche Inspiration) *gesprochen*« (Hilchot Tschuwa 3,8). In seiner Dogmatik hat Maimonides hingegen den jüdischen Glauben an die Verbalinspiration der Tora bekräftigt. Jeder Jude müsse glauben, daß die vorliegende Schrift bis auf das letzte i-Tüpfelchen, ja bis zur letzten Schlußfolgerung der Weisen göttlichen Ursprungs sei und daß Mose sie wie ein Sekretär unter dem Diktat Gottes niedergeschrieben habe. Daher seien alle Verse der Schrift gleich göttlich, der scheinbar nebensächliche Vers »*Timna war das Kebsweib des Eliphas*« (Gen 36,12) nicht weniger als der scheinbar hauptsächliche: »*Höre Israel! Der Ewige ist unser Gott, der Ewige ist Einer*« (Dtn 4,6). Wer einen Unterschied zwischen der unbrauchbaren »*Schale*« (*Klipa*) und einem bleibenden *Kern* oder *Herz* (*Lew*) der Schrift macht, sei nicht nur ein Ketzer, sondern ein Erzketzer (»*Kofer ... joter mikol ha-kofrim*«). Unscheinbare Verse, wie der soeben angeführte genealogische Vers (Gen 36,12), können, wie wir im vorigen Abschnitt gesehen haben, in der rabbinischen Hermeneutik zur Stütze wichtiger Lehren werden, während ein angeblicher Kernsatz, wie der der Nächstenliebe (Lev 19,8), den viele für den zentralen Vers der ganzen Schrift halten (Mk 12,28-31; Röm 13,9; Gal 5,4), eher unbedeutende religionsgesetzliche Folgen hat. Das gilt natürlich auch für die zehn Gebote: Weil alle Verse gleichberechtigt sind und keiner herausgehoben werden soll, dürfen wir uns auch bei der Vorlesung der zehn Gebote nicht erheben. Vielleicht ist das ein Grund dafür, daß das *Schawuot*-Fest trotz seiner zentralen Bedeutung im Buch Exodus gegenüber dem *Pessach*- und dem *Sukkot*-Fest verblaßt.

10. Talmud (Ex 21,1-2.33-36 u. 22,4-5)

Der sechste Wochenabschnitt des Buches Exodus (*Mischpatim*, Rechtsvorschriften) beginnt mit den Worten: »*Und dies sind die Rechtsvorschriften, die du ihnen vorlegen sollst. Wenn du einen hebräischen Sklaven kaufst, so soll er sechs Jahre dienen, im siebenten aber unentgeltlich in die Freiheit entlassen werden ...*« (Ex 21,1-2). Die Erklärer haben viel über das scheinbar überflüssige »*Und*« am Anfang des Abschnitts nachgedacht. Der Abschnitt folgt den zehn Geboten (Ex 20,1-14), genaugenommen der Vorschrift, einen Altar aus unbehauenen Steinen zu errichten. Raschi folgert aus dem »*Und*« am Anfang unseres Abschnitts, daß die zehn Gebote und die nun folgenden zahlreichen Rechtsvorschriften gleichen Ursprungs und gleichen Ranges seien. Die Christen hatten die zehn Gebote als natürliche Gesetze den positiven Gesetzen der Tora entgegengestellt, jene für ewig und diese für beendet erklärt. Man kann sich in der Tat nur schwer vorstellen, wie eine Gesellschaft Bestand haben soll, die die Übertretung der Verbote von Mord, Raub und Lüge gestattet. Ja nicht einmal die Mörder, Räuber und Lügner selbst können wollen, daß ihre Vergehen erlaubt seien, denn sonst wären sie ihres eigenen Lebens und Diebesgutes nicht mehr sicher und Lügen wäre von vornherein zwecklos. Aber solche kategorischen Imperative sind in der komplexen gesellschaftlichen Wirklichkeit nicht ausreichend. Was geschieht, wenn jemand seinen Sklaven ermordet? Was, wenn sein Ochse Schaden anrichtet?... Das »Und« bringt zum Ausdruck, daß solche kasuistischen Spezifikationen notwendig sind und daß es keinen qualitativen Unterschied zwischen den zehn und den übrigen Geboten gibt.

Die lange Aufzählung der Rechtsvorschriften beginnt mit der Emanzipation der Sklaven. So wie der Sklave sechs Tage arbeiten und am siebenten Tag ruhen soll, so soll er nicht länger als sechs Jahre für seinen Herren arbeiten und im siebenten Jahr entlassen werden. Der israelitische »*Code civile*« beginnt nicht zufällig mit der Sache der Sklaven. Als Gesetz für ehemalige Sklaven behandelt es an erster Stelle das Recht und die Arbeitszeit der Sklaven. Viele Geschichts- und Gesetzesdokumente des Altertums befassen sich mit Sklaven – doch stets vom Standpunkt des Herren. Sie führen stolz an, wieviel Gefangene der König im Krieg gemacht hat, und zählen die drakonischen Strafen auf, die einem ungehorsamen Sklaven drohen. Der Sklave ist gar keine Person, sondern eine Sache des Herren, mit der er verfahren kann, wie es ihm beliebt. Die Tora ist dagegen vom Standpunkt des Sklavenbefreiers geschrieben. Diese Sklavenrechte sind ein gutes Beispiel der »goldenen Regel«, die übrigens nicht nur für »hebräische« Sklaven, also im Bereich der Reziprozität, sondern auch für den Fremden gilt: »*Einen Fremdling*, heißt es in unserem Abschnitt, *sollst Du nicht kränken noch unterdrücken, denn Fremdlinge waret ihr im Lande Ägypten*« (Ex 22,20). An dieser »goldenen Regel« wird Israel gemessen. Die Prophetenlesung zu diesem Wochenabschnitt aus dem Buch Jeremia bringt sozusagen als Gegenbeispiel das Verhalten der Juden während der ersten Belagerung Jerusalems durch Nebukadnezzar. Sie hatten eine allgemeine Sklavenbefreiung ausgerufen; doch nachdem der babylonische König wieder abgezogen war, machten sie die Emanzipation wieder rückgängig. Wegen dieser pharaonischen Hartherzigkeit weissagt der Prophet den endgültigen Untergang der Stadt: »*weil ihr mir nicht gehorcht, die Freiheit zu verkünden jeder seinem Bruder und jeder seinem Nächsten; siehe, ich rufe über euch Freiheit aus, spricht der Ewige, für das Schwert, die Pest und die Hungersnot*« (Jer 34,17). Die deutschen Philosophen Hegel und Nietzsche hatten also gar nicht so unrecht, wenn sie das Judentum abfällig als Sklaven- und Knechtsreligion bezeichneten.

Auch die Rabbinen haben die »goldene Regel« als obersten Maßstab von Gesetz und Gerechtigkeit anerkannt. Einst wollte ein Heide Rabbi Hillel (ein älterer Zeitgenosse Jesu) in Verlegenheit bringen und sprach zu ihm: »*Mache mich zum Proselyten unter der Bedingung, daß du mich die ganze Tora lehrst, während ich auf einem Fuße stehe.*« Hillel war um eine Antwort nicht verlegen und sprach zu ihm: »*Was dir nicht lieb ist, das tue auch deinem Nächsten nicht. Das ist die ganze Tora und alles andere ist nur Kommentar – und nun gehe und lerne sie*« (bSchab 31a). Alle großen Religionsstifter und Philosophen haben diese oder eine ähnliche »goldene Regel« verkündet: Thales, der erste griechische Philosoph, Konfuzius, Buddha, Mohammed. Jesus insbesondere sagte in der gleichen Sprache wie Hillel: »*Alles, was ihr wollt, daß euch die Leute tun sol-*

len, das tut ihnen auch! Das ist das Gesetz und die Propheten« (Mt 7,12). Die »goldene Regel« mag die Summe aller Weisheiten sein, es ist aber gar nicht so einfach sie zu verstehen. Ich soll keinen Unterschied zwischen mir und den anderen machen, was ich von ihnen erwarte, sollen sie auch von mir erwarten können. Die Regel erstreckt sich wohlgemerkt nicht nur auf Genossen, die üblicherweise peinlich auf Gegenseitigkeit achten, sondern auch auf Abhängige oder Fremde, von denen wir gewöhnlich Leistungen ohne Gegenleistungen erwarten. Mit ihr haben sich die Stifter aller Weltreligionen und Lehrer aller Weisheiten gegen die natürliche Ungleichheit der Menschen gewandt, denn sie verlangt, daß jeder unabhängig von Stand, Rang oder Herkunft als Gleicher behandelt wird. Im Unterschied zu Jesus fügt Hillel der Regel aber noch ein »*und*« hinzu, er sagt: »*und nun gehe und lerne sie*«, nämlich die Konkretionen der »goldenen Regel«. Es reicht nicht, Sprüche zu klopfen, sie müssen bewährt werden. Das »*und*« Hillels und das »*Und*«, das unseren Wochenabschnitt mit den zehn Geboten verknüpft, sind von gleicher Art.

Genaugenommen schließt das »*Und*«, mit dem unser Abschnitt beginnt, an die Bauvorschrift für den Altar an. Raschi folgert daraus, daß das oberste Gericht, das über die Rechtsvorschriften wacht, in der Nachbarschaft des Altars im Tempel tagen soll. Religion und Recht, namentlich das Recht der sonst Recht- und Schutzlosen sind eng miteinander verbunden. Vom Altar heißt es, daß er nicht aus behauenen Steinen erbaut werden soll und daß er durch Eisen entweiht wird. Das hängt zweifellos mit der biblischen Vorstellung von Heiligkeit und Unberührtheit zusammen. Wenn sich aber die Religion des Mose in allen Einzelheiten als, wie der Heidelberger Ägyptologe Jan Assmann behauptet, »*Gegenreligion*« versteht, dann kann man in diesem unbehauenen Stein vielleicht auch ein Symbol für die Befreiung aus der ägyptischen Sklaverei erblicken. Überall in der alten Welt schliffen nämlich Staatssklaven Steinquader und errichteten monumentale Heiligtümer, die noch heute von Touristen bewundert werden. Die israelitischen Heiligtümer sollten nicht solchen Sklavenwerken gleichen, sondern Ausdruck einer Freiheit sein.

Was sich die Rabbinen genau unter der Aufforderung »*und nun gehe und lerne sie*« vorstellten, sollen vier Beispiele aus unserem

Wochenabschnitt zeigen. Darin werden eine lange Reihe von möglichen Rechtsfällen und Bestimmungen aufgelistet. Wir greifen die folgenden vier Schadensfälle aus den Kapiteln 21 und 22 heraus: »*Wenn jemand eine Grube aufdeckt, oder wenn jemand eine Grube gräbt und sie nicht zudeckt, und es fällt ein Ochse oder ein Esel hinein, so muß der Urheber der Grube zahlen; ihren Wert muß er dem Eigentümer erstatten, das tote Tier aber gehört ihm. Wenn der Ochse jemandes den Ochsen eines anderen verletzt, so daß er stirbt, so sollen sie den lebenden Ochsen verkaufen und das Geld dafür unter sich teilen und auch den toten sollen sie unter sich teilen; wenn es aber bekannt war, daß der Ochse seit gestern und vorgestern stößig war, und der Eigentümer hatte nicht auf ihn acht gegeben, so soll er ihm für den Ochsen einen Ochsen bezahlen, das tote Tier aber gehört ihm* (Ex 21,33-36). *Wenn jemand ein Feld oder einen Weinberg beschädigt, er läßt nämlich sein Vieh frei herum laufen, oder es weidet auf einem fremden Felde, so hat er sein bestes Feld oder seinen besten Weinberg als Ersatz zu geben. Wenn Feuer ausbricht und Dornen ergreift, und es wird ein Garbenhaufen verzehrt oder stehendes Getreide oder das Feld, so muß es der ersetzen, der den Brand verursacht hat* (Ex 22,4-5).« Die Bibel zählt diese Beispiele nur auf, analysiert aber nicht die Unterschiede und Gemeinsamkeiten. Anders die *Mischna*. Ihre vierte Ordnung über Schädigungen (*Nesikin*) ist solchen Fragen gewidmet. Der erste Traktat, »*Baba Kamma*«, »*Erste Pforte*« dieser Ordnung, beginnt mit folgender Klassifikation der Schadensfälle: »*Vier Hauptschädigungen gibt es: die durch den Ochsen (Schor), durch die Grube (Bor), durch das abweidende Vieh (Mawea) und durch den Brand (Hew'er). Die Eigentümlichkeit des stoßenden Ochsen ist nicht wie die des Abweiders, und die Eigentümlichkeit des Abweiders ist nicht wie die des stoßenden Ochsen, und die Eigentümlichkeit dieser beiden, daß nämlich in ihnen ein Lebensgeist ist, ist nicht wie die des Feuers, in dem kein Lebensgeist ist, und die Eigentümlichkeit dieser drei, daß es nämlich ihre Weise ist, fortzuschreiten und zu beschädigen, ist nicht wie die der Grube, deren Weise es nicht ist, fortzuschreiten und zu beschädigen. Das ihnen gemeinsame ist, zu beschädigen, daß deren Bewachung dir obliegt und wenn eines von ihnen beschädigt hat, der Schädiger schuldig ist, vom Besten seines Landes Schadensersatz zu leisten.*« Die *Mischna* faßt die in der *Tora* scheinbar willkürlich aufgezählten Fälle als Liste aller möglichen Schadensursachen auf. Sie werden systematisch mit Rücksicht auf ihre Selbständigkeit unterschieden: sie sind entweder unbeweglich (*Bor*), beweglich (*Hew'er*) oder sich selbst bewegend (*Schor, Mawea*) und sie werden hinsichtlich der Haftung des Eigentümers verglichen. Die *Mischna* leitet also aus der eher disparaten Gesetzessammlung in der *Tora* ein System ab. Die *Gemara* (ein Begriff, den man mit »*Lehre*« übersetzen kann), die die *Mischna* (ein Begriff, den man gleichfalls mit »*Lehre*« übersetzen kann) diskutiert und mit ihr zusammen den *Talmud* (ein Begriff, den man schließlich auch mit »*Lehre*« übersetzen kann) bildet, hinterfragt diese Liste: Ist sie hinreichend begründet? Hinreichend differenziert? usw. In unserem Fall zitiert die *Gemara* z. B. eine weiterführende *Baraita*, das ist eine nicht in der *Mischna* aufgenommene rabbinische Lehre, die eine weitere Differenzierung der Fälle vornimmt: »*Unsere Meister lehrten: Beim Ochsen gibt es drei Hauptarten von Schädigungen: durch das Horn* (*Keren*), *durch den Zahn* (*Schen*) *und durch den Fuß* (*Regel*) (...). *Welches ist die Unterart der Hornschädigung? Das Anrennen, Beißen, sich Niederlegen und Ausschlagen. Das Beißen ist ja eine Unterart der Zahnschädigung!? – Nein, bei der Zahnschädigung hat das Tier durch die Schädigung einen Genuß, beim Beißen hat es durch die Schädigung keinen Genuß. Das Sich-Niederlegen und das Ausschlagen sind ja Unterarten der Fußschädigung!? – Nein, die Fußschädigung ist eine Fahrlässigkeit; diese aber sind keine Fahrlässigkeit*« (bBaKa 2a-3b). In dieser Überlieferung wird die erste Schadensursache: »*Ochs*« in der *Mischna* begrifflich weiter ausdifferenziert. Das Tier kann entweder durch Schlagen, Fressen oder Treten Schaden anrichten. Bei dieser Einteilung ist aber nicht ausschlaggebend, welche Glieder oder Werkzeuge des Tieres bei der Beschädigung augenscheinlich beteiligt sind, sonst müßte Beißen zu den Zahn- und Ausschlagen zu den Fußschädigungen zählen, sondern welches Motiv vorgelegen hat. Wenn das Tier mutwillig zerstört, dann handelt es sich immer um einen Hornschaden, wenn gierig, immer um einen Zahnschaden und wenn fahrlässig, immer um einen Fußschaden. Georges Hansel hat darauf aufmerksam gemacht, daß »*Horn*«, »*Zahn*« und »*Fuß*« hier nicht bloß zufällige Beispiele, sondern Musterbeispiele oder Kategorien sind, um die Natur der Sache zu kennzeichnen.[149] So ist »*Zahn*« der sinnige Begriff für solche Schäden, die notwendig bei der Befriedigung des Nahrungstriebes, und »*Fuß*« der Begriff für solche, die beiläufig beim Gehen entstehen. Der Ertrag dieser Diskussion ist eine begriffliche Verfeinerung des Systems der *Mischna*. Im weiteren Verlauf werden einzelne Gelehrte angeführt, die dreizehn, ja vierundzwanzig Arten von Hauptschädigungen aufzählen!

Man kann sich fragen, was der religiöse Sinn solcher subtilen Distinktionen ist. Das Vertrauen in die Ordnung und begriffliche Beherrschbarkeit der Welt, wo, wie in unseren Fällen, die Ordnung durch unbeherrschbare Dinge wie die Wildheit der Tiere und die Ausbreitung von Feuer bedroht wird, hat bereits religiöse Qualität. Einen weiteren religiösen Aspekt hat Léon Ashkénasi in einem Vortrag zu dieser Stelle hervorgehoben.[150] Am Anfang der *Gemara* zu unserer *Mischna* wird die Frage diskutiert, ob es hinsichtlich der Schadensersatzpflicht einen Unterschied zwischen den vier Hauptarten (*Awot*) der Schädigungen und den daraus abgeleiteten Unterarten (*Toladot)* gibt. Ashkénasi meint, daß das jüdische Gesetz mit seinen Distinktionen, im Gegensatz zum römischen Recht, Ausnahmen machen und Raum für Milde schaffen will. Ja er behauptet sogar, daß die rabbinische Rechtsprechung gewöhnlich das Gesetz Gesetz sein läßt und nach den höheren religiösen Gesichtspunkten der Billigkeit und Barmherzigkeit urteilt. Gewiß, die Juden wußten, so gut wie die Römer, daß *summum ius, summa iniuria*, daß »*das höchste Recht die höchste Ungerechtigkeit*« sein kann, und führten die Zerstörung Jerusalems durch die Römer darauf zurück, daß in dieser Stadt nur das strenge Recht herrschte (bBaba Mezia 30b). Eine Einsicht, die man auch mit dem lateinischen Spruch: »*fiat iustitia, pereat mundus*«, (*Der Gerechtigkeit ihren Lauf lassen, und sollte auch die Welt darüber zugrunde gehen*) ausdrücken könnte. Doch der Antrieb zur Schöpfung der großartigen jüdischen Gesetzeskodifikationen in der *Mischna* und der uferlosen Gesetzesdiskussionen in der *Gemara* war gewiß nicht religiöse Gesetzesverachtung, sondern die Hoffnung und Überzeugung, daß die Welt nur durch die Achtung vor dem Gesetz bestehen kann und die gestörte Ordnung nur durch das Gesetz wiederhergestellt werden kann. Aber das »Lernen« wurde nie als trockenes Gesetzesstudium betrachtet, sondern als Akt der Hingabe und der Liebe. Der Zusammenhang von Gesetz und Liebe kommt in den symbolistischen Deutungen der Lade zum Ausdruck, in der das Gesetz verwahrt wurde.

11. Allerheilgstes (Ex 25,8-23)

Im siebenten Wochenabschnitt (*Truma, Hebe*) des Buches Exodus befiehlt Gott Mose den Bau des Heiligtums, insbesondere die Herstellung der Gesetzeslade: »Sie *sollen mir ein Heiligtum* (Mikdasch) *errichten, daß ich mitten unter ihnen wohne. (...) Sie sollen eine Lade aus Akazienholz machen, (...). Du sollst sie mit reinem Golde überziehen (...). In die Lade aber sollst du das Gesetz* (Edut) *legen, das ich dir geben werde. Dann sollst du einen Deckel aus reinem Golde machen, (...). Dann sollst du zwei Keruwim aus Gold anfertigen, an den beiden Enden des Deckels. Und zwar verfertige einen Keruw an dem einen Ende hier und einen Keruw an dem andern Ende dort; aus dem Deckel sollt ihr die Keruwim an seinen beiden Enden herausarbeiten. Und die Keruwim sollen die Flügel nach oben hin ausbreiten, so daß sie den Deckel mit ihren Flügeln bedecken, und ihre Gesichter sollen einander zugewandt sein (...). Und dort will ich zusammenkommen, und ich werde von dem Deckel herab zwischen den Keruwim hervor, die auf der Gesetzeslade sind, alles mit dir reden, was ich für die Kinder Israels aufzutragen habe«* (Ex 25,8-23). Die Bilder von Keruwim waren ferner in den Zelttüchern des Heiligtums und im Vorhang vor dem Allerheiligsten eingewirkt (Ex 26,1, u. ö.). Das erste Königsbuch berichtet, daß Salomo im »*Sprechraum*« (*Dewir*) des ersten Tempels zwei kolossale Keruwim aufstellen ließ: »*Er machte (...) zwei Keruwim, zehn Ellen hoch* (1 Elle beträgt etwa einen halben Meter, D. K.), *von Ölbaumholz. Fünf Ellen hatte ein Flügel eines jeden Keruws, so daß zehn Ellen waren von dem Ende seines einen Flügels bis zum Ende seines anderen Flügels. So hatte auch der andere Keruw zehn Ellen, und beide Keruwim hatten das gleiche Maß und die gleiche Gestalt. (...) Und er stellte die Keruwim mitten ins Allerheiligste. Und die Keruwim breiteten die Flügel aus, so daß der Flügel des einen Keruws die eine Wand berührte und der Flügel des anderen Keruws die andere Wand berührte. Und in der Mitte berührte ein Flügel den anderen. Und er überzog die Keruwim mit Gold*« (1 Kön 6,23-28). Das zweite Chronikbuch bringt noch ein weiteres Detail, nämlich daß ihre »*Antlitze zur Halle hingewandt*« (2 Chr 3,13) waren – also nicht, wie es im zweiten Buch Mose geheißen hatte, einander zugewandt. Auch an den Wänden und Türen des Tempels in Jerusalem wurden Keruwim angebracht.

Wie soll man sich diese Keruwim genauer vorstellen? Da sie mit dem ersten Tempel zerstört wurden, besitzen wir keine gesicherten Erkenntnisse über ihr Aussehen. Auch der priesterliche Historiker aus der Endzeit des Zweiten Tempels, Flavius Josephus, weiß nichts Genaues zu berichten (*Jüdische Altertümer* 8, 3, 3). Wenn man jedoch alle biblischen und archäologischen Zeugnisse zusammennimmt, dann dürften die Keruwim geflügelte Mischwesen gewesen sein, die das Heiligtum beschützten und den Thron Gottes stützten, vergleichbar den Sphinxen der Ägypter, den Lamassen (Stier- und Löwenkolosse) der Assyrer und den Greifen der Griechen. Ezechiel und Johannes beschreiben die Keruwim in ihren Offenbarungen als geflügelte Mischwesen mit Mensch-, Löwe-, Stier- und Adlerformen. Die Wächterfunktion der Keruwim geht auch noch aus einer anderen geheimnisvollen Stelle der Bibel hervor. Nach dem Sündenfall der ersten Menschen und ihrer Vertreibung aus dem Paradies »*ließ* (Gott) *östlich vom Garten Eden die Keruwim lagern und die Flamme des kreisenden Schwertes, um den Weg zum Baum des Lebens zu bewachen*« (Gen 3,24). Wenn wir beide Stellen zueinander in Beziehung setzen, dann entspricht das Paradies dort dem Allerheiligsten im Westen des Tempels hier, und wie dort die Keruwim dem sündhaften Menschen die Rückkehr in den Garten Gottes verwehren, so darf hier nur der von allen Sünden gereinigte Hohepriester das Innerste der Wohnung Gottes betreten (Ez 28,11ff.). Der Talmud sieht in den Keruwim aber keine furchteinflößenden Monster mehr, sondern unschuldige Kinder, *Putti* und leitet dieses Bild von ihrem Namen ab: »*Weshalb*, fragt er, *heißt er Keruw? Rabbi Abahu antwortete: von ‚KeRawja‘* (*wie ein Kind*); *in Babylonien wird nämlich der Knabe ‚Rawja‘ genannt.*« (bSuk 5b) Dieses Bild der Keruwim als kindliche Unschuldsengel hat sich in der jüdischen und christlichen Tradition durchgesetzt.

Was sollen nun die beiden Keruwim auf der Gesetzeslade? Nach dem Buch Exodus wollte Gott von dort aus mit Mose sprechen (Ex 25,22). Der Bibel schien ein solcher Ort für ein solches Treffen durchaus geeignet zu sein und sie kann angesichts des Zeltheiligtums gar nicht genug die Inspiration der Künstler und die edlen

Stoffe loben. Die Rabbinen stellten sich allerdings die Frage, wie sich der Allmächtige und Allgegenwärtige zu einem solchen schlichten Nomadenzelt herablassen konnte. In einem Midrasch zum Vers »*Und es rief Mose zu und redete zu ihm der Ewige aus dem Stiftszelt*« (Lev 1,1) unterstreicht Rabbi Akiwa dieses Paradox noch: »,*Aus dem Stiftszelte*'- *man könnte glauben, von dem ganzen Haus her. Aber die Schrift lehrt: 'vom Deckel her'. Wenn ,vom Deckel her', so könnte man glauben, vom ganzen Deckel her. Die Schrift lehrt aber ,zwischen den beiden Keruwim' hervor.*« Sein Schüler Rabbi Schimon ben Asai löste dieses Paradox folgendermaßen: »*Die Herrlichkeit, von der es heißt: ,Erfülle ich nicht den Himmel und die Erde?'* (Jer 23,24) – *siehe wohin die Liebe zu Israel diese Herrlichkeit geführt hat, sie hat sich zusammengedrängt, um von dem Deckel zwischen den beiden Keruwim hervor zu sprechen*« (SifLev 2,12). Gott gibt aus Liebe etwas von seiner Ehre ab, ja er drängt sich buchstäblich auf engem Raum, in einem dunklen Zelt zusammen (*Dachak*). Manchen, wie Rabbi Meir, ging diese Herabsetzung der Ehre Gottes doch zu weit und sie behaupteten, die Verkleinerung Gottes sei nur die Projektion seiner Unendlichkeit auf einen Punkt, ohne daß er dabei etwas von seiner Größe verlöre (BerR 4,4). Es gibt in der rabbinischen Literatur aber noch genügend andere Beispiele für die Lehre der Herablassung Gottes aus Liebe. Was wird z. B. in unserem Wochenabschnitt nicht für ein Aufhebens von den Ziegenfelldecken gemacht, mit der die Wohnung Gottes (*Mischkan*) bedeckt wurde (Ex 26,7)? Ist es aber, fragen die Rabbinen, mit der Würde Gottes vereinbar, daß er sich auf ein solch schlichtes Lager niederläßt? Dazu heißt es im Midrasch: »,*Und Ziegenfelldecken sollst du zum Zelt machen über der Wohnung'. Davon spricht der Schriftvers: ,Geliebt habe ich euch, spricht der Herr, und ihr fragt: Worin hast du uns geliebt?'* (Mal 1,2). (...) *,Geliebt habe ich euch, spricht der Herr'. Seht nur, wie sehr ich euch geliebt habe: Von der Erde bis zum ersten Himmelsgewölbe ist es ein Weg von 500 Jahren, vom ersten Himmelsgewölbe zum zweiten ein Weg von 500 Jahren. Die Dicke eines jeden Gewölbes macht 500 Jahre aus: alle sieben zusammen ein Weg von 7000 Jahren. Die Hufe der Keruwim machen einen Weg von 515 Jahren aus, und von den Hufen der Lebewesen an nach oben kann man nicht mehr rechnen – und über alledem befindet sich der Thronsitz. Seht nur, wie sehr* *ich euch geliebt habe, indem ich all das verlassen und zu euch gesprochen habe: ‚Und Ziegenfelldecken sollst du machen‘, macht mir Ziegenfelldecken, und ich will kommen, um bei euch zu wohnen«* (TanTruma 9)! Die Verküpfung von Größe und Selbsterniedrigung ist für das rabbinische, für das jüdische Gottesbild überhaupt kennzeichnend. »*Rabbi Jochanan sagte*, heißt es an einer Stelle im Talmud, die auch Eingang in das Gebetbuch gefunden hat: *an jeder Stelle, an der du die Größe des Heiligen, gepriesen sei Er, findest, findest du gleich daneben seine Herablassung*« (bMeg 31a).[151]

Was stellen die beiden Keruwim auf der Gesetzeslade dar? Nach dem Talmud symbolisieren sie die Liebe Gottes zu Israel: »*Wenn die Israeliten zur Wallfahrt zogen, sagt ein Rabbi, rollte man vor ihnen den Vorhang auf und zeigte ihnen die einander umschmiegenden Keruwim, indem man zu ihnen sprach: Schauet, eure Beliebtheit bei Gott gleicht der Liebe von Mann und Weib*« (bJom 54a). Manchen ging diese Metamorphose der Cheruben in Eroten zu weit und sie beklagten, daß diese sinnliche Darstellung der Gottesliebe auf der Gesetzeslade Israel in Verruf gebracht habe: »*Als die Nichtjuden in den Tempel drangen, sagt Resch Lakisch, und die einander umschmiegenden Keruwim sahen, brachten sie sie auf die Straße hinaus und sprachen: Diese Israeliten, deren Segen Segen ist und deren Fluch Fluch ist, geben sich mit solchen Dingen ab! Sie verachteten sie dann, wie es in den Klageliedern heißt: ‚all ihre Verehrer verachteten sie, denn sie sahen ihre Schande‘* (Thr 1,8)« (bJom 54b, EchR, Einl.). Andere betrachteten die Gesetzeslade mit den beiden Keruwim als eine Art Seismograph der Gottesliebe. Nach dem Buch *Exodus* waren die Keruwim, wie gesagt, einander zugewandt und nach dem zweiten Buch der *Chronik*, waren sie voneinander abgewandt. Im Talmud streiten darüber Rabbi Jochanan und Rabbi Eleasar: »*Einer sagt, ‚die Gesichter gegeneinander‘, und einer sagt, ‚die Gesichter nach dem Innenraume‘ (2 Chr 3,3). Das ist keine Schwierigkeit; eines, wenn die Israeliten den Willen Gottes tun, und eines, wenn die Israeliten nicht den Willen Gottes tun*« (bBBat 99a). An der Position der Keruwim konnte man demnach den Stand der Beziehung von Gott und Israel ablesen.

Die Keruwim haben in der Auslegungsgeschichte weitere sinnreiche symbolistische Deutungen erfahren, von denen wir hier nur die Deutung von Jizchak Abrawanel hinzufügen, die von der Gottes- zur Menschenliebe zurückführt: »*Die Gesichter* (der Keruwim) *waren aneinander zugewandt*, sagt er z. St., *um anzudeuten, daß jeder Israelit, wenn er auch vor allem seine Flügel und Gedanken nach oben richten, d. h. seinem Schöpfer dienen und seine Pflichten gegen Gott erfüllen soll, so soll er sich nicht minder seinem Bruder in Nächstenliebe und vollkommener Brüderlichkeit zuwenden und seine Pflichten gegen den Nächsten erfüllen.*« Wie die beiden in der Lade aufbewahrten Tafeln Pflichten gegen Gott und gegen den Menschen enthalten, so symbolisieren die vertikale und horizontale Richtung der Engel die beiden verschlungenen Dimensionen der Gottes- und Menschenliebe.

12. Menora (Ex 25,31-39 u. 27,20-21)

Zu den Geräten des Tempels zählt der siebenarmige Leuchter (*Menora*). Es ist das älteste jüdische Nationalsymbol, dessen Herstellung im siebenten Wochenabschnitt (*Truma*) des Buches *Exodus* und dessen Verwendung am Anfang des achten (*Tezawe, Gebiete*) geboten wird. Sein Fuß, sein Schaft, seine Röhre etc. sollten nach einem komplizierten himmlischen Muster aus einem Stück reinen Goldes getrieben werden (Ex 25,31-39) und auf ihm sollte ständig das *»ewige Licht«* (*Ner Tamid*) brennen (Ex 27,20-21 u. Lev 24,4). Der Leuchter diente, wie Maimonides in seinem *Führer der Verirrten* erklärt, in erster Linie dazu, Licht in das dunkle Heiligtum zu bringen und sollte beim Betrachter heilige Schauer erregen. Doch neben diesem praktischen Zweck dürfte er sicher auch eine symbolische Bedeutung haben.

Die Siebenzahl der Lampen ist wohl kaum zufällig, sondern ist eine kanonische Größe des Heiligtums, vor allem der heiligen Zeit: Sieben Tage dauerte die Genesis, die wöchentlich am Schabbat kommemoriert wird; sieben Tage der Exodus, der jährlich im siebentägigen *Pessach*-Fest kommemoriert wird; sieben mal sieben, bzw. neunundvierzig Tage oder sieben Wochen, die Zeit vom Auszug bis zur Offenbarung, die in der *Omer*-Zählung und am Wochenfest (*Schawuot*) kommemoriert wird; sieben Monate die Zeit zwischen *Pessach* und *Sukkot*, das auch an den Zug durch die Wüste erinnert, der im siebentägigen Hüttenfest kommemoriert wird, sieben Jahre die landwirtschaftliche Jahrwoche, die in einem Schabbatjahr, d. i. einem Brach- und Erlaßjahr gipfelt (*Sch'mitta*, Ex 23,10-11; Lev 25,4 f.); sieben mal sieben Jahre der wirtschaftliche Zyklus, der im neunundvierzigsten Jahr, dem *Jubeljahr* mit der Freilassung der Sklaven und der Rückkehr zur angestammten Scholle endet (*Jowel.* Lev 25,8ff. 39ff.); durchschnittlich siebzig Jahre währt, nach dem Psalmisten, das Leben des Individuums (Ps 90,10), siebzig Jahre wird nach dem Propheten Jeremias (25,11; 29,10; 2 Chron 36,21) das babylonische Exil des Volkes dauern und nach Daniel werden noch sieben mal siebzig Jahre, also siebzig Jahrwochen oder zehn Jubeljahre, d. s. vierhundertneunzig Jahre bis zum *iubiläum maximum* der Erlösung vergehen (9,24-27); siebentausend Jahre oder eine Weltwoche wird, nach einer talmudischen Überlieferung, diese Welt existieren: »*Sechstausend Jahre, heißt es, wird die Welt bestehen und eintausend zerstört sein.* (...) *Wie in jedem Siebenjahr-Zyklus ein Jahr Brachjahr ist, ebenso wird die Welt in siebentausend Jahren eintausend brach liegen*« (bSan 97a) und nach siebenmal siebentausend Jahren, bzw. sieben Weltwochen oder neunundvierzigtausend Jahren, werden nach einer kabbalistischen Überlieferung alle Welten vergehen. Die Sieben und ihr Quadrat sind wie diese keineswegs erschöpfende Aufzählung der heptadischen Periodisierungen und Epochenschematisierungen zeigt, ein wichtiger Schlüssel zur biblischen und jüdischen Zeitvorstellung. Wenn man sich die prägende Wirkung von religiösen und geschichtlichen Rhythmen für die Identität eines Volkes vergegenwärtigt, dann erweist sich der siebenarmige Leuchter als ein besonders geschickt gewähltes Nationalsymbol. Neben dieser nationalen haben die jüdischen Symbolisten aller Zeiten dem Heiligtum und seinen Geräten aber stets auch eine universale Bedeutung abgewonnen.

Die Analogie von Tempel und Kosmos ist nicht erst ein Deutungsmuster der hellenistisch-jüdischen Allegoristen, die wie Philon und Josephus z. B. die sieben Lichter des Leuchters mit den damals bekannten Planeten, Sonne, Mond, Merkur, Mars, Venus, Jupiter und Saturn parallelisierten,[152] sie scheint schon in der Bibel selbst angelegt zu sein. Buber und Rosenzweig haben unter den neueren jüdischen Exegeten besonders nachdrücklich auf die wörtlichen Übereinstimmungen zwischen dem Schöpfungsbericht und dem Tempelbau hingewiesen.[153] So heißt es, um nur ein Beispiel zu nennen, in bezug auf die Vollendung des Schöpfungswerkes: »*So waren vollendet der Himmel und die Erde und ihr ganzes Heer. Und Gott hatte am siebenten Tag sein Werk vollendet, das er gemacht*« (Gen 2,1) und in bezug auf die Vollendung des Tempelzeltes: »*So wurden alle Arbeiten der Wohnung des Stiftszeltes vollendet, ... so vollendete Mose das Werk*« (Ex 39,32 u. 40,33). So wie Gott, könnte man sagen, für den Menschen, seinem Ebenbild, eine Wohnung auf Erden *machte*, so *macht* nun in genauer Erwiderung der Mensch für Gott nach seinem Urbild eine Wohnung auf Erden. Der Tempel als *imago mundi*, der die ganze Welt abbildet, lag von daher nahe.

Der brennende Leuchter war insbesondere ein passendes Symbol des Wissens. Durch die beabsichtigte Ähnlichkeit des Leuchters mit einem Baum – und zwar mit dem von allen Bäumen zuerst erwachenden und kräftigen Mandelbaum, ergab sich eine Assoziation zum Baum der Wissenschaften. Seine sieben Arme wurden von Kommentatoren, wie Isaak Abravanel und Isaak Arama, mit den sieben Säulen der Weisheit (Sprüche Salomonis 9,1) und mit den sieben Zweigen der Wissenschaft, den sogenannten *sieben freien Künsten*, der Grammatik, Rhetorik, Dialektik, Musik, Arithmetik, Geometrie und Astronomie in Verbindung gebracht. Die Lehre, die aus dem siebenarmigen Leuchter bei diesen Auslegern gezogen wurde, mutet ganz modern an: Die Wissenschaft soll bei aller Spezialisierung in verschiedene Disziplinen wie der Leuchter aus einem Stück sein.[154]

Für die kabbalistischen Symbolisten ist der Leuchter nicht nur ein Welt-, sondern auch ein Gottesbild. Er stellt den »*sephirotischen Baum*« mit den gleichfalls untrennbaren zehn Eigenschaften (*Sfirot*) der Gottheit, insbesondere den sieben unteren Eigenschaften der »*Größe*« (*Gedula*, 4), der »*Stärke*« (*Gewura*, 5), der »*Herrlichkeit*« (*Tiferet*, 6), des »*Sieges*« (*Nezach*, 7), der »*Majestät*« (*Hod*, 8), des »*Grundes*« (*Jessod*, 9) und des »*Reiches*« (*Malchut*, 10) (1 Chr 29,11 u. Spr 3,19f.) dar.[155]

Exkurs: Sfirot

Die zehn Manifestationen des göttlichen Denkens, Wollens, Handelns und Fühlens werden in der *Kabbala* als *Sfirot* bezeichnet und nach der Aufzählung der Attribute Gottes in 1 Chr 29,11 und Spr 3,19f. benannt. Sie werden symbolisch den Zweigen des Baumes, den Gliedern des Menschen oder den Schalen der Nuß zugeordnet. Im Standardschema sind die *Sfirot* in einem Hexagramm in drei vertikale und fünf horizontale Linien gegliedert. Die vertikalen Linien der rechten und linken Seite stellen Äußerungen der göttlichen Barmherzigkeit (*Middat HaRachamim*) und der göttlichen Gerechtigkeit (*Middat HaDin*) dar und sind symbolisch dem männlichen, respektive dem weiblichen Geschlecht zugeordnet. Die polaren

Eigenschaften Gottes werden in der mittleren Vertikale ausgeglichen, so daß Gott insgesamt als androgyne Ganzheit erscheint. So werden die Eigenschaften der göttlichen Güte (*Gedula* oder *Chessed*, 4. *Sfira*) und der göttlichen Strenge (*Gewura* oder *Din*, 5. *Sfira*) in der strahlenden Schönheit (*Tiferet*, 6. *Sfira*) einer Harmonie von strenger Gerechtigkeit und Milde ausgeglichen. Für das Ungleichgewicht im göttlichen Organismus, z. B. für das Überwiegen der linken Seite der strengen Gerechtigkeit und das sich daraus ergebende Übel, ist der Mensch verantwortlich. Es kommt darauf an, durch geeignete Werke den innergöttlichen Gleichgewichtszustand wiederherzustellen. Die mittlere Vertikale ist selbst wieder in *Sfirot* verschiedenen Geschlechts unterschieden und nach dem Bild der heiligen Hochzeit in sich vermittelt. Die männlichen Eigenschaften reichen im Bild des Menschen vom Kopf bzw. der Krone (*Keter*, 1. *Sfira*) über das Sternum (*Tiferet*, 6. *Sfira*) zum Phallus (*Jessod*, 9. *Sfira*) des den erscheinenden Gott darstellenden Makroanthropos. Die letzte, die zehnte *Sfira* der mittleren Vertikalen ist das weibliche *Reich* oder die *Einwohnung* (*Malchut* oder *Schechina*, 10. *Sfira*) Gottes, die die Mischung der Emanationen aus dem Phallus des sefirotischen Organismus empfängt und in die Schöpfung weiterleitet. Die Beziehung von Gott und Mensch kann als Vereinigung oder Scheidung der männlichen von den weiblichen *Sfirot* dargestellt werden. Die Sünde bewirkt die »Trennung« (*Perud*) der männlichen und weiblichen Personifikationen der Gottheit, und die guten Werke ihre »Einung« (*Ichud*), die »heilige Hochzeit« der männlichen und weiblichen Aspekte der Gottheit. Der kabbalistische Sinn der Werke besteht in der Wiederherstellung (*Tikkun*) und Wiedervereinigung der göttlichen Polarität in die göttliche Totalität.

Die Mystiker bezogen sich bei ihrer Interpretation der Menora weniger auf die Leuchtervison des Mose (Ex 25,40) als auf die des Propheten Sacharja (4,2-4 u. 10-14). Diesem war der siebenarmige Leuchter erschienen, flankiert von zwei Olivenbäumen, deren Öl über eine runde Schale – die die Kabbalisten mit der letzten der drei höheren *Sfirot*: »*Krone*« (*Keter*, 1), der »*Weisheit*« (*Chochma*, 2) und des »*Verstandes*« (*Bina*, 3) identifizierten – und sieben Gießröhren in die sieben Lampen des Leuchters floß. Dieses sich selbst speisende Gerät stellt eine Art *Perpetuum mobile* mit geschlossenem Brennstoffkreislauf dar. Zu der Zeit, als der Prophet dieses Bild nie versiegenden Überflusses sah, herrschte jedoch bitterer Mangel. Die aus der babylonischen Gefangenschaft Zurückgekehrten konnten das »*ewige Licht*« nicht gleich wieder anzünden; der erste Tempel lag in Trümmern und seinem Wiederaufbau standen scheinbar unüberwindliche materielle Hindernisse im Weg. Die Vision von dem ewig brennenden Leuchter sollte die Rückkehrer ermutigen und sie an ihre religiöse Kraftquelle erinnern. Darum erklärt der Deuter dem Seher jenes Bild mit dem Wort: »*Nicht durch Macht und nicht durch Stärke, sondern durch meinen Geist, spricht der Herr der Heerscharen*« (4,6). Der ewig brennende Leuchter symbolisiert den, allen materiellen Gewalten trotzenden, unbesiegbaren Geist. Die Kabbalisten, die an diese Vision anknüpften, vertraten im langen Exil nach der Zerstörung des zweiten Tempels die Heilspropheten. Der Volkskörper mochte in den vielen nationalen Katastrophen noch so zerissen worden sein, aber Israels geistiger Organismus, der den Kabbalisten zufolge mit dem göttlichen im intimen Kontakt steht, ist intakt. Das Symbol des siebenarmigen Leuchters wurde aus der universalen wieder in eine nationale Dimension zurückgelenkt.

Nach der Zerstörung des zweiten Tempels wurde der goldene Leuchter aus dem herodianischen Tempel, wie man auf einem Relief des Titusbogens in Rom sehen kann, im Triumphzug mitgeführt. Damit beginnt das lange Exil des jüdischen Volkes. Es lag deshalb nahe, daß der Staat Israel gerade die Menora als Nationalsymbol wählte. Der deutschjüdische Bildhauer Benno Elkan hat auf seiner monumentalen Menora, die heute vor dem israelischen Parlament in Jerusalem steht, unter dem Motto des Propheten, in 29 Reliefs, Exil und Rückkehr des jüdischen Volkes dargestellt.[156] Darunter ist auch das Bild eines Kabbalisten, der zwischen mystischen Symbolen über das Schicksal Israels meditiert.

Die Figur im Vordergrund des Bildes ruht auf dem Gipfel eines kleinen Hügels, der durch einen scharfen Schnitt vom Untergrund getrennt ist. So entsteht der Eindruck, als schwebe sie in höheren

Sphären oder *Sfirot*, die im Hintergrund durch zehn Kreisabschnitte angedeutet sind. Sie stützt ihren Kopf auf ihren rechten Unterarm und auf das Knie ihres rechten Beines. Obwohl die Augen geschlossen sind, wird aus dem ordentlichen Faltenwurf des Gewandes, der angespannten Körperhaltung und den konzentrierten Gesichtszügen deutlich, daß sie nicht schläft, sondern meditiert. Die Figur soll einen jüdischen Mystiker, von denen eine ähnliche Meditationshaltung tatsächlich überliefert ist, darstellen. In einem rabbinischen Gutachten aus dem 10. Jahrhundert u. Z. heißt es: »*Viele Gelehrte waren der Ansicht, daß für denjenigen, der durch seine Eigenschaften dazu befähigt ist, falls er danach strebt, den Gotteswagen des Ezechiel zu erschauen und einen Blick in die Hallen der himmlischen Engel zu tun, wohl Wege vorhanden sind, dies zu erreichen. Er muß dann bestimmte Tage fastend zubringen, muß den Kopf zwischen die Knie legen und zur Erde nieder viele Lieder und Gesänge murmeln, welche ausdrücklich angegeben sind. Alsdann erblickt er das Innere und die Hallen, und es ist ihm, als sähe er mit eigenen Augen die sieben Hallen, und es ist ihm, als träte er von einer Halle in die andere und sehe alles, was darin ist.*« Was der Kabbalist denkt, ist auf dem Bild hinter ihm in zwei »Sprechblasen« angezeigt. Von rechts nach links gelesen, steht in einem Kreis rechts oben der Buchstabe *Schin*. Über dessen drei Armen sind jeweils drei Punkte. Es handelt sich um einen sogenannten »Brillenbuchstaben« aus der »Augenschrift« (*K'taw Enajim*) oder »Engelsschrift«, die die jüdischen Mystiker in ihren Amuletten verwendeten. Er stellt eine Abkürzung des Gottesnamens *Schaddai* (*Allmächtiger*) dar, wie sie z. B. im *Buch Rasiel* vorkommt, das solche Amulette beschreibt und das selbst als Feuerschutz dient.[157] Links gegenüber hängt ein Dreieck am ersten Kreisabschnitt, in dem der vierbuchstabige Gottesnamen *Jahwe* (*Ewiger*) entwickelt wird: *J,/ J, H,/ J, H, W* und *J, H, W, H,* eine Triangulierung des Tetragramms die aus der christlichen Kabbala kommt.[158] Die Meditation des Kabbalisten bezieht sich offenbar auf den Vers: »*Ich erschien dem Abraham, Isaak und Jakob als Gott, der Allmächtige* (*El Schaddai*); *aber mit meinem Namen »Ewiger« habe ich mich ihnen nicht offenbart*« (Ex 6,3) und somit, wie wir oben gesehen haben, auf die Unterscheidung des verborgenen Gottes der Väter und des sich offenbarenden Gottes des Mose, des verheißenden Gottes der *Genesis* und des erfüllenden Gottes des *Exodus*. Ein neuer Pharao, ein neuer Amalek hat in der Generation des Künstlers diese Antwort Gottes wieder aktuell gemacht. Mose läßt auf der Spitze des Leuchters angesichts der mörderischsten Reinkarnation *Amaleks* erschöpft die Arme sinken. Über dem Bild des Kabbalisten wird das Martyrium des Rabbi Chanina dargestellt, der von den Römern mit Reisigbündeln in die Torarolle eingewickelt und verbrannt wurde. Auf die Frage seiner Schüler, was er sehe, antwortet er noch: »*Das Pergament brennt, aber die Buchstaben fliegen davon*« (bAwZa 18a), unter dem Bild des Kabbalisten ist der stumme Schrei Aarons angesichts seiner getöten Söhne, die fremdes Feuer auf den Altar Gottes gebracht hatten (Lev 10,1-3), abgebildet. Zwischen diesen Bildern der Unzerstörbarkeit des Geistes und der Unbegreiflichkeit der Strafe brütet der Kabbalist über Glaube und Wirklichkeit, über Allmacht und Gegenwart Gottes nach Auschwitz – als Teil jener unauslöschlichen Menora, jenes ewigen Lichts, von denen der Prophet Sacharja geträumt hatte.

13. Schabbat (Ex 31,13)

Im neunten Wochenabschnitt des Buches Exodus (*Ki Tissa, Wenn du aufnimmst*) setzt Gott seine Anweisungen für den Bau seines Heiligtums fort, doch plötzlich unterbricht er sich und warnt unvermittelt: »*Doch meine Schabbate sollt ihr hüten*«. Etwas ähnliches geschieht auf der Versammlung, im zehnten Wochenabschnitt (*WaJakhel, Und er versammelte*), auf der Mose dem Volk die Ausführung der Baupläne Gottes befiehlt (Ex 35,1-4). Bevor er das Volk zur Arbeit aufruft, schärft er ihm unvermittelt die Heiligkeit des arbeitsfreien Tages, des Schabbats, ein. Der Schabbat ist der Feiertag schlechthin. Das hebräische Wort »*Schabbat*« kommt vom Zeitwort »*Schawat*« und bedeutet »*ausruhen*«, »*die Arbeit einstellen*« und entspricht in etwa der Bedeutung der vom Lateinischen abgeleiteten Wörter: »*Feier*«, »*Ferien*«, »*Fest*«, die die Tage bezeichnen, an denen keine Geschäfte getätigt werden. Unter den zehn Geboten ragt das Schabbatgebot durch Länge und Nachdruck hervor. In den beiden Versionen des Dekalogs im zweiten und im fünften Buch Mose werden für dieses Gebot allerdings zwei ganz verschiedene Begründungen gegeben. In der ersten Version heißt es: »*Gedenke des Schabbattages, ihn zu heiligen: Sechs Tage kannst du arbeiten und all deine Werke verrichten: Aber der siebente Tag ist Feiertag dem Ewigen, deinem Gott; da sollst du keinerlei Werk verrichten, du und dein Sohn und deine Tochter, dein Knecht und deine Magd und dein Vieh, und dein Fremder in deinen Toren. Denn sechs Tage hat der Ewige gemacht den Himmel und die Erde, das Meer und alles, was darin ist, und geruht am siebten Tag; deswegen hat der Ewige gesegnet den Schabbattag, und ihn geheiligt*« (Ex 19,8-12). Im fünften Buch Mose heißt es dagegen: »*Beobachte den Schabbattag, ihn zu heiligen, wie der Ewige dein Gott dir geboten. Sechs Tage kannst du arbeiten und all deine Werke verrichten: Aber der siebente Tag ist Feiertag dem Ewigen, deinem Gott; da sollst du keinerlei Werk verrichten, du und dein Sohn und deine Tochter, dein Knecht und deine Magd, dein Ochs und dein Esel und all dein Vieh, und dein Fremder in deinen Toren, auf daß ruhe dein Knecht und deine Magd wie du. Und du sollst bedenken, daß du ein Knecht gewesen bist im Lande Ägypten und daß dich der Ewige, dein Gott, von dort herausgeführt hat mit starker Hand und ausgestrecktem Arm; darum hat dir der Ewige dein Gott geboten den Schabbattag zu halten.«* (Dtn 5,13-15). Neben kleineren Abweichungen fällt vor allen Dingen auf, daß das Schabbatgebot in der ersten Version des Dekalogs mit der Schöpfungsordnung der *Genesis* und in der zweiten mit der revolutionären Gesellschaftsordnung des *Exodus* begründet wird. Wer den Schabbattag von den sechs Werktagen unterscheidet, folgt, nach der ersten Version, dem Rhythmus der Schöpfung und lebt naturgemäß, während er nach der zweiten Version, gegen die bestehende soziale Ordnung, in der die einen ständig müßig gehen und die anderen ununterbrochen arbeiten müssen, das Ideal einer klassenlosen Gesellschaft von Freien und Gleichen setzt. Im Weihegebet (*Kiddusch*) des Schabbat werden die kosmischen und die sozialen Begründungen des Schabbat, gleichsam Natur und Revolution miteinander verknüpft – der Schabbat stellt sowohl die ideale Schöpfungsordnung wie auch die ideale Gesellschaftsordnung dar. Demnach kann niemand in Übereinstimmung mit der Natur leben und sich zugleich stoisch mit der gesellschaftlichen Ungleichheit abfinden, oder umgekehrt die gesellschaftliche Gleichheit gegen die Natur verwirklichen.

Für das jüdische Verständnis des Schabbats im engeren, technischen Sinn des Wortes war aber die eingangs zitierte Stelle: »*Doch meine Schabbate sollt ihr hüten*« (*Et-Schabbtotai Tischmoru*, Ex 31,13) wichtiger als die anderen prominenten Formulierungen des Gebotes. Aus dieser Ermahnung, mit der die eigentliche Gesetzgebung am Sinai endet, schließen die jüdischen Ausleger die wichtigsten Schabbatgebote. Aus der ausschließenden Konjunktion »doch«, mit der der Vers beginnt, wird zunächst geschlossen, daß am Schabbat auch alle Arbeiten am Heiligtum zu ruhen haben. Raschi ergänzt den Text folgendermaßen: »*Auch wenn ihr die Arbeit am Heiligtum voller Eifer fortsetzen wollt, so sollt ihr den Schabbat deswegen nicht verdrängen.*« Das Arbeitsverbot am Schabbat betrifft also nicht nur profane Tätigkeiten, sondern auch den Bau am Heiligtum. Daraus kann man den Schluß ziehen, daß es der Bibel und dem Judentum mehr auf die Heiligung der Zeit als des Raumes ankommt. Diesen Gedanken hat der neoorthodoxe Rabbiner Samson Raphael Hirsch mit überwältigender Beredsamkeit ausgeführt: »*Des Juden Katechismus ist sein Kalender.* (...) *Den scheinbar flüchtigsten Elementen hat Gott die Pflege seiner Heiligtümer anvertraut und hat ihnen damit unverwüstlichere Dauer und unbedingtere Zugänglichkeit gesichert, als* (...) *Denkmals-Erz und Tempel und Altar vermöchten.* (...) *Denkmäler verwittern, Tempel und Altäre zerfallen, aber die Zeit bleibt ewig, und ewig frisch und ewig neu tritt jeder junge Tag aus ihrem Schoß.*«[159] Das Heiligtum im Raum, meint Hirsch, ist irgendwo, das Heiligtum in der Zeit ist hingegen überall; den Tempel müssen wir besuchen, der Schabbat und der Feiertag suchen uns, wo immer wir uns auch befinden. Der jüdische Philosoph Abraham Jehoschua Heschel hat in seinem schönen Buch über den Schabbat geschrieben: »*Die Bibel ist mehr an der Zeit interessiert als am Raum* (...). *Sie widmet den Generationen, den Ereignissen mehr Aufmerksamkeit als Ländern und Dingen. Während die Gottheiten anderer Völker an Orte und Dinge gebunden waren, war der Gott Israels der Gott der Ereignisse* (...). *Das Judentum ist eine Religion der Zeit, die auf die Heiligung der Zeit abzielt. Die Schabbate sind unsere großen Kathedralen,* (...). *Man kann das jüdische Ritual als die Kunst charakterisieren, der Zeit gültige Formen zu geben, als Architektur der Zeit.*«[160] Heschel führt den Unterschied zwischen jüdischer und heidnischer Kultur auf den Unterschied zwischen Raum und Zeit, zwischen der Heiligung der Orte und der Heiligung der Zeiten zurück. Das flüchtige Element der Zeit, aus dem das Judentum besteht, läßt sich nicht verdinglichen, sondern – wenn es nicht Routine wird – nur verwirklichen.

Das strenge Arbeitsverbot am Schabbat wird in der Bibel zwar öfter erwähnt, aber nie erschöpfend erläutert. Aus dem »*doch*« im angeführten Vers haben die Ausleger den weiteren Schluß gezogen, daß am Schabbat genau jene Arbeiten untersagt sind, die bei dem Bau des Tempels ausgeführt werden mußten. Die Mischna zählt neununddreißig verbotene Hauptarbeiten auf: »*Säen, Pflügen, Ernten, Garben binden, Dreschen, Worfeln, Sortieren, Mahlen, Sieben, Kneten, Backen; Wolle scheren, sie bleichen, klopfen, färben, spinnen, anzetteln, in den Webschaft einführen, zwei Fäden weben, zwei Fäden trennen, einen Knoten knüpfen, einen Knoten auflösen, mit zwei Stichen festnähen, zerreißen, um mit zwei Stichen festzunähen; ein Reh fangen, es schlachten, seine Haut abziehen, sie salzen, das Fell bearbeiten, seine Haare abschaben, es zerschneiden;*

zwei Buchstaben schreiben, auslöschen, um zwei Buchstaben zu schreiben; Bauen, Niederreißen; Feuer löschen, anzünden, Hämmern; aus einem Gebiete in ein anderes Gebiet tragen« (mShab VII, 2). Auf den ersten Blick scheint diese Liste willkürlich zu sein. Doch bei näherer Betrachtung stellt sich heraus, daß viele dieser Arbeiten zusammengehören und einzelne Arbeitsschritte darstellen. So dienen etwa die elf Arbeiten vom Pflügen bis zum Backen der Herstellung von Brot, die dreizehn Arbeiten vom Wollescheren bis zum Nähen der Herstellung von Kleidern, die neun Arbeiten vom Jagen bis zum Schreiben der Herstellung von Schriften und die übrigen angeführten Arbeiten gehören zum Bau, zum Handwerk und zum Handel. Nach den Auslegern handelt es sich bei diesen Tätigkeiten um Arbeiten, die bei dem Aufbau des Zeltheiligtums anfielen, etwa bei der Herstellung gefärbter Stoffe, Teppiche und Felle, sowie bei der Zusammensetzung der tragenden Elemente aus Holz und Eisen. Man erkennt aber unschwer, daß es sich hier um eine systematische Aufzählung der schöpferischen Kulturleistungen der Menschheit handelt, die sich durch Ernährung, Kleidung, Bildung, Wohnung, Herstellung von Gebrauchsgegenständen und Warentausch auszeichnet. Demnach könnte man den Schabbat als Pause bei dem technischen Eingriff in die Natur, bei der pausenlosen Verwandlung der Natur in Kultur definieren. Der Schabbat, der an die Vollendung der Schöpfung erinnert, gönnt der erschöpften Kreatur wenigstens einen Tag in der Woche eine Verschnaufpause (so ließe sich *Nofesch*, Ex 31,17 wörtlich wiedergeben). Es paßt sehr gut zu dieser kulturphilosophischen Deutung, daß das Arbeitsverbot vom Bau des Heiligtums abgeleitet wird. Waren doch die Tempel Gipfel und Krönung der menschlichen Kunst und Kultur (gerade in unseren Abschnitten wird das Zeltheiligtum als regelrechte göttliche Neuschöpfung durch menschliche Kunst beschrieben) – und zugleich meistens Sklavenwerk.

Die menschliche Produktivität ist das Ebenbild der göttlichen Kreativität und der Schabbat – also die Unterlassung produktiver Arbeit – bietet die Garantie, daß die Imitation Gottes nicht zur Usurpation gerät: »*Sehen Sie nicht*«, fragt Samson Raphael Hirsch in seinen *Neunzehn Briefen über Judentum* seinen fiktiven Briefpartner, »*wie in jedem Augenblick, da Sie am Schabbat Ihre Hand von Arbeit zurückhalten, Sie Gott als den alleinigen Schöpfer und*

Herren beurkunden? (...). *Sehen Sie nicht, wie auch die leiseste, müheloseste Produktion am Schabbat Wegleugnung Gottes ist, als Herren und Schöpfer der Welt, Sich-Selbst-Einsetzen ist auf Gottes Thron* .«[161] In seinem *Versuch über Israels Pflichten in der Zerstreuung* unterstreicht der Zeitgenosse der industriellen Revolution, daß das Üben des Schabbat eigentlich im »*Nichtwerküben*« besteht.[162] Nicht etwa Gebet und Predigt, sagt Hirsch im ersten Jahrgang seiner Zeitschrift *Jeschurun* zeichnen den Schabbat aus, sondern »*Werkenthaltung*«, das ist das Zeichen, das dein Gott an jedem Schabbat von dir erwartet.[163] Das klingt merkwürdig unzeitgemäß im Jahrhundert atemlosen technischen Fortschritts. Seinen Parteigängern – darunter viele reiche jüdische Unternehmer – predigt Hirsch[164]: »*Unsere Zeit, in welcher eben die Bezwingung der Natur durch den Menschengeist, die Industrie, fast als der einzige rettende Gott verehrt wird, dessen Altäre allein nie leer stehen – unsere Zeit könnte des Schabbats entraten? O, wäre uns nicht längst der Schabbat vom barmherzigen Vater im Himmel gegeben, auf unseren Knien müssten wir ihn uns vom Vater im Himmel erflehen, daß er, der Schabbat, uns vor uns selber rette* (...) *von der Selbstvergötterung*«.[165] Er hört die reichen jüdischen Untenehmer erwidern: »*Schabbat in unserer Zeit! Allen Geschäften, allen Arbeiten in unserer blitzschnellen, donnereilenden Zeit einen ganzen Tag Stillstand, Stillstand der Börse, den Werkstätten, den Fabriken, den Dampfrossen – du gütiger Himmel! Wie wäre es möglich, der Puls des Lebens würde stocken und zugrunde ginge die Welt!*«[166] Hirsch antwortet: »*Je mehr du in deiner Zeit die Industrie alle Verhältnisse, alle menschlichen Beziehungen überflügeln siehst, je mehr du dich selbst von dem industriellen Strome ergriffen fühlst, je mehr du davor zittern musst, dass du und dein Kind ganz in diese industrielle Strömung versinken* (...), *je bedeutender das industrielle Moment dir geworden, je kostbarer* (...) *deine Zeit, je mehr Gewinn oder Verlust an Tagen, Stunden, Minuten für dich hängen, je stärker die industrielle Fessel, je grösser das Schabbatopfer, umso gotterfüllter* (...) *heilige den Schabbat und preise den Schabbat, und danke, danke innbrünstig für das rettende* (...) *Schabbatgeschenk*.«[167] Mit dem Schabbat kehrt in die titanische, prometheische Arbeitswelt für kurze Zeit der paradiesische Friede zurück (*Schabbat Schalom*). Dadurch hat der Mensch schon in der Gegenwart einen siebenten

Anteil am Paradies und das Paradies ist nichts anderes als ein ewiger Schabbat.[168] Erich Fromm hat in seinem Hauptwerk *Haben oder Sein* den Schabbat geradezu zu einem »Existenzial« erhoben. In unserer alltäglichen Existenz verfolgen wir meistens das Ziel, die Dinge zu besorgen, die wir brauchen und verbrauchen, während wir am Schabbat einfach unser Dasein genießen. »*Der Sabbat*«, schreibt er in seinem Buch, »*ist die wichtigste Idee innerhalb der Bibel und innerhalb des späteren Judentums.* (...) *Am Sabbat lebt der Mensch, als hätte er nichts, als verfolge er kein Ziel außer zu sein, das heißt seine wesentlichen Kräfte auszuüben – beten, studieren, essen, trinken, singen, lieben.*«[169] Unter der Woche sind wir im existenziellen Sinn gleichsam Sklaven, am Schabbat sind wir frei. Die Gebote und Verbote des Schabbat sind also in Wahrheit keine Zwänge, sondern vielmehr Voraussetzung der Befreiung von den alltäglichen Zwängen und somit die eigentliche Antwort auf die Sklaverei in Ägypten, der Sinn des Exodus.

Obwohl der Schabbat von universaler Bedeutung ist, hat ihn die jüdische Tradition stets als ureigenstes Erbe des Judentums, als eine Art jüdischen Nationalfeiertag betrachtet. Im Vers Ex 31,13 heißt es ausdrücklich, daß der Schabbat »(...) *ein Zeichen ist zwischen mir und euch in allen Geschlechtern, daß man wisse, daß ich, der Ewige, es bin, der euch heiligt*«. Der Kommentator Raschi ergänzt das unbestimmte »*man*« durch: »*die Völker*«. Im Schabbatgebet definiert sich das Judentum geradezu als Volk, das den Schabbat heiligt (*Am Mekadschei Sch'wii*) und Gott dankt, daß es ihm und nicht den Heiden den Schabbat gegeben hat. Am Schabbat, sagt der jüdische Theologe Saadja Gaon, erkenne man den Juden, der in der Stadt sein Geschäft schließt und auf Reisen eine Pause einlegt. Ein rabbinischer Spruch sagt, daß nicht die Juden den Schabbat, sondern der Schabbat die Juden erhalte. Allerdings versteht sich das jüdische Volk als Präfiguration einer Menschheit, die den Schabbat als Zeichen der Geschöpflichkeit und Freiheit hütet (Jes 56,6-7).

14. Goldenes Kalb (Ex 32,1-7)

Während Gott noch auf dem Gipfel des Berges seine Baupläne skizziert und seine ewigen Ordnungen diktiert, gerät das Volk, unten am Fuß des Berges, bereits auf Abwege. Davon erzählt der neunte Wochenabschnitt des Buches Exodus unmittelbar im Anschluß an die Erneuerung des Schabbatgebots (Ex 31,13-17). Die Israeliten waren am Sinai Zeugen der Offenbarung gewesen und hatten nach der bereits angeführten rabbinischen Ansicht zumindest die ersten Gebote: »*Du sollst keine Götter haben vor meinem Angesichte*«, »*Du sollst dir kein Bild machen und keinerlei Gestalt*« *und* »*Du sollst dich vor ihnen nicht niederwerfen und ihnen nicht dienen*« (Ex 20,3-5) mit eigenen Ohren gehört. Gott ließ ihnen am Schluß der zehn Gebote noch einmal extra einschärfen: »*silberne Götter oder goldene Götter sollt ihr euch nicht machen*« (Ex 20,20) und sie hatten alle allem zugestimmt (Ex 24,3). Doch schon wenige Wochen später war alles wieder vergessen: »*Als aber das Volk sah*, heißt es Ex 32, *daß Mose säumte, vom Berg herabzukommen, da versammelte sich das Volk um Aron, und sie sprachen zu ihm: Auf, mache uns einen Gott (Elohim), der vor uns einherziehe! denn dieser Mann Mose, der uns aus dem Lande Ägypten geführt hat – wir wissen nicht, was aus ihm geworden ist. Da sprach Aron zu ihnen: Reißt euch die goldenen Ringe ab, die in den Ohren eurer Frauen, Söhne und Töchter sind, und bringt sie mir. Da riss sich das ganze Volk die goldenen Ringe ab, die in ihren Ohren waren, und brachte sie Aron. Er nahm sie aus ihrer Hand; dann bearbeitete er es mit dem Meißel und machte daraus ein gegossenes Kalb; und sie sprachen: ‚Dies sind deine Götter (Eloheicha), Israel, die dich aus dem Lande Ägypten geführt haben!' Als Aron dies sah, baute er vor ihm einen Altar, und Aron rief aus und sprach: Morgen ist dem Ewigen ein Fest! Des andern Morgens standen sie früh auf, opferten Ganzopfer und brachten Friedensopfer dar; dann setzte sich das Volk zum Essen und Trinken hin, und sie standen dann auf, um Mutwillen zu treiben*« (Verse 1-7). Der Tanz ums goldene Kalb ist zum Symbol materialistischer Gesinnung geworden. Wie eine Strafe verfolgt diese Sünde die Juden in der antisemitischen Karikatur durch die Jahrhunderte.[170] Auch wenn sich ihr Leben durch reinsten Gottesdienst auszeichnete, verdächtigte sie ihre Umwelt stets, daß sich bei ihnen alles nur ums goldene Kalb drehe. Ja manche christlichen Polemiker haben selbst den kostspieligen israelitischen Gottesdienst als Strafe für die Sünde vom goldenen Kalb gedeutet. Der Altar im Tempel, sagt zum Beipiel Johann Georg Wachter (1673-1757), bekam *»Kalbs-Hörner«*, die Keruwim auf der Bundeslade hatten *»Kalbsköpfe«* und Mose erschien ihnen sogar mit einem *»Kalbs-Kopf«*, denn Gott *»hatte ihm glänzende Hörner aufgesetzt* (...) *um auf die Sünde des Kalbes hinzudeuten.«*[171] Aber die jüdischen Ausleger zermalen dieses Negativsymbol Israels, gleich Mose, zu feinem Staub (Ex 32,20).

Man hat sich natürlich immer gefragt, wie das Volk so schnell, so tief sinken konnte.[172] Gewiß, es fühlte sich verlassen und wußte noch nichts von den kultischen Geboten, die Mose soeben auf dem Berg empfangen hatte. Trotzdem überrascht der Unglaube des Volkes, nachdem es Augenzeuge der zahlreichen Wunder am Meer, in der Wüste und am Berg geworden war. Man muß dieses Verhalten jedoch nicht notwendigerweise der gewöhnlichen Schwachheit der Menschen zurechnen. Wie der Rückprall der physikalischen Feder mit der Dehnung wächst, so der Rückfall der moralischen Triebfeder mit der religiösen Überforderung. Je größer die Fallhöhe, desto tiefer der Sturz – religiöser Alpinismus ist gefährlich! Die Bibel kennt zwar auch den Typus des religiösen Extremisten, den Nasir, der Enthaltsamkeit gelobt. Er muß aber nach Erfüllung seines Gelübdes ein Sündopfer darbringen (Num 6,16). Maimonides, der Anwalt des Mittelmaßes, folgert daraus: Wer aus religiösen Gründen z. B. fastet, *»wird Sünder genannt. Denn es heißt beim Nasir: ‚Und er bewirke Entsündigung, weil er gesündigt gegen die Seele‘* (Num 6,11). *Dies deuten unsere Weisen so,* fährt Maimonides fort, *wenn schon der Nasir, der sich doch nur des Weins enthielt, einer Sühne bedarf, um wieviel mehr derjenige, der sich so viele Dinge versagt* (Hilchot Deot 3,1). Nach Maimonides ist auch die schlimmste aller Sünden, der Götzendienst, nicht eine Folge von Irreligiosität, sondern von Überreligiosität. Der religiöse Abfall folgt nämlich, seiner Meinung nach, nicht aus mangelnder, sondern aus übertriebener, fehlgeleiteter Gottesverehrung. Die Gottesliebe entzündet sich, sagt er mit allen alten Philosophen, an der Schau des gestirnten Himmels über uns (Hilchot Jessode HaTora 2,2).[173] Die siderische Frömmigkeit ist aber zugleich auch die Ursache des Götzendienstes. Wenn die Verehrung Gottes nämlich auf seine höchsten Geschöpfe, auf die Sterne und Planeten abstrahlt, wie etwa die Verehrung eines Souveräns auf seine Minister, dann ist man bereits auf der schiefen Bahn. Gewiß, ursprünglich meinten die Sterneanbeter mit der Verehrung seiner großartigsten Geschöpfe den Schöpfer selbst. Doch in dem Maße, wie sich der Kult der Planeten verselbstständigte, vergaßen sie den Schöpfer und verehrten nur noch seine großen Geschöpfe: Saturn, Jupiter, Sonne, Mars, Venus, Merkur und Mond – und schließlich nur noch deren steinerne Abbilder.[174] Die Depravation des Urmonotheismus in Astrolatrie und Idolatrie ist demnach ein beinahe unvermeidlicher Irrweg des religiösen Bewußtseins. Der Schöpfer wird aus religiöser Verehrung – nota bene – erst durch seine auffälligsten Geschöpfe und diese dann durch ihre Symbole ersetzt. Die doppelte Substitution macht es zuletzt auch den Eingeweihten unmöglich, die Götzenbilder auf Gott zurückzubeziehen.[175] Der Weg, der zu Gott hinaufführt, ist zugleich der Weg, der zu den Götzen hinabführt (Hilchot Akum 1,1 ff., Führer der Verirrten I, Bd. I, S. 115f.).[176] Nach diesem Maimonides'schen Fallgesetz wäre es gar nicht verwunderlich, daß das Volk ausgerechnet am heiligen Berg am tiefsten gefallen wäre. So gesehen würde die Geschichte vom goldenen Kalb vielleicht gar nicht das unbegreifliche Verlangen (*Awa*) nach Götzen, den natürlichen Hang der Menschen zur Vielgötterei illustrieren – wie Raschi mit dem Talmud das Pluraletantum in Ex 32,1 auffaßt (//bSan 63a) –, sondern die natürliche Degeneration vom Bilder- zum Götzendienst. Die Episode des goldenen Kalbes könnte nach diesem Ansatz etwa folgendermaßen gelesen werden: Anfangs, als das Volk vom Mosebruder verlangte: »*Auf, mache uns einen Gott* (Elohim)[177], *der vor uns einherziehe! denn dieser Mann Mose, der uns aus dem Lande Ägypten geführt hat – wir wissen nicht, was aus ihm geworden ist*« (Ex 32,1), ging es vielleicht nur um einen Führerersatz, nicht um einen Gottesersatz. Aaron hätte wohl auch kaum nachgegeben, wenn das Volk mehr als ein Zeichen der göttlichen Führung, eine Art Feldzeichen für die Wüstenwanderung und den Kriegspfad gewünscht hätte (Ex 32,23). Erst als das Volk erklärte: »*Dies ist dein Gott, Israel, der dich aus dem Lande*

Aegypten geführt hat!« (Ex 32,5) wurde aus der »*Führungskrise*«, wie Roland Gradwohl sagte, eine »*Glaubenskrise*«, aus dem Führerersatz ein Gottesersatz.[178] Somit würde die Bibel nur vorführen wollen, wie schnell ein harmloses religiöses Zeichen zum Fetisch degeneriert, wie rasch ein Volk aus Verzweiflung sein ganzes Vertrauen in eine wertlose Standarte setzt. Nach dieser Deutung ist aber nicht mehr verständlich, weshalb der Mosebruder nach dieser Akklamation, noch bereit war, einen Altar für das Götzenbild zu errichten und ein Fest zu Ehren des »*Ewigen*« auszurufen – was er nach seinen Anwälten allerdings nur tat, um Zeit bis zur Rückkehr seines Bruders zu schinden (SchemR 41,7). Doch möglicherweise gab es für ihn gar keinen unüberwindlichen Gegensatz zwischen dem Bilderdienst und dem reinen Gottesdienst. Er meinte vielleicht, daß das Volk Bilder brauche und daß es nur darauf ankomme, die Bilder wieder auf Gott zurückzubeziehen. Für Maimonides, für den der Sinn der jüdischen Religion Negation des Götzendienstes ist[179] und der selber eine kompromißlose negative Theolgie vertreten hat (Führer der Verirrten I, 58, Bd. 1, S. 196), war damit freilich die Talsohle erreicht. In der Oper Moses und Aron von Arnold Schönberg klagt Moses – als echter Maimonidianer – seinen Bruder an: »*Verraten hast du Gott an die Götter, den Gedanken an die Bilder, dieses auserwählte Volk an die anderen, das Außergewöhnliche an die Gewöhnlichkeit (...).*«[180] Aaron und das Volk haben aber auch geschickte jüdische Anwälte gefunden.

So nimmt etwa der mittelalterliche jüdische Apologet und Antipode des Maimonides, Jehuda Halevi (1075-1141), das Volk gegen Kritik in Schutz und versucht es von der Sünde des goldenen Kalbes vollständig rein zu waschen.[181] Nach seiner Meinung handelte es sich gar nicht um Götzen-, sondern nur um Bilderdienst, also nicht um einen Verstoß gegen das erste, sondern nur gegen das zweite Gebot. Unter den damaligen Bedingungen sei der Wunsch des Volkes nach einem sinnlichen Gegenstand der Anbetung völlig normal gewesen. Sogar der von Gott gebotene Gottesdienst enthielt solche Gegenstände wie die Bundestafeln, die Bundeslade und die Keruwim. Und eben solche Ritualien erwartete man vom säumigen Moses. Das Volk beratschlagte nun, wie man den Gottesdienst abhalten könnte: »*Nach verschiedensten Vorschlägen und Plänen,* sagt Jehuda Halevi, *fanden es endlich Einige für nötig, einen sinnli-*

chen Gegenstand der Anbetung zu suchen, dem sie sich, gleich andern Völkern, zuwenden könnten, ohne aber den Gott, der sie aus Ägypten geführt hat, zu verleugnen. Es sollte eben nur da sein, damit sie sich an dasselbe wenden könnten, wenn sie von den Wundern ihres Gottes erzählten«.[182] Die Anbetung des goldenen Kalbes wäre also gar kein Götzendienst, sondern nur ein vom verschollenen Gesetzgeber nicht legitimierter Gottesdienstes gewesen. Aber auch in bezug auf die Übertretung des zweiten Gebotes läßt Jehuda Halevi jeden bilderstürmerischen Eifer vermissen. Die eigentliche Sünde des Volkes sei, wie gesagt, nicht, daß es überhaupt ein Bild, sondern nur, daß es ein Bild seiner Wahl verehrte. Der Bilderdienst, meint er, erscheine nur den Teilnehmern am heute üblichen synagogalen Gottesdienst unannehmbar, ebenso erschiene aber der synagogale Gottesdienst den Teilnehmern am Opferdienst im Tempel sonderbar – alles ist relativ! Jehuda Halevi erweckt den Eindruck, als ob die Sünde des goldenen Kalbes nicht von der Bibel selbst, sondern nur vom zeitgenössischen Leser als Skandal empfunden werde.[183] Ja nicht einmal der Vers Ex 32,4: »*Dies ist dein Gott, Israel, der dich aus dem Lande Ägypten geführt hat*«, der doch ein eindeutiger Beweis für den Umschlag vom Bilder- in Götzendienst zu sein scheint, läßt sich, seiner Ansicht nach, gegen das Volk verwenden. Denn wenn das goldene Kalb nur eine sinnliche Darstellung Gottes ist, dann läßt sich von Außen gar nicht beurteilen, ob sich die Aussage auf das Symbol oder auf seine Bedeutung bezieht.[184] Wenn diese Verteidigung Jehuda Halevis zutreffen würde, dann wären die Zornausbrüche von Gott und Mose (Ex 32,10.19) und der langatmige Versöhnungsprozeß (Ex 33,1 – 34,10), von denen die Bibel berichtet, kaum verständlich. Und doch sind eine ganze Reihe von jüdischen Auslegern seiner Verteidigung des jüdischen Volkes gefolgt, etwa Abraham ibn Esra (-1164),[185] der deutsche Pietist Eleasar von Worms (1165-1230),[186] Nachmanides (1194-1270),[187] Jizchak Abrawanel (1437-1508),[188] unter den modernen Kommentatoren vor allem Mendelssohn, der gerade an diesem Beispiel seinen Begriff des Judentums erläutert.[189]

Moses Mendelssohn knüpft allerdings zunächst an seinem Vorbild Moses Maimonssohn an: wie für diesen war auch für jenen Israel der Bund der »*wahren Theisten*« und die Abwehr des Polytheismus »*Hauptzweck und Grundgesetz der Verfassung*«

(JubA VIII, 184,28-29) des Moses Amramssohn; wie für diesen hing daher auch für jenen ein zureichender Begriff des Judentums von der Kenntnis und vom Verständnis des Polytheismus ab; wie für diesen, bestand der Götzendienst schließlich auch für jenen in einer Degeneration und Reifikation der religiösen Symbole. Doch anders als für den mittelalterlichen Aufklärer lauert für den modernen Aufklärer die Gefahr der religiösen Deviation nicht nur im Gebrauch oder Mißbrauch von Sach- oder Bildsymbolen, sondern ebenso im Gebrauch von Wort- und Begriffssymbolen. Diese Gefahr ergibt sich bei diesem, noch mehr als bei jenem aus der Eigendynamik der jeweiligen Symbolik; schließlich wird die Gefahr bei diesem, anders als bei jenem, nicht durch Negation der Symbole, sondern durch die Suche nach einem Symbolsystem gebannt, das gegen Verdinglichung gefeit ist. Mendelssohn folgt in diesem Punkt den schrift- und religionsgeschichtlichen Spekulationen von William Warburton, der in seinem weitverbreiteten *Versuch über die Hieroglyphen der Ägypter*[190] die These vertreten hatte, daß sich die ägyptische Idolatrie und Zoolatrie aus der zoographischen Hieroglyphenschrift entwickelt habe: »*hieroglyphics being* (...) *the great source of* (...) *idolatries and superstitions.*«[191] Die zunächst allgemein verständlichen tierförmigen Zeichen der Götter, wie sie das zweite Gebot, das Warburton als Hieroglyphenverbot deutet, und die Geschichte vom goldenen Kalb in der Bibel noch voraussetzen,[192] hätten infolge ihres sakralen Gebrauchs Idolatrie und Zoolatrie hervorgebracht.[193] Hören wir Warburton selbst: »*In diesen Hieroglyphen war die Geschichte ihrer großen Schutzgötter, ihrer Könige und Gesetzgeber aufgezeichnet, und durch Thiere und andere Kreaturen vorgestellet. Das Bild eines jeden Gottes war seinen Verehrern und Anbetern gar wohl bekannt, weil es an die Tempel und andere heilige Denkmale auf gemeine und bekannte Art gemahlet oder eingegraben war; so, daß das Bild den Begriff des Gottes die Andacht erreget, mithin es ganz natürlich war, daß sie bey Anrufung eines besonderen Gottes gegen sein vorstellendes Zeichen oder Symbolum sich wendeten. Besonders wenn wir erwegen, daß, als die Egyptischen Priester anfingen nachsinnend und geheimnisvoll zu werden, sie einen göttlichen Ursprung ihres Hieroglyphischen Charakters deswegen erdichteten, damit sie dieselben noch herrlicher und ehrwürdiger machen möchten. Dieses mußte natürlicher Weise eine verhältnismäßige Andacht gegen diese symbolischen Figuren erwecken: und wenn diese auf ein lebendiges Thier gerichtet ward; so mußten sie endlich gar bey dieser Verehrung stehen bleiben, ohne ihre Gedanken auf etwas höheres zu richten.*«[194] Der ominöse Priesterbetrug *(trick)* begünstigte die Übertragung der Verehrung vom ursprünglichen Zeichengehalt auf die sakralisierte Zeichengestalt.[195] Religiöse Aufklärung heißt demnach: Aufklärung der unabsichtlichen oder absichtlichen Verdunkelung der religiösen Zeichen. Mendelssohn ist gleichfalls vom direkten Einfluß des Zeichen- bzw. Schriftmediums auf die Religion überzeugt (VIII, 171,1-7). Er unterscheidet drei Arten von Schriften: die Bilderschrift, die Buchstabenschrift und die Gebärdenschrift und versucht ihren jeweiligen Einfluß auf die Religion abzuschätzen. Die Zeichen der Bilderschrift bilden wie in der Piktographie die Gegenstände anschaulich, oder wie in der Ideographie schematisch ab. Sie sind wenigstens an sich natürliche und anschauliche Zeichen – und somit für die aufklärerische Semiotik die besten, weil durchsichtigsten Zeichen. Da aber bei dieser Art von Schrift das Zeichen das Bezeichnete verdoppelt, ist auch die Gefahr gegeben, daß beide verwechselt werden. Beim Rebus etwa ist diese Gefahr am größten (VIII, 173,35-174,8 u. 176,32-177,4). Bei den Piktogrammen, die anstelle des unbequemen Rebus treten, führt, wie das Schicksal der Hieroglyphen belegt, ein Prozeß der Schematisierung der Zeichen und der Komplizierung ihrer Bedeutung dazu, daß die Zeichen schließlich nur noch von Eingeweihten verstanden werden und für die Allgemeinheit ihren Zeichencharakter einbüßen und zu verehrungswürdigen Sachen werden (VIII, 177,4-31). Die ideographische Bezeichnung der Dinge scheint zwar ein konkretistisches Mißverständnis der Zeichen auszuschließen, sie ist aber von Natur aus esoterisch und erliegt, wie die mystische und magische Numerologie und Arithmologie beweisen, gleichfalls der Verdinglichung (VIII, 183,6-17).[196] Die Degeneration der durchsichtigsten Zeichen in undurchsichtige Dinge, die man vielleicht *semiotische Verdinglichung* nennen kann, erscheint als inneres Verhängnis dieses Mediums. Dagegen scheinen die Zeichen der Buchstabenschrift, die mit Ausnahme der Lautmalerei, die Wörter und nicht die Dinge abbilden, als willkürliche und ungegenständliche Zeichen gefeit zu sein. Was sich angesichts der Bevorzugung der natürlichen vor den willkürlichen Zeichen als gravierender Nachteil ankündigt – die Wörter geben von sich aus nicht die Bedeutung zu erkennen, sie sind semantisch opak, das erweist sich angesichts der Gefahr der *semiotischen Verdinglichung* als Vorzug. Die alphabetischen Zeichen der Wörter bedeuten an sich nichts und verweisen gerade deshalb auf deren Bedeutung und nicht auf sich selbst. Wenn man einmal von Buchstabenmystik und -magie absieht, droht hier eine andere Gefahr, die man vielleicht *semantische Verdinglichung* nennen sollte. Die Buchstaben notieren nicht die Dinge, sondern die Wörter, die nur konventionell mit den Dingen verknüpft sind. Nun ändert sich die Bedeutung der Wörter nicht nur von Zeit zu Zeit, sondern auch von Person zu Person, während die Gestalt der Wörter immer die gleiche bleibt. Die Buchstabenschrift versucht den flüssigen Sinn im Wortlaut dingfest zu machen (VIII, 134,25ff.). Das Pendant zur Degeneration der Zeichen in Dinge wäre hier die Degeneration der Dinge in Zeichen. Damit hängt dann schließlich auch eine *pragmatische Verdinglichung*, d. i. eine Loslösung des Wortes aus der Situation und dem Kontext, in dem es gesprochen und verstanden wird, zusammen. Der Anspruch einer ewigen Fixierung des lebendigen Geistes im Buchstaben der Schrift ist der von Sokrates bei Platon, von Rousseau und hier von Mendelssohn beklagte Aufstand des Buchstabens gegen seinen Vater, den Geist, der sich, so der traditionalistische Aspekt dieser Medienkritik, im Aufstand der bücherweisen Jugend gegen das lebensweise Alter äußert (VIII, 170,8ff.). Die Gebärdenschrift nun besitzt nach Mendelssohn die Vorteile der beiden anderen Schriftarten und vermeidet deren Nachteile. Die Gebärde ist ein natürliches Zeichen, das als vorübergehende, der *semiotischen* und als bedeutungsoffene und erläuterungsbedürftige Zeigehandlung der *semantischen* und *pragmatischen Verdinglichung* entgeht. Die Gebärden, die so anschaulich wie die Hieroglyphen und so flüchtig wie die Laute sind, sind probate Mittel sowohl gegen die Reifikation, als auch auch gegen die Abstraktion (VIII, 184,9-17). Eine solche Gebärdenschrift ist nach Mendelssohn die Tora als lebendige, an den Kult gebundene Weisung (vgl. Kapitel 4 u. 7). *»Das Zeremonialgesetz*, schreibt er, *ist selbst eine lebendige, Geist und Herz erweckende Art von Schrift, die bedeutungsvoll ist, und ohne Unterlaß zu Betrachtungen erweckt, und zum mündlichen Unterrichte Anlaß und Gelegenheit* *gibt*« (VIII, 169,13ff.). Zusammenfassend kann man über den Einfluß der Medien auf die Religion bei Mendelssohn also sagen: Die Bilderschrift bannt den Sinn im Bild, so daß die Gefahr besteht, daß das Sinnbild nicht mehr als Zeichen erkannt und zum Götzen wird (VIII, 177,32ff.); die Lautschrift bannt den Sinn dagegen im Buchstaben, was eine Verwechslung von Zeichengestalt und -gehalt zwar verhindert, dafür aber die Gefahr in sich birgt, daß der Geist im Dogma gefangen genommen wird (VIII, 167,15-19). Das pikturale Medium entartet zum heidnischen Fetischismus, das literale Medium zum christlichen Dogmatismus; allein das zeremonial-orale Medium des Judentums beugt sozusagen medial beiden Formen der religiösen Degeneration vor: dem ikonischen Heidentum und dem dogmatischen Christentum; oder, um es in einen Mendelssohn näherliegenden religionsgeschichtlichen Zusammenhang zu stellen, könnte man auch sagen, daß die »*handelnde Symbolik*«[197] des Judentums im doppelten Gegensatz zur überwiegend »*diskursiven Symbolik*« des Protestantismus und der mit ihr verbundenen Gefahr des Verbalismus und der überwiegend »*präsentativen Symbolik*« des Katholizismus und der mit ihr verbundenen Gefahr der Ikonolatrie steht. Gemeinsam sind diesen religiösen Deviationen die verdinglichenden Medien. Das zeremonial-orale Medium eignet sich dagegen als »Grammatik« einer bilder- und dogmenlosen Vernunftreligion. Im Gegensatz zu Maimonides sind die Zeremonialgesetze für Mendelssohn nicht symptomatische Reaktionen auf bestimmte, historisch vorkommende Formen des Götzendienstes, sondern eine genetische Reaktion auf die Ursache des Götzendienstes überhaupt. Wenn bestimmte religiöse Symbole leicht zu Fetischen entarten, so liegt das am religiösen Medium selbst. Mit seinem kritischen Symbolismus kann Mendelssohn eine Schwierigkeit lösen, die Maimonides in unabsehbare Aporien verwickelt hat. Für Mendelssohn gibt es nicht nur das Problem der Sinnlichkeit und Dinglichkeit der religiösen Zeichen, sondern umgekehrt auch das Problem ihrer Unsinnlichkeit und Ungegenständlichkeit. Die Kehrseite der maimonidischen Kritik des Polytheismus ist der absolute Spiritualismus seiner negativen Theologie, der mit seiner Kodifizierung des materiellen Kultes nicht vermittelt ist. Aber mit der Anagogie allein ist keine Synagoge zu machen! Demgegenüber ist die Theorie Mendelssohns eher in der Lage von der Erscheinung der Synagoge und vom konkreten Vollzug jüdischen Lebens Rechenschaft abzulegen.

Aber die Religionsgeschichte ist nach Mendelssohn sowenig wie die Menschheitsgeschichte eine ununterbrochene Erfolgsgeschichte, die etwa von der Bilder-, zur Wort-, Tat- und Geistesreligionen fortschreiten würde (VIII, 162,27-164,8). So kann das Ritual, wie Mendelssohn selbst andeutet (VIII, 185,21-24) und wie Kant gerade am Judentum moniert, durchaus zum *»Fetischmachen«* werden.[198] Auch die *»Gebärdensprache der Liebe zu Gott«*, wie Rosenzweig den Kult bezeichnet,[199] kann der *semiotischen Verdinglichung* erliegen, etwa wenn im *»Ritualismus«* der deiktische Charakter der *»Verhaltenshieroglyphen«* verloren geht und zu einem sinnlosen Verhaltensmuster verkommt. Der *»Ritualist«* steht religiös nicht höher als der Fetischist oder der Dogmatiker. Ferner kann, wie im vorliegenden Fall, eine Zeremonialreligion wieder in eine Bildreligion zurückfallen (VIII, 185,26). Gerade das sei nach Mendelssohns Darstellung von Ex 32 seines *Jerusalem* (VIII 185,25-186,6) und seines Exoduskommentars (XVI, 328,22) am Fuße des Berges Sinai geschehen. Wenn das Volk vom Hohepriester Aaron verlangte: *»verfertige uns göttliche Wesen* (Elohim), *die vor uns hergehen«* (Ex 32,1), dann suchte es nur ein Surrogat für den verloren geglaubten Führer (VIII,185,30-33; XVI, 328,22ff.).[200] Aaron gab nach, weil er dachte, daß das Volk lediglich ein Symbol brauchte, vergleichbar der Bundeslade oder der Wolkensäule.[201] Sogar die Identifikation des Zeichens mit der Sache, die Akklamation des Jungstiers (Ex 32,5), war in den Augen Aarons noch keine unumkehrbare Verfehlung (XVI, 329,43ff.) und er wollte mit seinem Kult das bildliche Symbol von *»Elohim«* wieder auf *»JHWH«* hin durchsichtig machen (VIII, 185,33-36). Auch das Volk habe zunächst noch keinen Götzendienst im Sinn gehabt, doch dann habe es das Zeichen zu ihrem Gott erklärt: *»Da sprachen sie: Jisrael! Dieses sind deine Götter, welche dich aus dem Lande Mizrajim herauf geführt haben«* (X.1, 286,19-21). Mendelssohns Version der Geschichte in seinem Buch *Jerusalem* hört sich freilich etwas anders an. Danach wollte das Volk von Anfang an den Hohepriester täuschen und offenbart seine wahren götzendienerischen Absichten erst im orgiastischen Rausch. Nach der Bibel ist der Rausch allerdings nicht die Ursache oder die Gelegenheit des Umschlages vom falschen Gottes- in Götzendienst (VIII 185,36ff.), sondern eine Folge. Der Exoduskommentar Mendelssohns, der in den Versen (Ex 32,1ff.) den Prozeß des Falls vom Gottes- in den Götzendienst herausliest, ist also eine getreuere Illustration seiner Theorie der Degeneration der religiösen Zeichen. In jedem Fall ist in seiner Verteidigung des Volkes, das dem Verhängnis des pikturalen Mediums erliegt, oder zumindestens Aarons, der der Täuschung des Volkes erliegt, der Einfluß Jehuda Halevis spürbar. Aber so wie Mendelssohn die Theorie des Maimonides verallgemeinert, so verallgemeinert er auch die Theorie Jehuda Halevis und verbindet die beide Theorien des großen jüdischen Antisymbolisten und des großen jüdischen Symbolisten zu einem kritischen Symbolismus. Mit Jehuda Halevi ist er der Meinung, daß die Verwendung religiöser Bilder nicht automatisch zu Idolatrie führen muß. Es kann durchaus sein, daß die Bilderschrift ihren Zeichencharakter für ihre Benutzer behält und transparent auf ihre transzendente Bedeutung verweist, so daß der scheinbare Götzendienst in Wirklichkeit reiner Gottesdienst ist. Für einen äußeren Beobachter ist es kaum möglich zu entscheiden, ob die bildliche, etwa die zoomorphe Darstellung der göttlichen Attribute für die Teilnehmer noch Schrift oder schon »*Abgötterey*« sei (VIII, 179,21). Die Interpretation aller primitiven Religionen als Idolatrie und Fetischismus beruht auf derselben Verwechslung von Zeichen mit Dingen, die man ihnen zum Vorwurf macht. Mendelssohn schlägt folgendes exotisches Gedankenexperiment vor: Man versetze unvorbereitet einen schriftlosen Naturmenschen aus der Südsee in den »*Tempel der Providenz*« in Basedows Dessauer *Philanthropin*, »*einen der bilderfreysten Tempel von Europa*«: »*Er fände alles leer von Bildern und Verzierung; nur dort auf der weißen Wand einige schwarze Züge* – nämlich »*die Worte: Gott, allweise, allmachtig, allgütig, belohnt das Gute*« *die vielleicht das Ohngefähr dahin gestrichen, Doch nein! die ganze Gemeine schauet auf diese Züge mit Ehrfurcht, faltet die Hände zu ihnen, richtet zu ihnen die Anbetung. Nun führet ihn eben so schnell und eben so plötzlich nach Othaiti zurück, und lasset ihn seinen neugierigen Landesleuten von den Religionsbegriffen des D*(essauer) *Philanthropins Bericht abstatten. Werden sie den abgeschmackten Aberglauben ihrer Mitmenschen nicht zugleich belachen und bedauern, die so tief gesunken sind, schwarzen Zügen auf weissem Grunde göttliche Ehre zu erzeigen? – Aehnliche Fehler mögen unsere Reisenden sehr oft begehen, wenn sie uns von der Religion entfernter Völker Nachricht ertheilen«* (VIII, 179,25-180,5). Als Beispiel dafür, daß man vom Theriomorphismus nicht unbedingt auf Idolatrie schließen könne, bringt Mendelssohn eine Allegorese des viel belachten hinduistischen Schöpfungsmythos aus den Lehrbüchern (Shastras) der Hindus,[202] wonach das Weltall auf einem Elephanten, der Elephant auf einer Schildkröte, die Schildkröte auf einer Schlange ruhe (VIII, 180,21-181,19). Mendelssohn schließt seine metaphysische Auslegung dieses Mythos mit der Bemerkung: *»Alles dieses findet man bey ihnen auch in Bildern vorgestellt, und man siehet, wie leicht solche Bilder und Bilderschrift zu Irrtümern verleiten können«* (VIII, 181,17-19) – wohlgemerkt, nicht die Heiden zu religiösen, sondern die Wissenschaftler zu hermeneutischen Irrtümern! Die Mythologie kann narrativ verschlüsselte spekulative Theologie oder Philosophie sein. Es kommt bei der Beurteilung einer Religion nicht auf das bloße Vorhandensein von Mythen und Symbolen an, sondern darauf, ob die Bilder als Zeichen oder als Gegenstände betrachtet werden, ob sie den Blick auf einen transzendenten Zeichengehalt freigeben, d. h. ob sie transparent oder opak sind. Der absolute Ikonoklasmus kann sich leicht gegen seine Vertreter kehren. So wurden, in einem Midrasch, auf den wir bereits hingewiesen haben, die beiden Keruwim auf der Bundeslade im Allerheiligsten des salomonischen Tempels als Beweis für Götzendienst gewertet: *»Die Eroberer Jerusalems*, schreibt Mendelssohn, *fanden bey der Plünderung des Tempels die Cherubim auf der Lade des Bundes, und hielten sie für die Götzenbilder der Juden. Sie sahen alles mit barbarischen Augen, und aus ihrem Gesichtspunkte. Ein Bild der göttlichen Vorsehung und obwaltenden Gnade nahmen sie, ihrer Sitte nach für Bild der Gottheit, für Gottheit selber, und freueten sich ihrer Entdeckung«* (VIII, 180,9-14). Sowenig wie nun die Keruwim im Tempel in Jerusalem Götzen, sondern nur Bilder der wichtigsten göttlichen Attribute waren, sowenig sind umgekehrt die Bilder in den heidnischen Tempeln notwendig Götzenbilder. Der Schluß vom Bild auf den Götzen ist ein ethnozentrischer Fehlschluß mit Bumerang-Effekt – die Kategorie »Götzendienst« ist relativ. Die Geschichte vom goldenen Kalb leistet dieser Theorie von Mendelssohn in doppelter Weise Gewähr: Erstens läßt sich damit beweisen, daß Bilder- und Götzendienst nach der Bibel nicht identisch sind und daß alles auf die Auffassung der Bilder ankomme; zweitens, daß bildlicher Gottes- und Götzendienst äußerlich ununterscheidbar sind: für Aaron ist noch Bilderdienst, was für das Volk schon Götzendienst ist. Die Ehrenrettung des heidnischen Mythos ist freilich nicht im Sinne des radikalen Ethnozentrikers Jehuda Halevi.

Mendelssohn leugnet natürlich nicht, daß es Götzendienst auch aus der Teilnehmerperspektive geben kann. Er nimmt sogar an, daß sich mit der Entartung des Urmonotheismus der Götzendienst allgemein durchgesetzt habe: »*Die Bilder*, schreibt er, *hatten ihren Werth als Zeichen verloren. Der Geist der Wahrheit, der in ihnen aufbewahrt werden sollte, war verduftet, und das schale Vehikulum, das zurückblieb, in verderbliches Gift verwandelt*« (VIII, 181,23-26). Die Idolatrie degeneriert in Zoolatrie und führt zuletzt dazu, wie Mendelssohn mit voltairscher Indignation feststellt, daß Menschen den Tieren geopfert werden – Mißstände, die die Frage aufwerfen: »*ob nicht Ohngötterey der menschlichen Glückseligkeit weniger schädlich, ob so zu sagen, die Gottlosigkeit selbst nicht weniger gottlos sey, als eine solche Religion*«? (VIII, 181,29-31). Die Relativität der Standpunkte bedeutet keineswegs Gleichgültigkeit: Religionen können durchaus auch aus der Innenperspektive verderben, unmenschlich, grausam – und somit aufklärungs- und reformbedürftig werden. Ganz ohne Zweifel sind auch nach der Ansicht Mendelssohns die Israeliten am Sinai dem verabscheuungswürdigsten Götzendienst verfallen. Aber so wie es eine abschüssige Bahn vom Gottesdienst zum Götzendienst gibt, so gibt es auch die wiederansteigende Bahn vom Götzendienst zum Gottesdienst, den Mendelssohn, in seinem *Jerusalem* mit der archetypischen Erzählung der religiösen »*Umkehr*« Ex 32,10 – 34,10 beschreibt. Bei dem zweiten Aufstieg auf den Sinai offenbart sich Gott nämlich als ein Gott, der gar nicht direkt gesehen werden kann (Ex 33,20 u. 33,23) und alle bekannten anthropomorphen oder gar theriomorphen Gottesbilder sprengt. Wenigstens deutet Mendelssohn die Selbstaussage Gottes: »*Der Ewige ist unveränderlich das ewige Wesen, ein allmächtiger Gott, allbarmherzig und allgnädig. Langmüthig, von unendlicher Huld und Treue./ Der seine Huld dem tausendsten Geschlecht noch auf behält, der Missetat, Abfall und Sünde vergibt.*

Der aber nichts ohne Ahndung hingehen läßt (...)« (Ex 34,6-7, Mendelssohns Übersetzung, Bd. IX.1, S. 291; VIII, S. 188,6ff.), aus der die Tradition die »*Dreizehn göttlichen Eigenschaften*« (*Schlosch Essre Midot*) abgeleitet hat,[203] als Offenbarung eines Gottes der Liebe und Barmherzigkeit, der nicht in das Bild paßt, das sich die Heiden von Gott machten (VIII, 186,10ff). Der Bilderdienst wird so zu einer Gelegenheit, Israel bessere Begriffe von Gott und seinem Dienst zu offenbaren.

15. Zion (Ex 35,5 – 36,5)

Der zehnte Wochenabschnitt (*WaJakhel, Und er versammelte*) berichtet, wie Mose nach dem fremden, verworfenen Kult des goldenen Kalbes die Gemeinde versammelte, um ihr die von Gott gewünschte, eigentliche Form des Kultes mitzuteilen. Nun erwartet man, daß Mose für diesen Zweck eine feste Kirchensteuer erheben werde. Doch er sprach: »*Nehmet von euch eine Hebe dem Ewigen, jeder, der von seinem Herzen angetrieben wird* (*Nediw-Libo*), *bringe sie, die Hebe des Ewigen*« (Ex 35,5). Das Heiligtum sollte aus freiwilligen Beiträgen finanziert werden: Vermögende sollten die kostbaren Materialien stiften und künstlerisch Begabte (*Chacham-Lew*, V. 10) sollten sie verfertigen. Die Bibel schildert die Großzügigkeit der Gemeinde: »*Und sie kamen, jeder, den sein Herz erhob (Nessao Libo); und, jeder, dessen Geist ihn antrieb* (*Nadwa Rucho*), *sie brachten die Hebe des Ewigen zur Verfertigung des Begegnungszeltes und zu all dessen Werk und zu den heiligen Kleidern*« (Ex 35,21). Die Bibel vergißt auch nicht die Spenden der Frauen zu erwähnen, die gemeinsam mit den Männern zu den Sammelstellen kamen. Ja, der Vers: »*Und es kamen die Männer nebst (Al) den Frauen...*«, kann auch so gelesen werden, daß die Männer in Wirklichkeit den Frauen folgten. Die Rabbinen rechnen es den Frauen hoch an, daß sie eifrig ihre intimsten Stücke hergaben (Ex 35,22), während man ihnen den Schmuck bei der Herstellung des goldenen Kalbes nach Ex 32,2 weggenommen hatte.[204] Die Spendierfreude kannte keine Grenzen und die Künstler wurden mit so vielen Kostbarkeiten überhäuft, daß Mose das Volk stoppen mußte (Ex 36,5). Die Schrift zählt in diesen Kapiteln mehr als einmal peinlich genau das ganze Inventar der gespendeten Edelstoffe, -hölzer und -steine und die daraus verfertigten Geräte auf. Wenn man das Buch *Exodus* als Heldenepos liest, dann sind solche Kapitel langweilig, wenn wir es aber als Gemeindeutopie verstehen, dann erfüllt die Veröffentlichung der Spendenaufrufe und des Ertrages der Spendenaktion ihren Zweck als Vorbild und Anstoß. Umgekehrt wird im Buch Nehemia (3,5) für alle Ewigkeit festgehalten, daß sich die Vornehmen aus Tekoa beim Bau des zweiten Tempels gedrückt haben. Das

Heiligtum soll Ausdruck der gemeinschaftlichen Begeisterung und Opferbereitschaft sein. Durch die teueren Werke soll die Freigiebigkeit und Großzügigkeit (*Nediwut-Lew*) ihrer Stifter und Schöpfer zum Vorschein kommen; das Schöne am Gotteshaus sind nicht allein die kostbaren Dinge, sondern der gute Wille der aus ihnen hervorglänzt. So wurde der schwierige Vers: »*Jeder Mann und jede Frau, deren Herz sie dazu antrieb* (*Nadaw Libam*), *für alle Arbeiten zu bringen, die der Ewige durch Mose auszuführen befohlen hatte, die Kinder Israel brachten sie als freiwillige Gaben* (*Nedawa*) *für den Ewigen*« (Ex 35,29), so gedeutet, daß alle die von Herzen geben wollten, aber nichts besaßen, das eigentliche Opfer Israels darstellten, denn »*Gott verlangt*«, wie das alte rabbinische Wort lautet, »*das Herz*« (Hebr.: *Ki Lewawot Doresch HaSchem*, Aram. *Rachmana Libai Baej*).[205] Das Heiligtum wird aus heiligen Handlungen gebaut. Die letzten fünf Kapitel des Buches Exodus sind einer minutiösen Schilderung des Baus der Wohnung Gottes gewidmet (Ex 35 – 40,38). Damit kommen die vierzig Kapitel des Buches Exodus auch inhaltlich zum Abschluß. Das Buch hatte mit der Zusage, daß Gott mit Israel sein werde (Ex 3), begonnen. Trotz der überwältigenden Beweise für diesen Beistand fragt sich das Volk dennoch: »*Ist der Ewige in unserer Mitte oder nicht?*« (*HaJesch H' Bekirbenu Im Ajin*, Ex 17,7). Nachdem es ihn sogar durch ein Bild ersetzt hat, sagt er selbst, »*Ich werde nicht in deiner Mitte einherziehen*« (*Lo Eele Bekirbecha*, Ex 33,3). Mose bittet ihn, bedrängt ihn, er möge wieder »*in unserer Mitte einherziehen*« (*Jelech-Na Adonai Bekirbenu*, Ex 34,9). Gott läßt schließlich seine Herrlichkeit mitten im Lager Israels wohnen (*Kewod HaSchem Male Et HaMischkan*, Ex 40,35) und zieht mit dem Volk durch die Wüste (ebd., Vers 38).

Wir werfen zum Schluß einen Blick vom Sinai auf den Zion hinüber, der zum neuen Offenbarungsberg berufen ist (Jes 2,2-3). Das jüdische Weltbild sieht Jerusalem im Zentrum. In einer Auslegung zu den Psalmversen 50,1-2: »*Ein Gott der Götter ist der Herr, er redet und ruft die Erde vom Anfang der Sonne bis zu ihrem Untergang. Von Zion, der Vollendung der Schönheit, ist Gott erschienen.*« heißt es: »*Komm und sieh, so wie der Nabel* (*Tabur*) *in der Mitte des Mannes ist, so befindet sich das Land Israel in der Mitte der Welt*

(*BeEmazaito Schel Olam*), (...) *und so ist auch Jerusalem in der Mitte des Landes Israel, und das Heiligtum befindet sich in der Mitte Jerusalems, und der Tempel in der Mitte des Heiligtums, und die Lade in der Mitte des Tempels, und der Grundstein ist vor der Lade, denn von ihm ging die Gründung der ganzen Welt aus.*«[206] Wie Delphi den Griechen als *omphalos tou kosmou*, Rom den Römern als *umbilicus mundi*, so galt Jerusalem den Juden – und auch den Christen als *Tabbur HaOlam* (*Nabel der Welt*). Das *Omphalos*-Symbol paßt ausgezeichnet zum Tempel: Eben an dem Ort, an dem der Mensch die himmlische Nahrung empfangen hat, bringt er nun seine irdische Nahrung dar. Nach der Halacha ist Jerusalem der heiligste Ort im heiligen Land. Und die heilige Stadt selber stellt sich als eine Art hierologische Pyramide dar: »*Innerhalb der Mauern*, heißt es im Talmud, *ist der Raum noch heiliger* (...). *Der Tempelberg ist noch heiliger, der Zwinger ist noch heiliger* (...). *Der Frauen-Vorhof ist noch heiliger* (...). *Der Israeliten-Vorhof ist noch heiliger* (...). *Der Priester-Vorhof ist noch heiliger* (...). *Der Raum zwischen dem Vorraum und dem Altar ist noch heiliger* (...). *Der Tempel ist noch heiliger* (...). *Das Allerheiligste ist heiliger als jene.*«[207] Die Symbole der Mitte und des Nabels sind allerdings auch problematisch. Es gibt ja keinen Tempel, keine Stadt, kein Reich – und keinen Menschen, die sich nicht für Mittelpunkte und Nabel der Welt hielten.[208] Für das Reich der Mitte ist alles andere bestenfalls minderwertige Peripherie. Aus der egozentrischen Nabelschau erwachsen alle Ungerechtigkeiten – und das gute Gewissen dazu! Aber so wie alle anderen Symbole, so wird in der rabbinischen Tradition auch das *Omphalos*-Symbol in Frage gestellt.

Vom eigentlichen Zentrum der Welt, vom Grundstein der sich im Allerheiligsten befand, heißt es in der Mischna schlicht: »*Nach der Entfernung der Bundeslade befand sich dort ein Stein aus den Zeiten der früheren Propheten. Er wurde ‚Grundstein' (Ewen Schtija) genannt und ragte aus der Erde drei Daumenbreit hoch.*«[209] Die Mischna nimmt kaum Notiz vom Omphalos-Symbol, ja die nüchterne Umschreibung: »*ein Stein aus den Zeiten der früheren Propheten*« scheint geradezu eine Entmythologisierung desselben zu sein. Im Gegensatz zur Zelle mit dem Gottesbild in heidnischen Tempeln, war das Allerheiligste bis auf diesen Grundstein leer, Josephus sagt schlicht: »*In ihm befand sich rein gar nichts.*«[210] Der Talmud führt eine Tradition an, wonach sogar die Bundeslade keinen Raum einnahm![211] Offenbar sollten der Grundstein oder die Bundeslade nicht anstelle des Götzenbildes treten, der Fetischismus oder Lithomorphismus nicht anstelle des Anthropo- oder Zoomorphismus. In der talmudischen Diskussion der Stelle aus der Mischna über den Grundstein werden auch Stimmen laut, die das Weltbild mit Jerusalem als Zentrum anzweifeln. Auf die Lehre: »*Von diesem* (Grundstein) *aus ist die Welt entstanden*« (*Huschtata HaOlam*)[212], erwidert z. B. ein Rabbi, »*die Welt sei von ihren Seiten erschaffen worden*«[213], und ein anderer, ein Schmied – im Talmud werden in kosmologischen Fragen öfter Handwerker konsultiert – sagt, «*der Heilige gesegnet sei Er, warf einen Stein ins Meer und aus diesem entstand die Welt.*« Das kann auch als Kritik der *urbi-et-orbi*-Perspektive verstanden werden.[214] Vor allem aber wird der Sinai als exzentrisches Gegengewicht zum Zion angeführt. Ein Midrasch zu Ex 19,2: »*sie lagerten in der Wüste*« deutet die Offenbarung des Gesetzes im Sinai wie folgt: »*Die Thora ist gegeben worden als Gemeingut (Deimos*, v. gr. demósios), *öffentlich* (*Parhessia*, v. gr. parrhesía) *an einem herrenlosen Orte* (*Makom Hefker*); *denn wäre dieselbe im Lande Israel gegeben worden, so hätten sie (die Israeliten) zu den Völkern sprechen können, daß sie keinen Teil daran haben. Darum ist sie als Gemeingut, öffentlich an einem herrenlosen Orte gegeben worden; und jeder, der sie annehmen will, komme und nehme sie an*« (Mechilta, BaChodesch 1). Die Rabbinen haben zwar das »*zionistische*« Weltbild der Priester sanktioniert, wie sie insgesamt die anachronistische Halacha des Tempels kodifiziert haben; für sie war aber das »*sinaitische*« Weltbild maßgeblich – und dem entsprach nicht das Allerheiligste im Westen als Zentrum, sondern die marginale Quaderkammer im Norden des Tempels,[215] dem Sitz des obersten Gerichts, des Sanhedrins. Weil die Richter dort im Halbkreis saßen »*um einander sehen zu können*«[216], wird das Gericht im Talmud nach HL 7,3 mit einem Nabel verglichen: »*Warum mit einem Nabel?*«, fragt der Talmud. »*Weil*«, antwortet er, »*das Sanhedrin auf dem Nabelpunkt der Welt sitzt und die ganz Welt beschützt*«.[217] Hier verlagert sich der Mittelpunkt von der priesterlichen auf die richterliche Funktion. Jeder Tempel mag für sich den Anspruch erheben, Zentrum der Welt zu sein, aber mit größerem Recht erhebt ihn der Ort der höchsten Rechtsprechung, weil er den

Ausgleich der Egoismen schafft und die Welt ins Lot bringt. Die Verlagerung des Mittelpunktes kommt auch sehr deutlich in der Beschreibung des Tempels in der Mischna *Middot* zum Ausdruck. Die letzte Mischna des Traktats ist nicht zufällig der Quaderkammer gewidmet, in der das große Sanhedrin saß, »*und*, nota bene, *über die Priesterschaft richtete*« (*Dana Et HaKehuna*).[218] In der Quaderkammer wurden die Priester vom Sanhedrin gemustert. Und wenn der Traktat mit den Worten schließt: »*Gelobt sei Gott* (...) *der Aron und seine Söhne erwählt hat, zu stehen und zu dienen vor dem Ewigen im Hause des Allerheiligsten*« – dann versteht sich von selbst, daß das Sanhedrin bei dieser Auswahl der Priester Gott vertritt. Die Konstruktion der Quaderkammer zeigt auch sinnfällig die Stellung des rabbinischen Judentums an. Nach dem Talmud lag die Quaderkammer halb auf heiligem, halb auf profanem Boden und hatte zu beiden Seiten Eingänge.[219] Das Sanhedrin – das im profanen Bereich der Quaderkammer saß, vermittelt zwischen dem Heiligen und dem Profanen.

In der Zerstreuung blieb die zentripetale Ausrichtung des Judentums etwa in der Gebetsrichtung erhalten[220] und nährte die Zionssehnsucht – was Juden von Nomaden unterscheidet. Der große jüdische Dichter Jehuda Halevi aus Spanien (1075-1140) beschreibt in seinem *Buch Kusari* das Land Israel als »*Zentrum der bewohnten Erde*« und als »*Tor des Himmels*«.[221] Nachdem der Rabbi die Heiligkeit des Landes ausgiebig gepriesen hat,[222] muß er sich die Frage gefallen lassen, warum er nicht dort lebe. Der Rabbi bekennt: »*Du hast mich beschämt, König von Kusar*«[223] und entscheidet sich schließlich, wie der Dichter selber, nach Jerusalem zu ziehen.[224] Da fragt ihn der König entgeistert: »*Was suchst du denn heute in Jerusalem?*« Der Rabbi antwortet, daß er die Konsequenz aus seinem theoretischen Zionismus ziehen müsse, und schließt das ganze Buch mit einer Bemerkung zu den Psalmversen: »,*Du wirst aufstehen und dich Zions erbarmen. Es ist Zeit, sich dessen gnädig anzunehmen, die Frist ist gekommen, denn deine Knechte lieben seine Steine und freuen sich seines Staubes*‘ (Ps 102,14f.), *d.h. Jerusalem wird erbaut werden, wenn alle Israeliten von äußerster Sehnsucht danach ergriffen sind, so daß sie sogar dessen Steine und Staub lieben.*« In seiner berühmten Zionide, »*Zion, fragst du nicht nach dem Wohl deiner Geschmähten?*« (*Zion HaLo Tischali LiSchlom Aluwa-*

jich), die am Gedenktag der Zerstörung des Tempels vorgetragen wird, drückt Jehuda Halevi seine Sehnsucht wiederum in der fetischistischen Sprache des Psalmisten aus: »*Dort würde ich mich mit meinem Angesichte auf deine Erde werfen, sehr liebkosen deine Steine und mit deinem Staub mich freuen.*«[225] Aus der romantischen Liebe, die den Staub der Geliebten liebkost, ist mit Berufung auf den Dichter, ein höchst prosaischer nationalreligiöser Gebietsanspruch geworden. Von dieser Verwandlung der religiösen Liebe in einen politischen Herrschaftsanspruch ist der Dichter selber Zeuge geworden: 1099 erstürmten die Kreuzritter das irdische Jerusalem und als er 1140 auf dem Weg dorthin starb, stand der 2. Kreuzzug kurz bevor.

Der große jüdische Denker und Antipode des Dichtes Halevi, Moses Maimonides (1138-1204), war in Ägypten, als Saladin 1187 Jerusalem zurückeroberte. Diese Ereignisse haben ihm sicher auch vorgeschwebt, als er in seinem *Führer der Verirrten* (1190) erklärte, weshalb Mose den Zion nicht nennt. Im fünften Buch Mose heißt es lediglich: »*Dann sollt ihr* (alles) *zu dem Ort* (bringen), *den der Ewige, euer Gott, wählen wird, um da seinen Namen thronen zu lassen*« (Dtn 12,11). Warum wird der Ort nicht ausdrücklich genannt, der Anspruch festgeschrieben? Dafür gibt Maimonides drei Gründe voller aktueller politischer Bezüge: »*Erstens, damit sich die heidnischen Völker nicht des Ortes bemächtigen und heftig darum kämpfen, wenn sie wissen, daß diese Stelle des Landes die von der heiligen Schrift gemeinte ist. Zweitens, damit diejenigen, die diesen Ort damals in ihrer Gewalt hatten, ihn nicht nach Möglichkeit völlig verwüsten und zerstören. Und drittens – und dies ist der wichtigste Grund –, damit nicht jeder Stamm danach trachte, daß dieser Ort in seinem Erbe sei und er die Herrschaft darüber besitze und infolgedessen viel Streit und Zwietracht darüber entstehe, wie dies bei dem Streben nach dem Priesteramte der Fall war. Und deshalb erging das Gebot, daß der Tempel erst nach der Einsetzung eines Königs erbaut werde, dem es allein zustehen sollte, den Befehl zu seiner Erbauung zu erteilen.*«[226] In der Zeit Saladins und Maimonides' spielt auch Lessings Ringparabel. Gott muß, belehrt der weise Nathan den Sultan, sein Kleinod unkenntlich machen, wenn er seinen Zweck, den Frieden, hier eine Stadt des Friedens, erreichen will. Maimonides war sich mehr als jeder andere der religiösen Gefahren des Fetischismus bewußt[227] – und blieb übrigens in Ägypten wohnen.

In der Neuzeit hat sich die jerusalemozentrische Hoffnung der Juden verallgemeinert und verflüchtigt. Das Emanzipationszeitalter wollte den Exilzustand bequem beenden, indem es das jeweilige Exil einfach mit Zion identifizierte: »*Deutschland ist unser Zion, und Düsseldorf unser Jerusalem*« – lautete ein Wahlpruch, die Synagogen wurden zu »*Tempeln*«. Die Programmschrift des deutschen Judentums heißt *Jerusalem.* Es handelt sich um eine Replik Moses Mendelssohns auf die Erwartung eines christlichen Aufklärers, er möchte doch »*den wa(h)ren Gottesdienst weder an Jerusalem noch Samaria binden, sondern das Wesen der Religion darin sezen, daß (...) die wahrhaftigen Anbeter Gott im Geist und in der Wahrheit anbeten.*«[228] Mendelssohn erwidert in seiner Schrift, daß ein Jude Jerusalem treu bleiben und Gott trotzdem im Geist und in der Wahrheit anbeten könne. Aber das Jerusalem, von dem er spricht, ist eine Art jüdische Kirche, die sich problemlos in den modernen, religiös neutralen Staat einfügt. Die Zionssehnsucht hört im Emanzipationszeitalter nicht auf, aber sie wechselt ihr Objekt. Dabei ging es nur noch selten, wie in *Rom und Jerusalem* (1862) des Sozialisten und Frühzionisten Moses Heß um die wirkliche Stadt, sondern es geht meistens, wie in der christlichen Allegorese,[229] nur noch um die bessere Gesellschaft. So etwa wenn Ernst Bloch in seinem *Prinzip Hoffnung* schreibt: »*Ein Ende des Tunnels ist in Sicht, gewiß nicht von Palästina her, aber von Moskau; – ubi Lenin, ibi Jerusalem*« und »*überall ist Zion nach der Intention der Propheten, und der Lokalberg in Palästina ist längst Symbol geworden.*«[230] Diese universalistischen Hoffnungen waren freilich verfrüht und die Dialektik von Exil und Domizil, von Exodus und Rückkehr bestimmt weiterhin die Geschichte der Juden und der Menschheit.

Anmerkungen

[1] Bei der Zitierung der rabbinischen Literatur folgen wir in der Regel dem Abkürzungsverzeichnis der Frankfurter Judaistische(n) Beiträge 1 (1974).

[2] Ibn Esra Einl., Ed. Rosin, S. 72, V. 324 und Mendelssohn, Einl., Bd. IX.1, S. 60.

[3] In seinem Talmudkommentar zu den verschiedenen Fundstellen dieses Belegs (bSchab 88b, bKid 30b) versteht Raschi das Bild des Midraschs so, daß die Tora ein Felsen und die Interpretationen die vielen Splitter seien. Seine Enkel Raschbam und Jakow ben Meir (1100-1171), gen. Rabbenu Tam, wenden jedoch in ihren »Zusätzen« (Tossfot) zum Talmudkommentar ein, daß die Tora vielmehr der Hammer sei, der den Felsen zertrümmert (Tos. zu bSchab 88b u. Maharscha).

[4] Die vollständigste Version der beiden Midraschim in Jal II, Nr. 783, S. 462b, Raschi hat den Jalkut gerne benutzt. Gewöhnlich wird dieser Vers von Raschi herangezogen, um auszudrücken, daß Gott im Unterschied zum Menschen vieles gleichzeitig und nach der Mech (BaCHodesch), 7 zu 2 Mose 20,8 auch scheinbar Widersprüchliches sagen kann, vgl. Raschi zu Ex 20,8.

[5] Mikra'ot Gedolot zum HL, Einl..

[6] Einl. zum unvollständigen Pentateuchkomm., D. Rosin, S. 60, 65-67; wörtliche Übersetzung bei D. U. Rottzoll 1996, 16 u. Mittelalter, aus hebräischen und arabischen Quellen 3, Anm. 15, in: Jahresbericht der Landes-Rabbinerschule in Budapest für Anm. 96, vgl. David Kaufmann, Die Sinne. Beiträge zur Geschichte der Physiologie und Psychologie im Schuljahr 1883-84, Budapest 1884, S. 151.

[7] Sohar II, 152a, dtsch. v. Christoph Dröge, Texte und Welten. Eine Anthologie zur jüdischen Esoterik, Köln 1988, S. 58f; vgl. dazu G. Scholem, 1973, S. 87ff..

[8] Zur Schrift als Organismus vgl. Origenes: »Sicut ergo homo constare dicitur ex corpore et anima et spiritu, ita etiam sancta scriptura«, Peri Archon, Buch IV, 1, §11. Wobei die körperliche, materielle Schicht (hebraica veritas) dem literalen Sinn, die seelische Schicht dem moralisch-tropologischen und die geistige Schicht dem pneumatologisch-mystischen Sinn zugeordnet wird. Zum Vergleich der Schrift mit dem menschlichen Organismus in der rabbinischen und kabbalistischen Literatur vgl. G. Scholem 1973, 64ff..

[9] Dazu A. Van Der Heide 1982, S. 117-165 u. 170-171.

[10] Vgl. das Sohar-Zitat im Kommentar von Jehuda Chajjat (ca. 1450-1510) zu dem anonymen Klassiker der Kabbala, Ma'arechet Elohut (Gefüge

der Gottheit, Anf. 14. Jh.), Minchat Jehuda; Moses Cordovero (1522-1570), Or Ne'eraw I, 2 (Süßes Licht, Venedig 1587); Pardes Rimonim (Garten der Granatäpfel, 27, 1, Ed. Munkazs 1906, Jerusalem 1962), 59a-c; Jehuda Löw von Prag (ca. 1512-1609), Tiferet Israel I, 13 (Ausstrahlung Israels, Venedig 1599), London 1955, S. 44, Jesaja Horowitz, Schne Luchot HaBrit (Zwei Bundestafeln), BeAssara Maamarot, Bd. 1, 30a-c.

11 Der Zahlenwert der Worte »*Wein*« (*Jajin*) und »*Geheimnis*« (*Sod*) ist der gleiche, nämlich siebzig – und verweist auch auf die siebzig Gesichter der Tora (s. w. u.).

12 Vgl. Sefer Sohar Chadasch Tikkunim 102d (dort auch das Bild der Nuß) u. 107c, R. Margaliot, Mossad HaRaw Kook, Jerusalem 1978, S. 204 u. 214, ferner Ra'ja Mehemana, Sohar III, 110a u. ö., G. Scholem 1973, S. 76ff., vgl. auch A. Van der Heide, PARDES, Over de theorie van der viervoldige Schriftzin in de middeleeuws joodse exgese, in: Amsterdamse Cahiers 3, 1982, S. 117-165 u. 170/1; I. Tishby, Bd. III, S. 1019 u. Anm., S. 1016.

13 Hier handelt es sich um einen Text aus den späteren *Tikkune HaSohar*, die vermutlich von einem Schüler des Verfassers des Hauptteils des Sohar stammen. Der Verfasser des Sohar, Moses de Leon, hat aber, wie er am Ende seines 1608 in Basel gedruckten Buches *Über die vernünftige Seele* (ca. 1290), Basel 1608, schreibt, zu diesem Thema ein verlorenes Werk mit dem Titel *Pardes* verfaßt, zit. bei G. Scholem, ebd. S. 82: »*Unter dem Titel Pardes habe ich ein Buch über das Mysterium der vier Wege geschrieben, worauf schon sein genauer Name hinweist, der auf jene vier Bezug nimmt, die das Pardes betreten haben, das nichts ist als eben Pschat, Remes, Derascha, Sod. In diesem Buch habe ich mich hierüber ausführlich im Zusammenhang mit dem Geheimnis der Erzählungen und Fakten verbreitet, die in der Tora berichtet werden, um zu zeigen, daß sie sich alle mystisch auf das ewige Leben beziehen und daß es dort nichts gibt, was nicht im Mysterium Seines Namens enthalten ist.*« »*Pischon*«, wird in »*Pi Schone Halachot*« zerlegt, d. h. der Mund, der die Halacha lernt (= *Pschat*); »*Gichon*« wird mit »*Gachon*« (»*Bauch*« in Bezug auf »*Tiere, die auf dem Bauch kriechen*«, Lev 11,42) in Verbindung gebracht und deutet vielleicht durch Assonanz von *Remess* (Kriechtier) und *Remes* auf den angedeuteten Sinn (= *Remes*), *Chidekel* wird in »*Chad*« (»*scharf*«) und »*Kal*« (»*subtil*«) zerlegt und auf die talmudische Disputation (= *Drascha*) bezogen und »*Frat*« von »*Pirja WeRiwja*« (»*Fruchtbarkeit und Vermehrung*«) abgleitet, nämlich des mystischen Sinns (= *Sod*).

14 Vgl. Alexander Altmann, Eleazar of Worms' Hokhmat Ha-Egoz, in: The Journal of Jewish Studies XI (1960) S. 3-4 u. 101-112, in: Ders. Studies in Religious Philosophy and Mysticism, London 1969, (Unter dem Titel: Eleazar von Worms' Symbol of the Merkabah), S. 161-171 u. Ders., The Motif of the »Shells« in Azriel of Gerona (1958), in: Ders., ebd., S. 172-179.

[15] Vgl. G. Scholem, ebd., S. 85 u. Anm. 63, S. 270.

[16] Was wir hier sagen, gilt nur idealtypisch. Es gibt auch im jüdischen Kontext genügend eschatologische Interpretationen des PaRDeS. Vgl. Jehuda Löw von Prag, op. cit., S. 44 ff., Moses Cordovero, Or Ne'eraw I, 2 u. ö.

[17] Vgl. G. Scholem, ebd., S. 77 ff., I. Tishby, S. 1090-1092.

[18] Johann Jacob Rabe, Der Prediger Salomo mit kurzen und zureichenden Erklärungen nach dem Wort-Verstand zum Nutzen der Studierenden von dem Verfasser des Phädon. Aus dem Hebräischen übersetzt von dem Übersetzer der Mischnah, Ansbach 1771. Wir zitieren diese Übersetzung und korrigieren nach dem Original. Die Einleitung Mendelssohns ist unpaginiert.

[19] Mendelssohn führt die erwähnte talmudische Quelle bSchab 63a an (ebd., S. 148,15).

[20] Vgl. Ed. Rabe, Vorrede des Verfassers, o. S. (VI). Es handelt sich um die Stelle Sohar I, 54a. E. Müller, Der Sohar. Das heilige Buch der Kabbala, o. J, o. O., S. 182 übersetzt folgendermaßen: »*Dieser Satz hat gar viele Färbungen des Sinns. Und so ist es mit allen Worten der Tora, die so vielerlei Sinn haben, und jeder ist richtig. Denn die ganz Tora entfaltet sich in siebzigfachem Antlitz* (BeSchawin Anpin): *nach siebzig Seiten und siebzig Verzweigungen, und so verhält es sich mit jedem einzelnen Wort der Tora, und was aus jedem einzelnen Worte hervorgeht, es deutet sich weiter nach allen Seiten.*« Hier kehrt das Bild Ibn Esras von den 70 Gesichtern der Tora wieder.

[21] Vgl. Henri Atlan, Niveaux de signification et athéisme de l´écriture, in: Jean Halpérin et Georges Levitte (Hg.), La Bible au présent. Actes du XXIIe Colloque des intellectuels juifs de langue francaise, Paris 1982, S. 55-88. Der Biologe Atlan operiert wie schon Mendelssohn und Ibn Esra mit organologischen Metaphern, um die Mehrdeutigkeit des Textes zu plausibilisieren. Interessant sind bibelwissenschaftliche Ansätze, die von den Regeln des rabbinischen Drasch auf die Komposition des Pschat zurückschließen, vgl. Bernard Barc, Le texte de la Torah a-t-il été récrit?, in: Michel Tardieu (Hg.), Les règles de l´interprétation, Paris 1987, S. 69-88.

[22] Vgl. E. Fackenheim: God's Presence in History. Jewish Affirmations and Philosophical Reflection, New York, London, 1970. Zu den »roots experiences« zählt Fackenheim Exodus, Sinai und Holocaust (!), zu den »epoch-making events« Tempelzerstörung und Makkabäeraufstand.

[23] M. Buber, Werke, Bd. 2, Schriften zur Bibel, S. 120. Das ist natürlich auch nach christlichen Auslegern das Thema des Buches, vgl. z. B. Weimar/Zenger, S.11.

[24] Schemot Rabba 1,2; Ibn Esra, Mikraot Gedolot z. St.; Ramban, Mikraot Gedolot z. St.; Arabwanel, Einl. z. Buch Exodus u. Frage und Antwort

z. St., S. 5a-6a; Mendelssohn, JubA Bd. XVI, S. 3, der das »*Waw*« nicht übersetzt, geht auch nicht im Kommentar darauf ein; S. R. Hirsch, ebd; J. H. Herz, ebd.; E. Munk, ebd; B. Jacob, ebd., S. 1-6.

25 Flavius Josephus, Gegen Apion 2,16, in: Ders., Kleinere Schriften, dtsch. v. H. Clementz, Wiesbaden 1993, S. 173, vgl. Hubert Cancik, Theokratie und Priesterherrschaft. Die mosaische Verfassung bei Flavius Josephus, in: Jacob Taubes (Hg.), Religionstheorie und Politische Theologie, Bd. 3, Theokratie, München, Paderborn, Wien, Zürich 1987, S. 65-77, Bernhard Lang, Zum Begriff der Theokratie, ebd., S. 11-28. Zur besten Herrschaft und aristokratischen Verfassung des mosaischen Staates bei Josephus, s. Jüdische Altertümer, IV, 8, 17, dt. v. ders., Wiesbaden o. J., S. 232f. u. VI, 3, 3-4, S. 324 f.. Die Rabbinen sprechen mit Blick auf Ex 15,8; 19,6 und Dtn 6,4 von »*Malchut Schamajim*« und haben dabei nicht etwa das »*Himmelreich*«, sondern das »*Königtum Gottes*« im Blick, vgl. Mech zu Ex 15,8.

26 Clemens von Alexandrien zitiert das bon mot des Pythagoräers Numenios: »*Denn was ist Platon anderes als ein Moyses, der attisch spricht*«, Stromata I, 150, 1-4 = Eusebios, Praep. ev. IX, 6, 6-9, zit. bei Heinrich Dörrie, Der hellenistische Rahmen des kaiserzeitlichen Platonismus (Der Platonismus in der Antike. Grundlagen – System – Entwicklung, Bd. 2), Stuttgart-Bad Canstatt 1990, Nr. 69,1 (I), S. 192,6. Inhaltliche Parallelen zu Platon (Pol 379a ff., Nom 900d, Symposion 206d) führt besonders Josephus, Contra Apionem 2,16 an, zit. bei H. Dörrie, ebd. Nr. 69,2, S. 194,1 u. Kom. S. 484-487. Er lobt die Vertreibung der Dichter (Mythologen) aus der Polis (Pol 398ab), vgl. dazu H. Dörrie, ebd. Nr. 44, S. 58-71 u. Kom. S. 303-314; zählt weitere Übereinstimmungen der mosaischen und platonischen Gesetze auf, ebd. 2,36, zit. bei H. Dörrie 1990, Nr. 69,3, S. 196,12 und kommt zu dem Schluß: »*Vor allem Platon hat unserem Gesetzgeber nachgeeifert*«, zit. bei H. Dörrie 1990, S. 197,13. Moses sei insbesondere das Vorbild des platonischen Philosophenherrschers (Pol 437c-d, Werke in acht Bänden (gr.-dt.), Gunther Eigler (Hg), Friedrich D. Schleiermacher, Hieronymus Müller, Klaus Schöpsdau, Dietrich Kurz (Üb), Darmstadt 2. Aufl. 1990, Bd. 4, S. 445, sowie 7. Br. 326a-b u. 328a, Werke Bd. 5, S. 373) und der Archetyp aller griechischen Gesetzgeber und Weisen. Philon schildert Moses als platonischen Philosophenherrscher, Philonis Judaei, Vita Moysis Opera Omnia, Bd. IV, Leipzig 1828, S. 186, Über das Leben Mosis, II, §1ff., Die Werke in deutscher Übersetzung, Leopold Cohn u. a. (Hg.), Bd. 1, 2. Aufl. 1962, S. 298, 2ff., vgl. dazu Emile Bréhier, Idées philosophiques et religieuses de Philon d'Alexandrie, Paris 1908, S. 18. Zur Behauptung der Priorität der jüdischen vor der griechischen Weisheit vgl. Harry Austryn Wolfson, Philo. Foundations of Religious Philosophy in Judaism, Christianity and Islam, 2 Bde., Cambridge/Mass 2. Aufl. 1948, Bd. 1, S. 140-143 u. 160-163.

27 Maimonides, Führer der Verirrten III, 27; Bd. 2.2, S. 173-176; vgl. dazu Leo Strauss, Philosophie und Gesetz (1935), Gesammelte Schriften, H. Meier 1997, Stuttgart, Weimar, Bd. 2, S. 61ff.

[28] Vgl. Jürgen Gebhardt, »Alle Macht den Heiligen« – zur frühneuzeitlichen Theorie der Theokratie, in: J. Taubes (Hg.), ebd. S. 206-232.

[29] Tractatus Theologico-Politici XVII, Opera III, S. 205,15ff. Diese Stelle steht in krassem Widerpruch zu der Beschreibung der Theokratie der Hebräer im 5. Kapitel des Tractatus, Opera III, 74,33-76,1 als charismatische Herrschaft des Mose, der sich des Zeremonialgesetzes machiavellistisch als instrumentum regni bedient, vgl. Simone Goyard-Fabre, Hobbes et Spinoza ou la difference des concepts. L'ampleur d'une litote, in: Studia Spinozana 3 (1987), S. 240 f.; Steven B. Smith Spinoza, Liberalism and the Question of Jewish Identity, New Haven, London 1997, S. 147-151. Im Tractatus gibt es eine monarchische und eine demokratische Beschreibung des Gottesstaates; vgl. auch Th. Hobbes, Vom Bürger XVI, (Elemente der Philosophie II/III), Günter Gawlick (Hg.), (Philosophische Bibliothek Bd. 158), Hamburg 2. Aufl. 1977, S. 254-272 u. Leviathan, oder Stoff, Form und Gewalt eines bürgerlichen und kirchlichen Staates XL, Walter Euchner (Üb.), Iring Fetscher (Hg.), (Ullstein Buch Nr. 3240), Frankfurt/M 1966, S. 359-368.

[30] Zur Kritik der Theokratie bei den englischen Deisten, vgl. Bernhard Lang, Zum Begriff der Theokratie, ebd., S. 14-16.

[31] Jerusalem, oder über religiöse Macht und Judentum, Berlin 1783, 2. Ab., S. 1222-1226.

[32] Considérations sur le Gouvernement der Pologne, OEuvres complètes (Bibliothèque de la Pléiade), Bernard Gagnebin; Marcel Raymond (Hg.), Bd. 3, Du contrat social. Écrits politiques, Paris 1964, S. 956f.; vgl. Fragments politiques (Des Juifs), OEuvres, Bd. III, S. 498ff. Hier hebt Rousseau den Vorrang Israels vor Sparta und Rom hervor, die untergegangen sind, und betrachtet sie als besonders lehr- und erfolgreiches Beispiel für die Zivilreligion der Alten. Zur Theokratie als Zivilreligion vgl. auch: Du contrat social IV, 8, OEuvres, Bd. III, S. 464f.

[33] Vorlesungen über die Philosophie der Weltgeschichte, Die orientalische Welt IV, 3, G. Lasson (Hg.), Nachdr. der 2. Aufl., Hamburg 1976, S. 459.

[34] Königtum Gottes (1932) 6, Werke, Bd. 2, Schriften zur Bibel, S. 647f. (mit Bezug auf Ex 15,18 u. 19,6), Moses, Der Adlerspruch (Ex 19,4ff.) (1944), Werke, Bd. 2, S. 116-125.

[35] Vgl. Ernst Bloch, Das Prinzip Hoffnung, Frankfurt/M 1959, S. 711-713, S. 1450-1464; Atheismus im Christentum, Frankfurt/M 1968, S. 120-166. Zur Theokratie bei Buber und Bloch, vgl. Norbert Bolz, Mystische Theokratie, in: J. Taubes (Hg.), ebd., 293-320.

[36] Carl Schmitt, Der Leviathan in der Staatslehre des Thomas Hobbes. Sinn und Fehlschlag eines politischen Symbols (1938), Köln 1982, S. 110.

[37] Die gegenwärtige Forschung zur Chronologie der Werke Raschis geht davon aus, daß Raschis Bibel-Kommentar zum Zeitpunkt des ersten Kreuzzuges bereits abgeschlossen war, vgl. Gelles, Peshat und Derash in the Exegesis of Rashi, Leiden 1981, Appendix, S.143; Gerard Nahon, Rashi et son temps, in: Sed-Rajna (Hg.), Rashi 1040-1990, Hommage à Ephraim Urbach, Paris 1993, 57f. Die Schwierigkeit besteht dann darin, Kommentare, die auf die Ereignisse von 1096 anspielen könnten, zu erklären. Weshalb fühlt sich Raschi z. B. bemüßigt, seinen Kommentar zu Gen 1,1 mit einer, so möchte man sagen, programmatischen Erklärung über die Eroberung und den rechtmäßigen Besitz des heiligen Landes zu eröffnen. Gelles nimmt zu einer Kreuzzugspropaganda vor der Ausrufung des ersten Kreuzzuges Zuflucht (ebd. , S. 143, FN 32) und Nahon, der justament die Bedeutung der Champagne, wo Raschi wohnte, für den 1. Kreuzzug betont, fragt im Widerspruch zu seiner Datierung des Bibelkommentars, ob Raschis Aussage eine Antwort auf den Aufruf von Clermont sei. Die zeitgenössischen Bezüge hat Awerbuch, Christlich-jüdische Begegnung im Zeitalter der Frühscholastik, Abhandlungen zum christlich-jüdischen Dialog, Bd. 8, München 1980, 100ff. herausgearbeitet.

[38] Zum Begriff der Theopolitik vgl. M. Buber, Moses, ebd., S. 116.

[39] Zur Beschreibung der mosaischen Konstitution als gemischte Verfassung vgl. Thomas v. Aquin, Summa Theologica II-1, Q. 105,1 und Jizchak Abrawanel, vgl. dazu L. Strauss, On Abravanel's Philosophical Tendency and Political Teaching (1937), Gesammelte Schriften, Bd. 2, S. 222 ff.

[40] Vgl. Michael Walzer, Exodus und Revolution (engl., 1985), dt. v. Bernd Rullkötter, Berlin 1988.

[41] Diesen Aspekt hat Jan Assmann, Das kulturelle Gedächtnis. Schrift, Erinnerung und politische Identität in frühen Hochkulturen, München 1992, S. 200ff. behandelt.

[42] David Daube, The Exodus Pattern in the Bibel, London 1963, S. 11-15.

[43] Vgl. James S. Diamond, Homeland or Holy Land? The »Canaanite« Critique of Israel, Bloomington, Indianapolis, 1986 u. Yaakov Shavit, The New Hebrew Nation. A Study in Israeli Heresy and Fantasy, London, 1987, 77-91.

[44] Vgl. Raul Hilberg, Die Vernichtung der europäischen Juden. Die Gesamtgeschichte des Holocaust, dtsch. v. Chr. Seeger, H. Maór / W. Bengs, W. Sczepan, Berlin 1982, S. 129f. Dietz Bering, Der Name als Stigma. Antisemitismus im deutschen Alltag 1812-1933, Stuttgart 1987.

[45] Die Rundreise des R. Petachjah aus Regensburg, dtsch. v. L. Grünhut, Jerusalem 1904, S. 20.

[46] Reisetagebuch des Rabbi Benjamin von Tudela. Ein Beitrag zur Kenntnis der Juden in der Diaspora während des XII. Jahrhunderts, dtsch. v. A. Martinet, Berlin 1918, S. 22.

[47] Vgl. die Ausgabe von Henri Méchoulan, Gérard Nahon, Menasse Ben Israel, Espérance d' Israel, Paris 1979, S. 106.

[48] Manasseh Ben Israel, Rettung der Juden, aus dem Englischen übersetzt (v. Dr. Marcus Herz). Nebst einer Vorrede von Moses Mendelssohn, Berlin, Stettin 1782, JubA, Bd. VIII, S. 67.

[49] Vgl. Harold Fisch, The Messianic Politics of Menasseh ben Israel, in: Yosef Kaplan, Henry Méchoulan, Richard H. Popkin (Hg.), Menasseh Ben Israel and his World, Leiden u.a. 1989, S. 231 u. ff.

[50] Hoffnung Israels Kap. 33, ebd., S. 144.

[51] Tan u. Raschi z. St., ebenso Philon von Alexandrien, Das Leben Mosis, I, 12-13, dtsch., ebd., S. 237f., dazu Peter Kuhn, Gottes Selbsterniedrigung in der Theologie der Rabbinen, München 1968, S. 36f. u. 86f.

[52] Sefer HaKusari IV, 3, Jehuda Halevi verweist auf Richter 13,18.

[53] Zu den Formen »Hewe« und »Howe«, vgl. 1 Mose 27,29 u. Prediger 2,22.

[54] Martin I. Lockshin (Hg.), Rashbam's Commentary on Exodus. An Annotated Translation, Atlanta, Georgia 1997, S. 37-38.

[55] Führer der Verirrten I, 63.

[56] Sefer Ginat Egos, Hanau 1615, Nachdruck, Jerusalem 1969, I, 1f, 4a, dtsch. v. J. Maier, Die Kabbalah, Einführungen – Klassische Texte – Erläuterungen, München 1995, S. 58-59.

[57] Vgl. Charles Touati, Ehye Aser Ehye (Ex 3,14) comme »L'être-avec ...« (1978), in: Ders., Prophètes, talmudistes, philosophes, Paris 1990, S. 89-99.

[58] Rivka Horwitz, Moses Mendelssohns Interpretation des Tetragrammatons: »Der Ewige« (hebr., 1997), dtsch. v. S. Lauer, in: Judaica 55 (1999) Heft 1-2, S. 2-19 u. 132-152.

[59] SchemR 3, 6.

[60] Franz Rosenzweig, »Der Ewige«, Mendelssohn und der Gottesname (1929), Ders., Die Schrift. Aufsätze, Übertragungen und Briefe, Königstein/Ts. 1984, S. 34-50.

[61] Zu dieser Antithese, vgl. Jehuda Halevi, Kusari IV, 16. Wobei der »Elohei Awraham« den mit dem vierbuchstabigen Eigennamen bezeichneten Gott der Offenbarung und der »Elohei Aristo«, den mit dem Gattungsnamen »Elohim« bezeichneten Gott der Schöpfung meint. Diese Antithese im Munde des königlichen Novizen entspricht bei seinem jüdischen Lehrer nicht einem absoluten Gegensatz. Sie sind Namen des gleichen Gottes: Sie werden gelegentlich, wie im zweiten Schöpfungsbericht,

zu »HaSchem Elohim« zusammengesetzt, ebd. IV, 15 und unterscheiden sich nur nach der menschlichen Empfänglichkeit: Quidquid recipitur, ad modum recipientis recipitur. Bei Pascal wird die Antithese zum kontradiktorischen Gegensatz: *»FEU«*, heißt es in seinem Memorial, *»Dieu d'Abraham, Dieu d'Isaac, Dieu de Jacob non des philosophes et des savants/ Certitude, Certitude, Sentiment, Joie, Paix.«*

62 bSanhedrin 111a.

63 bChagiga 12a.

64 Im kabbalistischen Buch Rasiel, das solche Amulette beschreibt und selbst als Schutz vor Feuer dient, finden wir den Namen Schaddai in der sogenannten Engelsschrift geschrieben, Sefer Rasiel, Maggid von Kosnize (Hg.), Nachdruck, Jerusalem 1977, S. 50a. Vgl. E. Bischoff, Die Elemente der Kabbalah, 2. Tl.: Praktische Kabbalah, Nachdruck, Berlin 1985, S. 201ff. T. Schrire, Hebrew magic amulets. Their Decipherment and Interpretation, New York 1966, S. 46.

65 bJoma 54a.

66 Vgl. Ludwig Basnizki, Der jüdische Kalender. Entstehung und Aufbau, Frankfurt /M 1998, S. 30.

67 mRoScha I, 1.

68 Mech, Parascha Bo, z. St.

69 Arnold Goldberg, Rede und Offenbarung in der Schriftauslegung Rabbi Aqibas (1980), in: Ders., Mystik und Theologie des rabbinischen Judentums I, Tübingen 1997, S. 337-350.

70 Über diesen Punkt gibt es in der Gemara zur Stelle eine sehr interessante Auseinandersetzung, vgl. E. Lévinas, Jenseits der Erinnerung, in: Stunde der Nationen. Talmudlektüren, dtsch. v. Elisabeth Weber, München 1994, S. 119-140.

71 Mechilta, Parascha Bo XVIII zu Ex 13,14.

72 J. A. Comenius, Orbis pictus, Repr 1964, Vorwort. In dem Leitspruch vor dem Vorwort beruft sich Comenius auf Gen 2,19.20: »*Gott der Herr brachte zu Adam alle Thiere (...), daß er saehe wie er sie nennet*«. In seiner *Grossen Didaktik* rechtfertigt er die Verwendung von anschaulichen Mitteln im Unterricht der Wissenschaften: »*Demnach gelte es als die goldene Regel für die Lehrenden, alles in möglichst großem Umfang den Sinnen vorzuführen; nämlich das Sichtbare dem Gesicht, das Hörbare dem Gehör, das Riechbare dem Geruch, das Schmeckbare dem Geschmack, das Fühlbare dem Tastsinn; und wenn sich etwas mit mehreren Sinnen zugleich erfassen läßt, soll es mehreren zugleich dargeboten werden.*« J. A. Comenius, Große Didaktik 37, XX, 6.

73 Machsor, Deutschland 15. Jh. u. Barcelona-Haggada, Abb., in: Kurt Schubert, Die Kultur der Juden, Judentum im Mittelalter, Wiesbaden 1979, Nr. 14 u. Nr. 24, S. 23 u. 37.

74 Pessach-Haggada, Deutschland 15. Jh., Abb. in: Kurt Schubert, Die Kultur der Juden, ebd., Nr. 28, S. 40.

75 Pessach-Haggada, Deutschland 15. Jh., Abb. in: Kurt Schubert, Die Kultur der Juden, ebd., Nr. 33, S. 48.

76 Machsor, Deutschland 15. Jh., Abb. in: Kurt Schubert, Die Kultur der Juden, ebd., Nr. 13, S. 22.

77 Pessach-Haggada, Deutschland 15, Jh., Abb. in: Kurt Schubert, Die Kultur der Juden, ebd., Nr. 68, S. 85.

78 Barcelona-Haggada, Abb., in: Kurt Schubert, Die Kultur der Juden, ebd., Nr. 23, S. 36.

79 Pessach-Haggada, 14. Jh., Abb., in: Kurt Schubert, Die Kultur der Juden, ebd., Nr. 76, S. 94.

80 Aus meinem Leben, Freiburg 1987, S. 44.

81 »Der Stein schreit aus der Mauer. Geschichte und Kultur der Juden in Bayern«. Ausstellungskatalog, Nürnberg 1988, Nr. 11/65, S. 461.

82 »Der Stein schreit aus der Mauer«, vgl. ebd., Nr. 11/8h, S. 461.

83 R. Hilberg, Die Vernichtung der europäischen Juden, ebd., S. 350ff.

84 Im Warschauer Getto, Das Tagebuch des Adam Czerniaków 1939-1942, aus dem Pol. v. Silke Lent, München 1986, S. 285ff.

85 »Träume vom Überleben«, dtsch. von Naomi Voll, Freiburg / Br. 1989, S. 35ff.

86 *Lex paedagogus* nennt Paulus in Galaterbrief, 3,24 den alten Bund und fügt hinzu, daß der Pädagog nun seine Schuldigkeit getan habe: *iam non sumus sub paedagogo.*

87 A. Weiss (Hg.), Führer der Unschlüssigen, 2 Bde., Leipzig 1923, Hamburg 2. Aufl. 1972, Bd. 2,2, S. 197-208.

88 Die arabische Vokabel, die Maimonides sechsmal verwendet lautet: *Talattuf* (Subs.), *Talattafa* (Verb) läßt beide Übersetzungen zu. Das Substantiv *Lutf,* das Maimonides in diesem Zusammenhang auch gebraucht, bedeutet: *Wohlwollen, Freundlichkeit, Höflichkeit, Gnädigkeit* usw. – Gott ist entgegenkommend. Dem entspricht das Adjektiv *Latif*, pl. *Litaf, Lutafa*, d.h. wohlwollend, freundlich, höflich, gnädig usw., aber auch das Substantiv *Latifa*, pl. *Lataif*, Witz, Subtilität usw. Die andere arabische Vokabel, die Maimonides verwendet, um seine Theorie zu beschreiben,

ist: *Chila*, pl. *Chijal*, *Achajil* heißt dagegen eindeutig: *Kunstgriff*, *List*, *Trick*. *Latifa alchijal* bedeutet demnach: *spitzfindiger Trick*. Samuel ibn Tibbon übersetzt *Talattuf* bzw. *Chila* in diesem Sinn mit *Orma* bzw. *Tachbula*. Josef Kafach, More ha-newuchim, Jerusalem ³1977 übersetzt Talattuf mit *Nihul*, d. h. *Leitung*, *Führung*, während er *Chila* mit *Tachbula* wiedergibt. Shlomos Pines übersetzt *Talattuf* auf Englisch mit »*wily graciousness*« oder »*gracious ruse*«, The Guide of the Perplexed, Shlomo Pines (Hg.), Chicago i.a., 1963, S. 72ff. Zum Problem der List Gottes, vgl. Simon Rawidowicz, Knowledge of God: A Study in Maimonides' Philosophy of Religion (1936), in: Ders., Studies in Jewish Thought, Nahum N. Glatzer (Hg.), Philadelphia 1974, S. 286-290.

89 John Spencer spricht in seinem Werk *De legibus Hebraeorum ritualibus earumque rationibus*, Cambridge 1685, Tübingen 1732 von einer »*Methodis honeste fallacibus et sinuosis gradibus*«.

90 MN III, 45, 46; Bd. 2,2, S. 285 u. ö. Nach Maimonides war der biblische Gottesdienst das Negativ zum sabäischen Götzendienst. Die Sabäer hätten die Transzendenz Gottes, die Schöpfung, die Wunder usw. geleugnet. Die Tora, deren Hauptziel die Ausrottung des Götzendienstes ist, sei vor allem ein therapeutisch-pädagogisches Gegenmittel gegen die sabäische Religion. Das heißt aber, daß das Verständnis des Gesetzes die Kenntnis der Sitten und Bräuche der Sabäer voraussetzt (MN III, 29, 30, 49).

91 Vgl. den Komm. zu Jer 7,22, Perusch Al Newijim Acharonim, Jerusalem 1979, S. 128b u. Einl. zum Buch Lev. Seine Beweise aus der rabb. Lit. kritisiert D. Hoffmann, Das Buch Leviticus, Bd. 1, Berlin 1905, S. 81-83.

92 Vgl. unseren Aufsatz, Die zweidimensionale Eschatologie des Maimonides, in: JUDAICA 52 (1996) 2, S. 116-130.

93 Maimonides versucht mühsam historische Nachrichten über die heidnischen Bräuche zusammenzustellen, ebd. III, 29, S. 179ff.

94 Diese cause célèbre wird in allen wichtigen Anthologien der jüdischen Bibelauslegung behandelt, vgl. N. Leibowitz Studies in Vayikra (Levitikus), 4. Aufl. Jerusalem 1983, S. 1-15; Elie Munk, La voix de la Thora. Commentaire du Pentateuque, Bd. 3 (zu Lev 1,9) Paris 1974, S. 8-11; R. A. Chill, Die Mizwot. Die Gebote der Tora, Zürich 1991, S. 161f. u.a.m.

95 Vgl. Oskar Goldberg, Maimonides. Kritik der jüdischen Glaubenslehre 1935, S. 29, 60 ff.u.ö.

96 Moses Narboni, Kommentar zum Buch der Führer der Verirrten, (Beur LeSefer More Newuchim. J. Goldenthal, Hg.), Wien 1852, III, 43, 63b, 64a, zit. bei Maurice-Ruben Hayoun, L'exégèse philosophique dans le judaisme médiéval, Tübingen 1992, S. 288f.

97 Vgl. Amos Funkenstein, Heilsplan und natürliche Entwicklung. Gegenwartsbestimmung im Geschichtsdenken des Mittelalters, München 1965, S. 54.

[98] De sacramentis christianae fidei II, 6, 4, MPL 176, 450A, zit. u. üb. bei Funkenstein, ebd., S. 52 u. 251.

[99] Vgl. Guibert von Nogent, Tractatus de incarnatione contra judaeos III, 6, MPL 156, S. 519, zit. bei Funkenstein, S. 51, FN 5, S. 165.

[100] Die antijüdische Polemik hat sich den Gedanken von der Entwicklung des Gesetzes ebenfalls zu Nutze gemacht, etwa bei den Konvertiten Petrus Alfunsi, Abner und Paulus von Burgos, vgl. Funkenstein, ebd., FN 15-17, S. 168-171.

[101] Die sogenannten »*Stichen*«, von »*Stichos*« (Reihe, Zeile, Vers). Mendelssohn übersetzt mit *Charusim* oder *D'latot*, d. h. Reihe, Reime – aber nicht im Sinne von lautlichen, sondern von gedanklichen Reimen, ebd., S. 126,24-27; 130,1-131,27. Diese Theorie der biblischen Versifikation erläutert Mendelssohn erstmals anläßlich des Lamechspruchs, Gen 2, 23, »*dem ersten Lied, das aus jener uralten Zeit auf uns gekommen ist.*« JubA XV.2, S. 46,49-48,1 (Zitat); dt., XV.1, Einl. d. Hg., LXIV-LXVI.

[102] Dazu wird das Beispiel von Ps 136 angeführt: »*Das letzte Distichon des ersten Verses wird von dem Chore bey einem jeden der nachfolgenden Verse wiederholet. Dieser so oft wiederholte Halbvers enthält in wenig Worten den Endzweck des ganzen Gedichts, wodurch das Gemüth bey einem jeden Intervalle auf die Hauptabsicht zurückgeführt wird* (...)« (JubA IV, S. 52, 4-9).

[103] Der Niedergangstopos wird uns noch weiter unten beschäftigen.

[104] Vgl. mSot 5,4 bzw. mSuk 3,10; tSot 6,2; bSot 30b-31a, Mechilta z. St. Man könnte sagen, daß in den ersten Fällen die Führung klar beim Vorbeter liegt, während im dritten Fall Solist und Chor um die Führung wetteifern und im vierten Fall Führer und Chor schließlich eine Einheit bilden.

[105] Das ist die Meinung von R. Akiwa, mSot 5,4, bSot 30b. Als Vergleich zieht er den Refrain der Gemeinde beim Vortrag des festlichen Hallel-Gebetes (Ps 113-118) heran, wenn es von einem Mündigen vorgetragen wird (mSuk 3,10). Dem dort üblichen Refrain »*Halleluja*« entspricht hier das »*Ich singe dem Ewigen*«. Die Kinder Israel werden in bSot 31a mit dem »*Chor*« (»*Makhela*«), Ps 68,27, verglichen.

[106] Nach der Meinung R. Eliesers ben R. Jose Haglili, bSot 30b. Er vergleicht diese Vortragsart mit dem Hallel (Ps 113-118), sofern er von einem Unmündigen vorgetragen wird (mSuk 3,10), so daß die Gemeinde durch ein bloßes Halleluja noch nicht von ihrer Pflicht entbunden sein würde. Der Vergleich von Mose mit einem Unmündigen ist gewagt.

[107] Nach R. Nechemja, mSot 5,4; tSot 6,2. Er vergleicht diese Verteilung der Stimmen mit dem Vortrag des Schema Jisrael. Sie ist auch heute noch bei dem Vortrag mancher Pijutim üblich.

[108] Nach R. Elieser ben Thaddai, Mechilta z. St.

[109] Vgl. Philo von Alexandrien, Über das betrachtende Leben oder die Schutzflehenden, § 85-89, Leopold Cohn i. a., (Hg.), Die Werke in deutscher Übersetzung, Bd. 7, Berlin 2. Aufl. 1964, S. 69-70.

[110] Wir zitieren nach der englischen Ausgabe, R. Lowth, Lectures on the Sacred Poetry of the Hebrews 4. Aufl. 1839. Mendelssohns bahnbrechende Besprechung in: Bibliothek der schönen Wissenschaften und freien Künste 1 (1757) 1, 122-155; 1 (1757) 2, 269-297, IV, 20-62. Vgl. Smend, Rudolf: Lowth in Deutschland (1988), in: Ders., Epochen der Bibelkritik, Gesammelte Studien Bd. 3 (Beiträge zur Geschichte der evangelischen Theologie, Bd. 109), München 1991, S. 47-49.

[111] »(...) *the sacred hymns were alternateley sung by opposite choirs*« (S. 200). Er bezieht sich auf die Überschrift von Ps 88. Den Ausdruck: »(LaMnazeach AlMachlat) La'anot« übersetzt Luther nach der Wurzel 'ANH = niedergedrückt als Hinweis auf den Affekt mit: » (... vorzusingen, von der Schwachheit) des Elenden« und Mendelssohn im Sinne von Lowth nach der Wurzel 'ANH = singen als Anweisung für die Aufführung mit: »(Dem Sangmeister auf Machlath), zum Wettsingen« (X,1, 134; X,2, 499 – Der Zeilenkommentar ist hier unergiebig.) Vgl. Lowths Vermutung zu den Wurzeln 'ANH = singen und 'ANH = antworten, ebd., S. 204, dazu: Neh 12,31.38.

[112] Die »Keduscha« wird auch im synagogalen Gottesdienst als Responsorium vorgetragen.

[113] Die lat. Definition lautet: »*ita ut in duobos plerumque membris res rebus, verbis verba quasi demensa ac paria respondeant*« (»*so daß meistens in zwei Gliedern die Dinge den Dingen, den Worten die Worte entsprechen, so als seien sie abgemessen und gleichartig*«, Prael. XIX, 208, Lect., 205).

[114] Smend, Lowth in Deutschland, a. a. O., S. 49.

[115] Gemeint ist Asarja dei Rossi (1513-1578) aus Mantua, *Meor Enajim* (»*Augenleuchte*«) (1572), 3. Tl., Imre Bina (»Worte der Forschung«), Kap. 60, David Kassel (Hg.), Wilna 1864-66, Repr., Jerusalem 1970, S. 477-484.

[116] Wohl nach 1 Sam 10,5.10; 16,23; 2 Sam 6,16 und natürlich nach dem Psalter.

[117] Vgl. mSot 9,9ff.

[118] bSot 48.

[119] mSot 9,12 nach Jes 24,9.

[120] mSot 9,14.

[121] tSota 15; jSot 9,12,24b; bSot 48a-49b; bGit 7a; Vgl. Ackermann, A.: Der synagogale Gesang in seiner historischen Entwicklung, in: Winter, Jakob; Wünsche, August (Hg.): Die jüdische Literatur seit Abschluß des Kanons, Bd. III, Trier 1896, Nachdr. Hildesheim 1965, S. 475-529, 485f; Grözinger, Karl Erich: Musik und Gesang in der Theologie der frühen jüdischen Literatur, Tübingen 1982, S. 240-247 (hier sind die einschlägigen Stellen aus Aggada und Midrasch übersetzt und kommentiert).

[122] Hebräisch sei ursprünglich die göttliche und adamitische Ur- und Idealsprache gewesen. Das zeige sich, nach den biblischen Etymologien, an der semantischen Transparenz der nomina. So drücke das nomen proprium: »Adam« zugleich seine Herkunft von der »adama« (Erde) aus, ebenso drücke das nomen commune: »Frau« oder vielmehr »Männin« (ischa) ihre Herkunft vom »Mann« (isch) aus. Diese Wörter sind also nicht nur konventionelle Bezeichnungen, sondern stellen zugleich Natur und Herkunft der Sache dar und erfüllen folglich die Bedingung einer charakteristischen Idealsprache. Der Name dieser Sprache: »*Hebräisch*« komme von »*Ewer*« (geogr.: *Jenseits*), von dem die Ursprache trotz der Sprachverwirrung, die unter seinem Sohn »*Peleg*« (*abgetrennte, abgespaltene Gruppe*) stattfand, gerettet wurde. Zu dieser heiligen Sprache verhalten sich die verwandten Sprachen: Aramäisch und Arabisch wie profane Sprachen. Der Vorrang der heiligen Sprache erklärt sich zweitens aus dem Gebrauch durch das Volk Israel: ist es vorstellbar, daß die Sprache der Propheten, der Sänger wie David, der Weisen wie Salomo mangelhaft gewesen sei?

[123] Es handle sich, wie er hier mit Anspielung auf Ps 106, 35 sagt, um eine selbstzerstörerische Assimilation.

[124] Mech z. St., Dictum von R. Schimon bar Jochai, Tanchuma Beschalach 24, Nachmanides z. St.; Raschbam z. St. mit Verweis auf Dtn 33,10, Mendelssohn, Targum Aschkenasi und Bi'ur mit Verweis auf Nachmanides.

[125] Mechilta z. St., Diktum der Dorschei Reschumot und R. Eleasar von Modaim zu Ex 15,27.

[126] Nach bSan 56b werden die sieben noachidischen Gebote aus 1 Mose 2,16 abgeleitet.

[127] bSan56a-b.

[128] Mech z. St., bSan 56b; bSchab 87b; Targum Pseudo-Jonathan; die gewöhnliche Lesart von Raschi.

[129] PeRK, Piska III zu Schabbat Sachor, Ed. Buber, Lwow o.J., Bl. 27, Nr. 98ff.

[130] Text bei Hugo Gressman (Hg.), Altorientalische Texte zum Alten Testament, Berlin, Leipzig 1926, S. 25.

131 Pesikta des Raw Kahana (PeRK), Piska III zum Schabbat Sachor, dt. Aug. Wünsche, Leipzig 1885, S. 30.

132 PeRK, III, dt. ebd., S. 30. Diesen Midrasch zitiert auch Raschi zur Stelle und das Sefer Hachinuch, Mizwa Nr. 603.

133 PeRK, Ed. S. Buber, Lwow o.J., Bl. 28, dt., ebd., S.30. Diesen Midrasch zitiert auch Raschi zu Dtn 25,18.

134 PeRK, Piska III zu Schabbat Sachor, Ed. Buber, Lwow o.J., Bl. 27, Nr. 98ff.

135 Vgl. PeRK zu Dtn 25,18, ebd., Bl.28, dt., ebd., S. 31 u. Raschi zu Dtn 25,18.

136 PeRK, Ed. Buber, ebd., Bl. 22, Nr. 5ff; dt., ebd., S. 23.

137 PeRK, ebd., Bl.27, dt., ebd., S. 30.

138 Zur Ableitung des Termins, vgl. bMeg 30a u. Mech zu 2 M 17, 14, wonach der Ausdruck »*Buch*« (*Sefer*) in unseren Versen auf das Buch Ester hindeuten soll.

139 mBer I,1. Die anschließende Diskussion im bBer 12a/13b erörtert die Verdrängung früherer durch spätere Leidens- und Erlösungserinnerungen. Insbesondere wird die Frage besprochen, ob die messianische Erlösung die Erinnerung an die Erlösung aus Ägypten aufhebt.

140 Vgl. Sefer Hachinuch, Nr. 602.

141 Wie Raschi z. St. erklärt.

142 Vgl. Emanuel Levinas, Quatre lectures talmudiques, Paris 1968, S. 80-87 zu bShab 88a-b. Nach der Version der Aggada bAwZa 2b beneiden die Völker der Welt sogar die Juden um diesen Zwang.

143 Neue Pesikta, in: August Wünsche, Aus Israels Lehrhallen, V. 2, Kleine Midraschim, Neue Pesikta und Midrasch Tadsche (Leipzig 1909), Neudruck Hildesheim 1967, Bd. II, 2. Tl., S. 23f.

144 Zit. bei Reimer Gronemeyer, Wozu noch Kirche?, Berlin 1995, S. 58.

145 Vgl. Verf., Neue Tafeln. Nietzsche und die jüdische Counter-History, in: Daniel Krochmalnik, Werner Stegmaier (Hg.), Jüdischer Nietzscheanismus, Berlin 1997, S. 53-81.

146 Zur Aggada Tanuro Schel Achnai vgl. Eliezer Berkovits, Not in Heaven: The Nature and Function of Halakha, New York 1983, S. 47-50. Menahem Elon, Jewish Law. History, Sources, Principles, engl. v. Bernard Auerbach, Melvin Sykes, Philadelphia, Jerusalem 1994, Band 1, S. 261-263.

[147] Moritz Lazarus, Ethik des Judentums, Frankfurt/M 2. Aufl. 1899, S. 382 ff.

[148] Johann Jakob Engel, Schriften (Berlin 1801-1806), Nachdruck, Frankfurt/M 1971, Band 1, S. 330-334.

[149] Georges Hansel, Le Talmud, du réel au concept, in: Ders., Explorations tamudiques, Paris 1998, S. 245-257.

[150] Léon Ashkénazi, »Les dommages«, première suggia du traité »Baba Kama«. Cours de Talmud, in: Pardès. Revue européene d´ études et de culture juives, L´école de pensée juive de Paris, 23 (1997) S. 165-179.

[151] Zu diesen Stellen vgl. Peter Kuhn, Gottes Selbsterniedrigung in der Theologie der Rabbinen, München 1968, S. 42 u. ö.

[152] Philon, De specialibus legibus, §296 vergleicht die Leuchten mit den Sternen.

[153] Martin Buber, Der Mensch von Heute und die jüdische Bibel (1936), in: Werke, Bd. 2, Schriften zur Bibel, S. 865-869; Franz Rosenzweig, Die Schrift und Luther (1926), in: Karl Thieme (Hg.), Franz Rosenzweig, Die Schrift. Aufsätze, Übertragungen und Briefe, Königstein/Ts 1984, S. 68f. Zu dieser Analogie vgl. Sohar II, 149a.

[154] Akedat Jizchak 49, zur Parascha Truma, Bd. 2, S. 212a; engl., Bd. 1, S. 420.

[155] Vgl. z. B. den Kommentar von Menachem Recanati zu Ex 25,31, dt, v. J. Maier, Die Kabbalah, 1995, S. 322-323.

[156] Vgl. Micha Brumlik u. a. (Hg.), Die Menora. Ein Gang durch die Geschichte Israels (Eine Medienmappe für Schule und Gemeinde) Wittingen 1999.

[157] Sefer Rasiel, Maggid von Kosnize (Hg.), Nachdruck, Jerusalem 1977, S. 50a. Vgl. E. Bischoff, Die Elemente der Kabbalah, 2. Tl.: Praktische Kabbalah, Nachdruck, Berlin 1985, S. 201ff. T. Schrire, Hebrew magic amulets. Their Decipherment and Interpretation, New York 1966, S. 46.

[158] Vgl. meinen Beitrag, in: Micha Brumlik u. a. (Hg.), Die Menora, ebd., S. 199-203.

[159] Gesammelte Schriften Bd. 1, 2. Aufl. Frankfurt/M, S. 1-2.

[160] Sabbat. Seine Bedeutung für den heutigen Menschen, 7. Aufl., aus dem Engl. v. Ruth Olmesdahl, Neukirchen-Vluyn 1990, S. 5-7.

[161] Wir zitieren nach dem Reprint des Moroscha Verlags, Zürich 1987, S. 69 (Wir modernisieren die Transliteration).

[162] Frankfurt/M 1837, 2. Aufl. 1891; §§ 142, S. 69ff; §§ 157, S. 85f; § 171, S. 95.

[163] Gesammelte Schriften, Bd. 1, Frankfurt/M 1908, S. 201, ebd., S. 88.

[164] S. R. Hirsch trat im August 1851 sein Amt als Rabbiner der Israelitischen Religionsgesellschaft in Frankfurt/M an. Diese wurde u.a. von den konservativ eingestellten jüdischen Bankiersfamilien wie den Rothschilds unterstützt, vgl. Robert Liberles, Religious Conflict in Social Context, The Resurgence of Orthodox Judaism in Frankfurt am Main, 1838-1877, Westport/Connecticut, London 1985, S. 92ff. Die Predigten zum Schabbat sind in den Jahrgängen 1855 bis 1858 seiner Zeitschrift Jeschurun erschienen.

[165] Gesammelte Schriften, Bd. 1, Frankfurt/M 1908, S. 193.

[166] Gesammelte Schriften, Bd. 1, Frankfurt/M 1908, S. 195.

[167] Gesammelte Schriften, Bd. 1, Frankfurt/M 1908, S. 195.

[168] Vgl. Tischsegen zum Schabbat.

[169] E. Fromm, Haben oder Sein. Die Seelischen Grundlagen einer neuen Gesellschaft, dtsch. v. Brigitte Stein, Rainer Funk (Hg.), München, 5. Aufl. 1976, S. 56-57.

[170] Eduard Fuchs, Die Juden in der Karikatur. Ein Beitrag zur Kulturgeschichte, München 1921, S. 5.

[171] Wachter, Johann Georg: Der Spinozismus im Jüdenthumb. Oder/ die von dem heutigen Jüdenthumb/ und dessen Geheimen Kabbala Vergötterte Welt an Moses Germano (...) (1699), Nachdruck, Winfried Schröder (Hg.) (Freidenker der europäischen Aufklärung I, 1), Stuttgart-Bad Canstatt 1994, S. 104.

[172] Zur tannaitischen und amoräischen Auslegung der Episode, vgl. Irving J. Mandelbaum, Tannaitic Exegesis of the Golden Calf Episode, in: A. Philip R. Davies, Richard T. White (Hg.), A Tribute to Geza Vermes. Essays on Jewish and Christian Literature and History, Sheffield 1990, S. 207-223. Er kommt zu dem signifikanten Ergebnis, daß die Tannaiten die Schuld Aarons u. Israels betonen, während die Amoräer sie zu rechtfertigen suchen.

[173] M. Maimonides, Das Buch der Erkenntnis, Die Grundsätze der Lehre (Hilchot Jessode HaTora) 2, 2, Berlin 1994, S. 55f.

[174] Das war auch die Meinung der Rabbinen über die Natur des Götzendienstes. In der Mischna wird einmal die Frage aufgeworfen: »Wenn Gott an den Götzen keinen Gefallen hat, warum vernichtet er sie nicht? Da sprachen sie zu ihnen: Wenn sie einer Sache dienten, welche die Welt nicht brauchte, so würde er sie vernichten; aber sie dienen der Sonne, dem Mond, den Sternen und den Tierkreisbildern – soll nun Gott der Toren wegen seine Welt zerstören? Da sprachen jene zu ihnen: Wenn dem so ist, so sollte er die Dinge, welche die Welt nicht braucht, ver-

nichten und die stehen lassen, welche die Welt braucht! Sie antworteten ihnen: Dann würden wir die Verehrer dieser Dinge in ihrer Meinung bestärken, denn sie würden sagen: Sehet, sie sind Götter, da sie nicht untergegangen sind« (mAbZa 4, 7). Vgl. zu dieser Debatte, Wallach, Luitpold: A Palestinian Polemic Against Idolatry. A Study in Rabbinic Literary Forms, HUCA, 19, 1946, 389-404, in: Henry A. Fischel, Essays in Greco-Roman and related Talmudic Literature, NY 1977, S. 111-126. Wallach versucht, die jüdisch-hellenistische Quelle dieser Debatte und ihren Sitz im Leben zu bestimmen.

175 Die Konsequenz aus dieser Gefahr der Degeneration oder Reifikation der Zeichen war bei Maimonides bekanntlich eine radikal negative Theologie. Seine Theorie vom Ursprung des Götzendienstes erfreute sich auch bei nichtjüdischen neuzeitlichen Autoren großer Beliebtheit. Vgl. D. Vossius (1612-1633), *De Idololatria* (1632/33), in: G. J. Vossius (1577-1649), *De Theologia Gentili*, 1641. Vossius' Übersetzung hat zwei wichtige Vorläufer des Deismus, H. v. Cherbury, *De Religione Gentilium, Errorumque apud eos causis*, cap. II, London 1. Aufl. 1645, 1967, 4-13, u. J. Spencer, *De legibus Hebraeorum ritualibus et earumque rationibus*, 1685 beeinflußt. Aber auch Warburton bezieht sich in seiner antideistischen Polemik auf Maimonides, The Divine Legation of Moses, Buch IV, Ab. 6, Repr. 1978, Bd. 2, S. 353ff. u.ö.

176 M. Maimonides, Das Buch der Erkenntnis, Hilchot Akum 1, 1-2, 1994, S. 279-285.

177 Die meisten übersetzen hier im Gegensatz zu Wohlgemuth-Bleichrode mit »Götter«, S. R. Hirsch, Buber-Rosenzweig, B. Jacob, Mendelssohn mit »göttliche Wesen«.

178 Bd. 4, 1989, S. 88-89.

179 *»Denn jeder, der die Abgötterei negiert, wird Jude genannt (ScheKol HaKofer Awoda Sara Nikra Jehudi)«* bMeg 13a, vgl. auch SifNum §111 zu 4 M 15, 24; jSan 7, 9; bHor 8a, bChul 5a. Maimonides schreibt in bezug auf diese Traditionen: *»Das Verbot der Abgötterei wiegt soviel, wie alle Gebote zusammen (...), es ist das Prinzip aller Gebote (Ikkar Kol HaMizwot Kulan)«*, Das Buch der Erkenntnis, Vom Götzendienst II, 4, 1994, 283. Dieses Prinzip spielt in Maimonides' Interpretation der Zeremonialgesetze im Führer der Unschlüssigen I, 63; III, 29, 30, 49 eine ganz zentrale Rolle.

180 Moses und Aron. Oper in drei Akten, III. Akt, 1. Szene, Mainz u. a. 1957, S. 32 u. ö.

181 J. Halevi, Das Buch Kusari, I, §§92-96, S. 62-66.

182 J. Halevi, Das Buch Kusari, I, §97, 3. Aufl. 1909, S. 67. Das erinnert an das rabbinische Paradigma mit dem die Rabbinen mRoHasch 3,8 den

magischen Gebrauch der ehernen Schlange Num 21,8 rechtfertigen: »*Sie sahen diese, richteten ihre Blicke dahin, hielten sie hoch und beteten angesichts derselben zu Gott*«. Die therapeutische Wirkung der ehernen Schlange erklärt die Mischna so: »*Wenn die Israeliten nach oben blickten und ihr Herz dem himmlischen Vater zu eigen gaben, wurden sie geheilt.*«, J. Halevi, Das Buch Kusari, §97, 3. Aufl. 1909, S. 66.

[183] J. Halevi, Das Buch Kusari, I, §97, 3. Aufl. 1909, S. 69 in fine.

[184] J. Halevi, Das Buch Kusari, IV, §14, 3. Aufl. 1909, S. 328f. In bezug auf die Kälber des Jerobeam, 1 Kön 12,26 ff.

[185] Ibn Esra, Peirusch HaTora (Ed. Adscher Weiser), Bd. 2, S. 205-206.

[186] Perusch HaRockeach Al HaTora, J. Gluckman, Bd. II, Bnei-Brak 1981, S. 170-172, zit. bei Roland Goetschel, La faite du veau d´or dans l´interprétation kabbalistique de la bible, in: Revue de l'histoire des Religions CCV-3/1988, S. 267-286.

[187] Kom. zu Ex 32,1, hebr., Bd.1, S. 505-508; engl., Bd. 1, S. 349-352; zit. bei R. Goetschel, ebd., S. 275.

[188] Peirusch Al HaTora, S. 309ff.

[189] Er zitiert J. Halevi (ca. 1075 – ca. 1141), Das Buch Kusari, §97, 3. Aufl. 1909, S. 66-69; Abraham ibn Esra (1089-1164), Kommentar z. St., Moses ben Nachman (1194-1274), Kommentar z. St. (XVI, 327,33ff.). Vor Mendelssohn haben eine ganze Reihe von Kommentatoren an Jehuda Halevi angeknüpft, etwa Jizchak Abrawanel (1437-1508), Kommentar z. St. Die einleitende Erklärung Mendelssohns ist für den Charakter des Kommentars insgesamt charakteristisch. Er faßt in der Regel nicht immer kenntlich gemachte und in seiner eigenen Sprache wiedergebene mittelalterliche jüdische Kommentare zusammen. Diesen Florilegien verleiht er aber seine eigene Tendenz.

[190] W. Warburton, The divine legation of Moses, Buch 4, Ab. 4 (1741), Repr. 1978, Bd. 2, S. 66-206 u. Bd. 3, S. 69-243, M.-A. Léonard des Malpeines (franz. Üb.), 1744, Neudruck 1977; J. Chr. Schmidt (dt. Üb.) 1751-1753, Repr. 1980. Mendelssohn kannte das Werk, vgl. JubA IV, S. 323.

[191] W. Warburton, The divine legation of Moses, Buch 4, Ab. 4, Repr. 1978, Bd. 3, S. 164, dt. 1980, S. 116.

[192] W. Warburton, The divine legation of Moses, Buch 4, Ab. 4, Repr. 1978, Bd. 3, S. 164 u. 200ff, dt. 1980, S. 116 u. 161ff., vgl. auch Mendelssohn JubA VIII, S. 185,25-186,6.

[193] W. Warburton, The divine legation of Moses, Buch 4, Ab. 4, Repr. 1978, Bd. 3, S. 197 u. S. 204, dt. 1980, S. 155 u. 163f. Plutarch, der eine ähnliche Hypothese vertreten hatte, läßt Warburton nicht gelten, ebd., S. 20, Anm. 1.

[194] W. Warburton, The divine legation of Moses, Buch 4, Ab. 4, Repr. 1978, Bd. 3, S. 204, dt. 1980, S. 163f..

[195] W. Warburton, The divine legation of Moses, Buch 4, Ab. 4, Repr. 1978, Bd. 3, S. 205, dt. 1980, S. 164.

[196] Hier denkt Mendelssohn zweifellos an das, was Diderot im Art.: »*Pythagorisme*« der Encyclopédie die »*Philosophie pythagoreo-platonico-cabalistique*« genannt hat, Bd.13, S. 626b-630b.

[197] Zu diesem Begriff I. Bernays' für das jüdische »Cerimoniell« vgl. D. Krochmalnik, Die Symbolik des Judentums. Nach Moses Mendelssohn, Isaac Bernays und Samson Raphael Hirsch, in: Judaica 49/4 (1993), S. 206-219.

[198] Vgl. I. Kant, Die Religion innerhalb der Grenzen der bloßen Vernunft IV, Werke, Wilhelm Weischedel (Hg.), Darmstadt 6. Aufl. 1983, Bd. VIII, S. 853.

[199] Fr. Rosenzweig, Der Stern der Erlösung, Gesammelte Schriften, Bd. 2, Haag 1976, S. 241.

[200] In seiner deutschen Übersetzung fügt Mendelssohn in Klammern erläuternd hinzu: *»das ist, uns anführen sollen«* (IX.1, 286,9-10).

[201] Die Übersetzung von »Elohim« mit »göttliche Wesen« statt »Göttern« (wie bei Luther, Hirsch, Buber-Rosenzweig) leistet einer solchen Deutung Vorschub.

[202] »Gentoos« ist die aus dem portugiesischen »gentio« bzw. dem lateinischen »gentiles« d. h. »Heiden« abgeleitete englische Bezeichung für die Hindus.

[203] Zu den verschiedenen Zählungen, vgl. R. Gradwohl, Bibelauslegungen aus jüdischen Quellen, Bd. 4, S. 115.

[204] Pirke der Rabbi Eliezer 45.

[205] Vgl. R. Meir Leibusch Ben Jechiel Michael Weisser, gen. Malbim (1809-1879), Ozar HaPeruschim, 4 Bde., z. St., zit. bei Nechama Leibowitz, En meditant la Sidra ‚L'Exode', S. 255.

[206] TanBu Kedoschim, 10, Hans Bietenhard, Midrasch Tanchuma B, Bd. 2, Bern i.a., 1982, S. 113.

[207] mKel 1,8. Der halachische Jerusalemozentrismus entspricht genau dem israelitischen Theozentrismus. Am Anfang des Buches Numeri wird die theozentrische Ordnung Israels in der Wüste dargestellt. Israel lagerte um das Heiligtum (Num 2,2). Außen das Volk, innen, zwischen dem Volk und dem Heiligtum, die Priester (Num 1,53) und in der Mitte Gott. Das sind die drei Lager: das Lager Israels (Machane Jisrael), das Lager

der Lewiten (Machane Lewija) und das Lager der göttlichen Anwesenheit (Machane Schechina). Dann regelt die Tora den Ausschluß derer, die diese heilige Ordnung im levitischen Sinne stören: *»sie sollen, nämlich, ihre Lager nicht verunreinigen, in deren Mitte ich wohne«* (Num 5,3). Aus diesem Vers leitet nun der Midrasch Halacha die Isomorphie der idealen theozentrischen Ordnung in der Wüste und der Anlage Jerusalems ab: *»,Und sie sollen ihre Lager nicht verunreinigen'. Von hier haben sie gesagt: Drei Lager gibt es: das Lager der Israeliten und das Lager der Leviten und das Lager der Schechina. Von den Toren Jerusalems bis zum Tempelberg: Lager der Israeliten. Von den Toren des Tempelbergs bis zum Vorhof (inklusive D. K.): Lager der Leviten. Von den Toren des Vorhofs nach innen zu: Lager der Schechina.«*, Sifre zu Numeri, §1, Parascha Nasso. Die Zentralstellung Jerusalems in der hierologischen Weltordnung schlägt sich in der halachischen Sonderstellung nieder, vgl. z. B. die Baraita bBKa 82b: *»Zehn Dinge wurden von Jerusalem gelehrt ...«*, mKet 13,11.

208 Zum Symbol des Zentrums vgl. Mircea Eliade, Le mythe de l'éternel retour, 2. Aufl 1969, S. 24-30. Das architektonische Symbol des Zentrums ist a. ein heiliger Berg, der Himmel und Erde verbindet, b. eine heilige Stadt, ein heiliger Tempel, ein Palast usw., die auch heilige Berge und folglich Zentren sind, c. eine Achse, die Himmel, Erde und Hölle verbindet. Der Tempel ist als umbilicus mundi auch imago mundi. So zielt die Ausstattung des Hejchal nach Josephus und Philon auf eine Darstellung der Welt, und die Basilika des Altertums und die Kathedrale des Mittelalters bilden das himmlische Jerusalem ab. Vgl. ders., Traité d'histoire des religions, Paris 1964, Nr. 81f, 200f u. Nr. 143, 316-319.

209 mJoma 5, 2. Der Stein, von dem die Mischna berichtet, war übrigens viel kleiner als der Stein, den man heute im Felsendom besichtigen kann.

210 De Bello Judaico V, 5, 5.

211 bMeg 10b.

212 In jJom 5, 4, 42c leitet R. Jochanan den Namen des Steines geradezu daher, daß die Welt auf ihm begründet ist. Die ersten Ausgaben fügen hinzu, daß er sich *»unterhalb des Palastes Gottes«* befand.

213 bJom 54b.

214 Aber auch diese Replik kann jerusalemozentrisch gedeutet werden. Nach einer Tradition, die der Targum zu 2 M 28, 30 wiedergibt, verschloß der Grundstein des Tempels den Mund des unterirdischen Ozeans (*Pum Tehoma*). Der Grundtstein, der unter dem Palast Gottes in der Tiefe des Meeres befestigt ist (*Ewen Schtija Kewua BaTehomot Tachat Heichal HaSchem*), wurde nach PRE 10 Jona bei seiner Unterseereise im Bauch des Fisches gezeigt. Jona hält seinen Fisch an, betet zu Gott, verspricht, seinen Willen auszuführen, und wird gerettet. Die Treppen, die

die beiden Höfe des Tempels verbanden, wurden auch die »*Treppen des Tehom*« genannt. Dieses Motiv hat Berührungspunkte mit der Ezechielvision von der Tempelquelle (vgl. mMid 2,6, sowie Ps 104,3).

[215] bJom 19a. Nach mMid V, 4 war sie im Süden.

[216] mSan IV, 3.

[217] bSan 37a. Der jüdische Philosoph Emmanuel Lévinas hat sich in einer *Lecture Talmudique* ausführlich mit diesem Gleichnis beschäftigt, Quatres Lectures Talmudiques, Paris 1968, 160ff., dtsch. v. Frank Miething, Ffm 1993, S. 142ff. und es mit dem Gleichnis vom Erdennabel in den Eumeniden des Aischylos, 42 verglichen.

[218] mMid V, 4.

[219] bJom 25a.

[220] bBer 30a.

[221] Sefer Hakusari, II, 23.

[222] Sefer Hakusari, II, 22, in Anlehnung an bKet 111a-112b.

[223] Sefer Hakusari, II, 24.

[224] Sefer Hakusari, Schluß, 22.

[225] V. 23-25. Vgl. zu diesem Bild, daß natürlich Ps 102, 15 genau entspricht, bKet 112a.

[226] Führer der Verirrten III, 45, dt. Bd. II. 2, S. 277.

[227] Mischne Tora, Hilchot AbZa 1,1.

[228] (August Friedrich Cranz), Das Forschen nach Licht und Recht in einem Schreiben an Herren Moses Mendelssohn, Berlin 1782, Moses Mendelssohn, Jubiläumsausgabe, Bd. VIII, S. 81.

[229] Thomas von Aquin illustriert die Lehre vom vierfachen Schriftsinn am Beispiel Jerusalems. Im buchstäblichen Sinn handelt es sich um die irdische Stadt, im allegorischen Sinn um die Kirche, im moralischen Sinn um das geordnete Staatswesen und im anagogischen Sinn um das ewige Leben. Vgl. Summa Theologica I, 1, 10.

[230] Das Prinzip Hoffnung, Ffm 1959, Bd. 2, S. 711 u. 713.

Literaturverzeichnis

Jüdische Bibelübersetzungen

(alphabetisch nach den Übersetzern)

Buber, M.; Rosenzweig, F., Die Fünf Bücher der Weisung, dt. v. (Üb.): Heidelberg 1931.

Buber, M., Rosenzweig, F., Verdeutschung der Schrift, 15 Bde., 1925 ff.

Chouraqui, André, La Bible (1974-1985), 3. Aufl. Paris 1990.

Hertz, Joseph Herman, Pentateuch und Haftaroth. Hebräischer Text und deutsche Übersetzung mit Kommentar, 5 Bde., 3. Aufl. Zürich 1995.

Munk, Elie (Hg.), Le Pentateuque accompagné du commentaire de Rachi, franz. v. 5. Bde., 3. Aufl. Paris 1976.

Mendelssohn, Moses, Schriften zum Judentum III,I: Pentateuchübersetzung in deutscher Umschrift, JubA Bd. IX.1-2.

Torczyner, Harry (Tur-Sinai) u. a., Die Heilige Schrift neu ins Deutsche übertragen, dt. v. Berlin 1935-38, zweisprachige 2. Aufl. Jerusalem 1954.

Wohlgemuth, J., Bleichrode, I., Pentateuch mit deutscher Übersetzung, Berlin 1899, Neudruck, Basel 1969 u. ö. (Wir zitieren gewöhnlich diese Übersetzung).

Zunz, Leopold (Hg.), Zunz-Bibel, 1837/38 ff., Nachdruck o. J., Basel.

Rabbinische Quellen

Der Babylonische Talmud, Lazarus Goldschmidt (Üb.), 12 Bde., 1919-1936.

Mechilta, Ein tannaitischer Midrasch zu Exodus, Jakob Winter / August Wunsche (Üb.), Leipzig 1909, Nachdruck, Hildesheim 1990.

Midrasch Schemot Rabba, Das ist eine allegorische Auslegung des zweiten Buches Mose, August Wünsche (Üb.), in: Bibliotheca Rabbinica. Eine Sammlung alter Midraschim, Ders. (Üb.), 5 Bde., Leipzig 1882, Nachdruck Hildesheim 1967.

Pesikta des Rab Kahana, Das ist die älteste in Palästina redigierte Haggada, August Wünsche (Üb.), Leipzig 1885.

The Wisdom of the Zohar. An Anthology of Texts, Isaiah Tishby (Hg.), engl. v. David Goldstein, 3 Bde., London u. a. 1989.

Mikraot Gedolot (Biblia Rabbinica) mit den Kommentaren von Raschi, Ibn Esra, Raschbam, Ramban, Sforno, Baal HaTurim u.a., (Ed. Pardes), New York 1951.

Abrawanel, Jizchak, Al HaTora, 5 Bde., Jerusalem 1979.

Arama, Isaak: Akedat Jizchak (hebr.), Chajim Josef Pollak (Hg.), 6 Bde. Preßburg 1849, Warschau 1884, Nachdruck, Jerusalem 1974, engl. Zusammenfassung v. Eliyahu Munk, 2 Bde., Jerusalem 1986.

Aron Halévi von Barcelona (zugeschrieben), Séfer HaChinnuch, engl. v. Charles Wengrow, The Book of (Mitzvah) Education, (hebr. – engl.), 5 Bde., Jerusalem, New York 1978-1989; franz. v. R. Samuel, Le livre des 613 commendements. Traductions du Sefer Ha'Hinou'h. »Les bases de l'education juive«, Paris 1974 (Folgt den Ge- und Verboten der Tora).

Bachya ben Ascher, Ch. D. Schewel, 3 Bde., 6. Aufl. 1986, engl. v. Eliyahu Munk, 7 Bde., Jerusalem 1998.

Cassuto, U., A Commentary on the Book of Genesis.

Cassuto, U., A Commentary on the Book of Exodus (hebr. 1. Aufl. 1951), engl. v. Israel Abrahams, Jerusalem 1967.

Hirsch, Samson Raphael, Der Pentateuch, übersetzt und erläutert, 5 Bde. 3. Aufl. Frankfurt/M 1996.

Ibn Eszra's Commentary on the Pentateuch, Genesis (Bereshit), engl. v. H. Norman Strickman, Arthur M. Silver, New York 1988.

Ibn Eszra, Abraham Ibn Esras Kommentar zur Urgeschichte. Mit einem Anhang: Raschbams Kommentar zum ersten Kapitel der Urgeschichte. Übersetzt und erklärt von Dirk U. Rottzoll, Berlin, New York 1996.

Ibn Eszra, Abraham Ibn Esras Langer Kommentar zum Buch Exodus, Einl., Üb. u. Kom. v. Dirk U. Rottzoll, 2 Bde.(Studia Judaica, Bd. VII/1 u. 2), Berlin, New York, 2000.

Halevi, Jehuda, Das Buch Kusari, nach dem hebräischen Text des Jehuda Ibn-Tibbon (hebr., dt.), David Cassel (Hg.), Leipzig 1869, Nachdruck ohne Kommentar von D. Cassel, Zürich 1990.

Jacob, Benno, Das erste Buch der Tora, Berlin 1933.

Jacob, Benno, Das Buch Exodus, Shlomo Mayer (Hg.), Stuttgart 1997.

Ramban (Nachmanides), Peirusch Hatora LeRabbeinu Mosche Ben Nachman (RaMBaN), R. Ch. D. Schawel, engl.: Ders., Commentary on the Torah, 5 Bde., New York 1973-76.

Maimonides, Moses, Mischne Tora, Mossad HaRaw Kook (Hg.), R. Schmuel Tanchum Rubinstein u. a. (Komm.) (HaRambam LaAm, Bd. 2-9), Jerusalem 11. Aufl. 1988.

Maimonides, Moses, Das Buch der Erkenntnis (hebr.-dt.), Chajim Sack (Üb.), Eveline Goodman-Thau, Christoph Schulte (Hg.), Berlin 1994.

Maimonides, Moses, Führer der Unschlüssigen (dt.), Adolf Weiß (Üb., Kom.), 3 Bde., Leipzig 1923, Nachdruck, mit einer Einl. und Bibl. v. Johann Maier, 2 Bde. (Philosophische Bibliothek, Bd. 184a-c), Hamburg 2. Aufl. 1972.

Mendelssohn, Moses, Gesammelte Schriften. Jubiläumsausgabe. In Gemeinschaft mit Fritz Bamberger, Chaim Borodianski, Simon Rawidowicz, Bruno Strauß, Leo Strauß begonnen von Ismar Ellbogen, Julius Guttmann, Eugen Mittwoch, fortgesetzt von Alexander Altmann in Gemeinschaft mit Haim Bar-Dayan, Eva J. Engel, Leo Strauß, Werner Weinberg, Berlin 1929-1932, Breslau 1938, Stuttgart-Bad Cannstatt 1974 ff. (zitiert im Text mit dem Siegel JubA, Bandzahl in römischen und Seiten- und Zeilenzahl in arabischen Ziffern).

Mendelssohn, Moses, Hebräische Schriften II,I: Der Pentateuch, Werner Weinberg (Hg.), JubA XV.1 – XVIII.

Philo von Alexandrien: Die Werke in deutscher Übersetzung, Leopold Cohn, Isaak Heinemann, M. Adler, W. Theiler (Hg.), Berlin 2. Aufl. 1962, (wir zitieren: Werke).

Raschis Pentateuchkommentar, dtsch. v. Selig Bamberger, Basel 3. Aufl. 1975.

Raschbam's Commentary on Exodus, engl. und komm. v. Martin I. Lockshin (Brown Judaic Studies, Nr. 310) Atlanta 1997.

Rosin, David, Reime und Gedichte des Abraham Ibn Esra, in: Jahresbericht des jüdisch-theologischen Seminars, Breslau 1887.

Sforno, Commentary on the Thora, engl. v. R. Raphael Pelcovitz (1987-89), New York 1993.

Weimar, Peter, Zenger, Erich, Exodus. Geschichten und Geschichte der Befreiung Israels (Stuttgarter Bibel-Studien, Bd. 75), Stuttgart 2. Aufl. 1979.

Anthologien

Chill, R. Abraham, Die Mitzwot. Die Gebote der Tora, aus dem Hebr. v. Abraham Möller, Jerusalem, Zürich 1991 (Folgt den Ge- und Verboten der Tora).

Graubard, Baruch, Gelesen in den Büchern Mose, Freitagabend-Vorträge im Bayerischen Rundfunk, München 1965.

Gradwohl, Roland, Bibelauslegungen aus jüdischen Quellen, 4. Bde. Stuttgart 1986-1989 (Folgt den alttestamentlichen Predigttexten).

Jacobs, Louis, Jewish biblical exegesis, (The Chain of Tradition Series, Bd. IV), New York 1973 (Einzelne Beispiele).

Kasher, Menahem Mendel, Encyclopaedia of Biblical Interpretation (Tora Schelema). A millennial anthology, engl. V. R. Dr. Harry Freedman, 8 Bde. (bis Ex. 17,16), New York 1953-1970 (Folgt dem Text des Pentateuch).

Leibowitz, Nehama, Studies in Bereshit (Genesis) bis Dewarim (Deuteronomy). In Kontext of Ancient and Modern Jewish Bible Commentary, engl. v. Aryeh Newman, The World Zionist Organisation, Departement for Torah Education & Culture in the Diaspora (Hg.), 6 Bde. Jerusalem 1972-1980, franz. v. Moche Catane, Benno Gross et Jean Poliatchek, En meditant la sidra Berechit »La Genèse«, Paris 1981; En meditant la sidra Chemoth »l' Exode«, Paris1985 (Folgt thematisch den Wochenabschnitten).

Leibowitz, Yeshayahou, Brèves leçons bibliques, franz. von Gérard Haddad, Paris 1995 (Folgt thematisch den Wochenabschitten).

Munk, Elie, La Voix de la Thora. Commentaire du Pentateuque, 5 Bde., Paris 1969, 4. Aufl. 1986 (Folgt dem Text des Pentateuch); engl. v. E. S. Maser, The Call of The Torah. An anthology of interpretation and commentary on the Five Books of Moses, Jerusalem, New York 1980.

Neudecker, Reinhard SJ, Die ersten beiden Gebote des Dekalogs in der Sicht der alten Rabbinen (Katholische Akademie Augsburg, Publikation Nr. 62), Augsburg 1983.

Starobinski-Safran, Esther, Le buisson et la voix. Exégèse et pensée juives, Paris 1987.

Petuchowski, Jakob J., Wie die Meister die Schrift erklären. Beispielhafte Bibelauslegung aus dem Judentum aus der »Biblia Rabbinica« ausgewählt, übersetzt und erläutert, Freiburg, Basel, Wien 1982.

Radday, Yehuda T., Schultz Magdalena, Auf den Spuren der Parascha. Ein Stück Tora. Zum Lernen des Wochenabschnitts, Arbeitsmappe 1-7, Frankfurt/M 1989 (Folgt den Wochenabschnitten des Pentateuch).

Fachliteratur

Awerbuch, Marianne, Christlich-jüdische Begegnung im Zeitalter der Frühscholastik, Abhandlungen zum christlich-jüdischen Dialog, Bd. 8, München 1980.

Gelles, Benjamin J., Peshat und Derash in the Exegesis of Rashi, Leiden 1981.

Goetschel, Roland: Exégèse littéraliste, philosophie et mystique dans la pensée juive médiévale, in: Michel Tardieu (Hg.), Les règles de l'interprétation, Paris 1987, S. 163-172.

Greenstein, Edward L., Medieval Bible Commentaries, in: Barry W. Holtz, Back to the Sources. Reading the Classic Jewish Textes, New York 1984, S. 213-259.

Hayoun, Maurice Ruben, L'exégèse philosophique dans le judaisme médiéval (M. R. Hayoun, I. G. Marcus, P. Schäfer (Hg.), Texts and Studies in Medieval and Early Modern Judaism, Bd. 7) Tübingen 1992.

Neusner, Jacob, Introduction to Rabbinic Literature, New York u. a. 1994.

Reventlow, Hening Graf, Epochen der Bibelauslegung, 2 Bde., München 1990-94.

Scholem, Gerhom, Der Sinn der Tora in der jüdischen Mystik (1956), in: Ders., Zur Kabbala und ihrer Symbolik (1960), Frankfurt/M 1977, S. 49-116.

Sed-Rajna, Gabrielle (Hg.), Rashi 1040-1990, Hommage à Ephraim Urbach, Paris 1993.

Stemberger, Günter, Geschichte der jüdischen Literatur. Eine Einführung, München 1977.

Stemberger, Günter, Midrasch. Vom Umgang der Rabbinen mit der Bibel. Einführungen, Texte, Erläuterungen, München 1989.

Stemberger, Günter/Dohmen, Christoph, Hermeneutik der Jüdischen Bibel und des Alten Testaments, Stuttgart, Berlin, Köln 1996.

Stuttgarter Bibelstudien

Band 189

Eckart Otto (Hrsg.)

Mose

Ägypten und Israel

Mit Beiträgen von

Jan Assmann, Heidelberg
Georg Fischer, Innsbruck
Manfred Görg, München
Eckart Otto, München

Kaum eine Gestalt hat die Religionsgeschichte der Menschheit
so nachhaltig geprägt wie Mose,
der in den drei monotheistischen Religionen
von Judentum, Christentum und Islam
als Religionsstifter verehrt wird.
In einem Dialog zwischen Ägyptologen und Bibelwissenschaftlern
werden Antworten gesucht,
die zu einem neuen Mosebild führen.

152 Seiten, kartoniert
ISBN 3-460-04891-3

Verlag Katholisches Bibelwerk GmbH
Silberburgstr. 121
70176 Stuttgart